TOP 10 PARIS

MIKE GERRARD & DONNA DAILEY

DK
PUBLIFOLHA

Pirâmide de Vidro, Musée du Louvre; Arcos da cripta, Sacré-Coeur

DK | Penguin Random House

Título original: *Top 10 Paris*

Publicado originalmente na Grã-Bretanha em 2002 pela Dorling Kindersley Limited, 80 Strand, WC2R 0RL, Londres, Inglaterra, uma empresa da Penguin Random House.

Coordenação de Projeto: Publifolha
Editora-assistente: Thais Rimkus
Coordenadora de produção gráfica: Soraia Pauli Scarpa
Produtora gráfica: Mariana Metidieri

Produção Editorial: Página Viva
Tradução: Anna Quirino, Luis Reyes Gil
Edição: Carlos Tranjan
Revisão: Tácia Soares, Pedro Ribeiro
Diagramação: Bianca Galante

Dados Internacionais de Catalogação na Publicação (CIP)
(Câmara Brasileira do Livro, SP, Brasil)

Gerrard, Mike
Paris / Mike Gerrard e Donna Dailey ; [tradução Anna Quirino e Luis Reyes Gil]. – 4. ed. – São Paulo: Publifolha, 2015.

Título original: Top 10 Paris.
1ª reimpr. da 4ª ed. de 2014.
ISBN 978-85-7914-280-2

1. Paris (França) - Descrição e viagens - Guias I. Dailey, Donna. II. Título. III. Série.

11-01589 CDD-914.436

Índices para catálogo sistemático:
1. Paris : França : Guias de viagem 914.436
2. Guias de viagem : Paris : França 914.436

Este livro segue as regras do Acordo Ortográfico da Língua Portuguesa (1990), em vigor desde 1º de janeiro de 2009.

Impresso na China.

PUBLIFOLHA
Divisão de Publicações do Grupo Folha
Al. Barão de Limeira, 401, 6º andar
CEP 01202-900, São Paulo, SP
Tel.: (11) 3224-2186/2187/2197
www.publifolha.com.br

UM MUNDO DE IDEIAS
www.dk.com

Sumário

Top 10 Paris

As listas Top 10 não estão em ordem de qualidade ou popularidade. As 10 atrações, na opinião dos editores, são iguais em importância.

Foi feito o possível para garantir que as informações deste livro fossem as mais atualizadas disponíveis até o momento da impressão. No entanto, alguns dados como telefones, preços, horários de funcionamento e informações de viagem estão sujeitos a mudanças. Os editores não podem se responsabilizar por qualquer consequência do uso deste guia, nem garantir a validade das informações contidas nos sites indicados.

Os leitores interessados em fazer sugestões ou comunicar eventuais correções podem escrever para atendimento@publifolha.com.br

Capa – Todas as fotografias especialmente encomendadas, exceto: foto principal – **Corbis:** Scott Stulberg c; Dorling Kindersley: Max Alexander ceb. Lombada – **Dorling Kindersley:** Robert O'Dea b. Contracapa – **Dorling Kindersley:** cda; Max Alexander ca; Eric Meacher cea.

Vitral, Notre-Dame; Relevo na pedra, Arco do Triunfo

Bois de Boulogne; Montmartre

TOP 10 PARIS

TOP 10 PARIS

TOP 10 Destaques

Da Notre-Dame à Torre Eiffel, Paris tem algumas das atrações mais famosas do mundo – e as dez que sugerimos a seguir são visita obrigatória para quem vem à cidade pela primeira vez. Com exceção do supermoderno Centre Pompidou, elas são, há séculos, marcos desta elegante e romântica cidade, e preservam seu encanto, mesmo para aqueles que já as visitaram várias vezes.

1 Musée du Louvre

O museu mais visitado do mundo contém um dos melhores acervos de arte e antiguidades do planeta (até 1848). O edifício onde está instalado era um dos maiores palácios reais da França *(pp. 8-11)*.

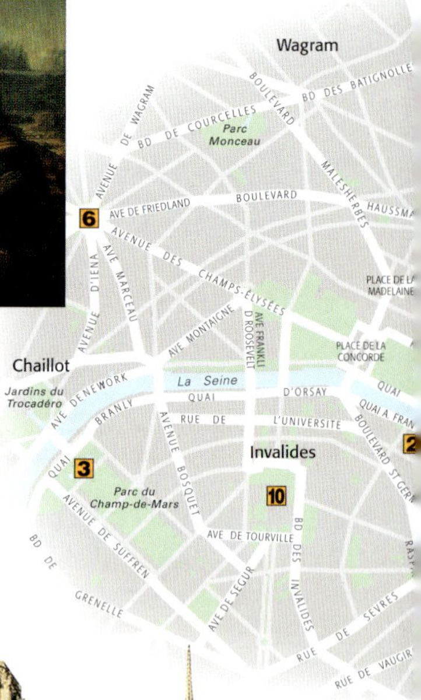

2 Musée d'Orsay

Esta antiga estação de trens *(acima)* é uma das principais galerias de arte do mundo. Para muitos, já vale a visita a Paris *(pp. 12-5)*.

3 Torre Eiffel

Mais de 7 milhões de pessoas por ano sobem até o topo deste que é o maior símbolo de Paris, para apreciar as lindas vistas. Ela foi construída para a Exposição Universal de 1889 *(pp. 16-7)*.

4 Notre-Dame

Esta grande catedral gótica, erguida no local de um templo galo-romano, é um repositório da arte e da história francesas. Ela também constitui o "coração" geográfico da França *(pp. 18-21)*.

5 Sacré-Coeur

Da frente desta monumental basílica de cúpula branca em Montmartre pode-se apreciar uma das melhores vistas de Paris *(pp. 22-3)*.

6 Arco do Triunfo

Este arco triunfal de Napoleão, celebrando suas vitórias militares, ergue-se imponente no alto dos Champs-Élysées e, junto com a Torre Eiffel, é uma das imagens mais características da cidade *(pp. 24-5)*.

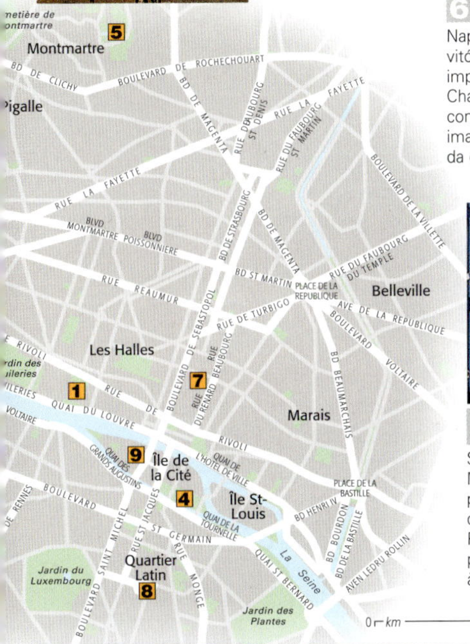

7 Centre Georges Pompidou

Sede do Museu de Arte Moderna da França, o próprio edifício já é uma obra de arte contemporânea. O Pompidou tem ainda amplas instalações dedicadas à pesquisa *(pp. 26-7)*.

8 Panthéon

Grandes personalidades francesas estão enterradas no Panthéon *(acima)*. Entre elas, destaca-se Voltaire *(pp. 28-9)*.

9 Sainte-Chapelle

Chamada de "portal do paraíso", esta bela igreja medieval *(esq.)* foi construída para abrigar as relíquias recolhidas por São Luís em suas diversas cruzadas *(pp. 30-1)*.

10 Hôtel des Invalides

A cintilante cúpula dourada da igreja do Hôtel des Invalides *(dir.)* destaca-se acima dos telhados de Paris *(pp. 32-3)*.

Veja mais sobre visitas guiadas em Paris na **p. 165**

TOP 10 Musée du Louvre

Um dos museus mais impressionantes do mundo, o Louvre contém cerca de 35 mil objetos de valor inestimável. Construído como fortaleza pelo rei Filipe Augusto em 1190, virou sede real com Carlos V (1364-80). No século XVI, Francisco I substituiu-o por um palácio em estilo renascentista e fundou o acervo real de arte, com doze pinturas da Itália. Durante a Revolução Francesa, o acervo foi aberto ao público, em 1793. Pouco depois, Napoleão reformou o Louvre, transformando-o em um museu de fato.

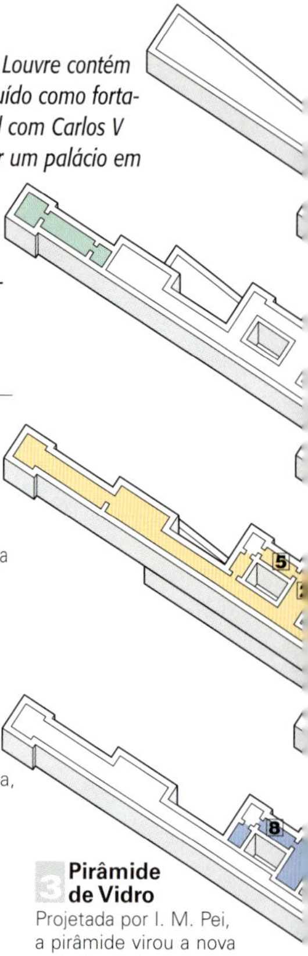

Fachada do Louvre

Tente o Le Café Marly na Ala Richelieu ou a praça de alimentação no Carrousel du Louvre. Uma opção especial é reservar mesa no restaurante Grand Louvre, debaixo da pirâmide.

Evite filas comprando ingresso pela internet ou nos quiosques na entrada da Porte des Lions, na ponta oeste da Ala Denon (exceto às sextas).

- *Musée du Louvre, 75001*
- *Mapa L2*
- *01 40 20 53 17*
- *www.louvre.fr*
- *Aberto 9h-18h seg, qui, sáb e dom; 9h-21h45 qua e sex; fechado ter e feriados*
- *Entrada: €11 (sujeito a mudança); grátis 1º dom do mês; menores de 18 anos grátis; menores de 26 (UE apenas) grátis*
- *Acesso parcial para portadores de deficiência*

Destaques

1. Vênus de Milo
2. Mona Lisa
3. Pirâmide de Vidro
4. Cavalos de Marly
5. A Balsa da Medusa
6. A Vitória Alada da Samotrácia
7. A Rendeira
8. Escravo Moribundo
9. Fossos Medievais
10. Colunas de Perrault

1 Vênus de Milo

A localização da estátua, iluminada no final de uma passagem, ressalta sua beleza. É provável que se trate de uma representação da deusa Afrodite, datada do final do século II a.C. Foi achada na ilha grega de Milos em 1820.

2 Mona Lisa

Talvez a pintura mais famosa do mundo, este retrato feito por Leonardo da Vinci de uma mulher de sorriso enigmático *(p. 11)* foi muito bem restaurado. Visite-o logo cedo ou então no final do dia.

3 Pirâmide de Vidro

Projetada por I. M. Pei, a pirâmide virou a nova entrada do Louvre em 1989. Tubos de aço inox formam a estrutura de 21m de altura *(abaixo)*.

4 Cavalos de Marly

Esculturas de cavalos refreados por domadores, feitas em 1745 por Coustou para o Château de Marly, de Luís XIV. Há réplicas da obra perto da Place de la Concorde.

Veja mais sobre museus de Paris nas **pp. 34-5**

5 A Balsa da Medusa

Um naufrágio ocorrido três anos antes inspirou esta pintura do Romantismo *(dir.)*, de Théodore Géricault (1791-1824), de 1819. A obra retrata o momento em que os sobreviventes avistam uma vela no horizonte.

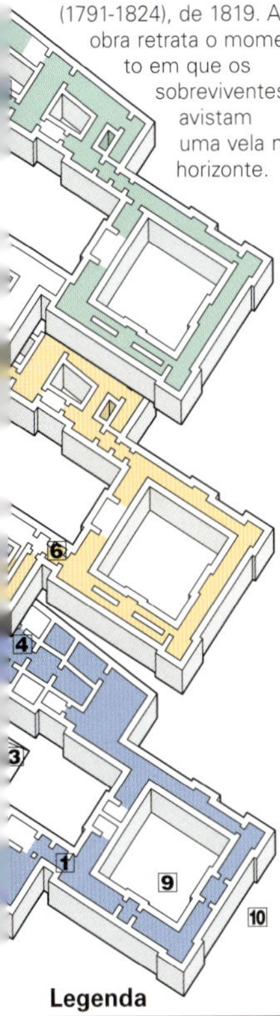

6 A Vitória Alada da Samotrácia

Este tesouro helenístico (séculos III-II a.C.) fica sobre um navio de pedra, irradiando graça e poder. Celebra uma vitória naval em Rodes.

7 A Rendeira

Esta obra-prima de Jan Vermeer *(abaixo)*, pintada por volta de 1665, é uma representação simples e poética da vida cotidiana. É um dos destaques da coleção holandesa do Louvre.

8 Escravo Moribundo

Michelangelo esculpiu estes dois escravos (1513-20) para o túmulo do papa Júlio II em Roma. As figuras inacabadas parecem emergir de suas "prisões" de pedra.

9 Fossos Medievais

Uma escavação na década de 1980 descobriu os restos da fortaleza medieval. É possível apreciar a base das torres e da ponte levadiça.

10 Colunas de Perrault

A majestosa fachada leste de Claude Perrault (1613-88), com suas colunas *(abaixo)*, era parte de um plano de ampliação encomendado por Luís XIV.

Legenda

- Térreo
- Primeiro andar
- Segundo andar

Guia do Museu

A entrada principal fica sob a pirâmide. Quem já possui ingresso tem prioridade de aceeso à pirâmide. Podem-se comprar ingressos na entrada do Carrousel du Louvre (rue de Rivoli, 99) e na Porte des Lions. As alas Sully, Denon e Richelieu saem da entrada principal. Pinturas e esculturas são reunidas por país, e há coleções de objetos de arte, antiguidades, gravuras e desenhos. Não perca as mostras temporárias de arte contemporânea e tribal (Pavilion des Sessions, Denon).

Hermafrodita adormecida, Antiguidades Gregas

Top 10 Coleções do Louvre

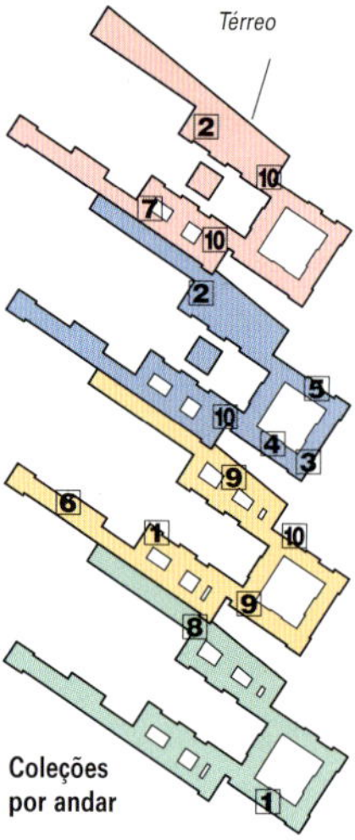

Coleções por andar

1 Pintura Francesa

Esta magnífica coleção abrange do século XIV a 1848 e inclui obras de artistas como Jean Watteau, Georges de la Tour e J. H. Fragonard.

2 Escultura Francesa

Os destaques desta coleção são o Túmulo de Philippe Pot, de Antoine le Moiturier, os Cavalos de Marly *(p. 8)* e obras de Pierre Puget nos pátios cobertos de vidro.

3 Antiguidades Egípcias

É a melhor coleção que existe fora do Cairo, com uma esfinge numa cripta, o *Escriba sentado de Sakkara*, imensos sarcófagos, animais mumificados, peças funerárias e elaborados entalhes com cenas do cotidiano do Egito Antigo.

Akhenaton e Nefertiti, Egito

4 Antiguidades Gregas

A arte da Grécia Antiga vai de um ídolo cicladense do terceiro milênio a.C. a estátuas clássicas de mármore (*c.* séc. V a.C.) e obras helenísticas (final séc. III-séc. II a.C.).

5 Antiguidades Orientais

Notável coleção com a recriação de um templo de rei assírio e do Código de Hamurábi (século XVIII a.C.), primeiro conjunto de leis escrito da humanidade.

6 Pintura Italiana

A realeza francesa adorava a arte italiana e reuniu boa parte desta coleção (1200-1800). Há várias obras de Da Vinci, incluindo a *Mona Lisa*.

7 Escultura Italiana

Entre os destaques desta coleção, desde o início do Renascimento, estão *A Virgem e o Menino*, de Donatello, e *Escravo moribundo*, de Michelangelo *(p. 9)*.

8 Pintura Holandesa

Obras de Rembrandt são o ponto alto desta seção, juntamente com cenas domésticas de Vermeer e retratos de Frans Hals.

9 Objets d'Art

Cerâmicas, joalheria e outras peças desta coleção abrangem vários países e séculos.

10 Arte Islâmica

As salas desta coleção, que cobre treze séculos de história de três continentes, são cobertas por um véu de vidro ultramoderno.

Veja mais sobre os museus de Paris nas **pp. 34-5**

Leonardo da Vinci e a Mona Lisa

Moradores Ilustres do Louvre

1. Carlos V (1364-80)
2. Henrique II (1547-49)
3. Catarina de Medici (1519-89)
4. Henrique IV (1589-1610)
5. Luís XIII (1610-43)
6. Luís XIV (1643-1715)
7. Ana da Áustria (1601-66)
8. Guillaume Coustou, escultor (1677-1746)
9. Edmé Bouchardon, escultor (1698-1762)
10. François Boucher, pintor (1703-70)

***Mona Lisa*, enigmático retrato feito por Leonardo da Vinci**

Nascido em Vinci, de família rica, Leonardo da Vinci (1452-1519) foi de início aprendiz do pintor florentino Andrea del Verrocchio. Depois, serviu o duque de Milão como arquiteto e engenheiro militar, pintando nesta época o célebre mural da Santa ceia *(1495). Ao voltar a Florença, para trabalhar como arquiteto de Cesare Borgia, pintou seu quadro mais famoso, a* Mona Lisa *(1503-06). Este retrato é também conhecido como* La Gioconda*, supostamente devido ao nome de um aristocrata, marido da modelo, embora haja muitas especulações sobre a identidade do modelo da pintura. A obra-prima, especialmente pelo misterioso sorriso, mostra hábil domínio de duas técnicas: o* chiaroscuro*, ou seja, o contraste entre luz e sombra, e o* sfumato*, as transições sutis de cores. Era a pintura favorita do artista, que a carregava para onde fosse. Em 1516, Francisco I levou autor e obra para a França, cedendo a Da Vinci uma mansão rural em Amboise, no vale do Loire, onde ele faleceu três anos mais tarde. A* Mona Lisa *é um dos poucos retratos do mestre renascentista que sobreviveu até os dias atuais.*

Leonardo da Vinci

Um extraordinário homem do Renascimento, Da Vinci era não só pintor, mas também escultor, engenheiro, arquiteto e cientista. Realizou vários estudos pioneiros sobre anatomia e aerodinâmica.

TOP 10 Musée d'Orsay

Esta maravilhosa coleção cobre várias formas de arte, de 1848 a 1914, e inclui uma seção especial dedicada ao Impressionismo. O local, uma estação ferroviária adaptada, é igualmente magnífico. Construída em 1900, a tempo para a Exposição de Paris, a estação operou até 1939, quando foi fechada e esquecida, exceto ao ser usada como locação para o filme O processo, *de Orson Welles, em 1962. Foi em seguida teatro e espaço de leilões e, em meados da década de 1970, quase acabou demolida. Em 1977, as autoridades de Paris decidiram salvar a imponente estação convertendo-a neste notável museu.*

Fachada do Musée d'Orsay

O restaurante, movimentado, abre terdom almoço (e também qui jantar); fecha seg. Para um lanche ou cafezinho, é melhor o café do andar superior (Campana) ou o self-service do mezanino, acima.

Há concertos de música, regularmente. Ligue 01 40 49 47 50.

- *Rue de la Légion--d'Honneur 1, 75007*
- *Mapa J2*
- *01 40 49 48 14*
- *www.musee-orsay.fr*
- *Aberto 9h30-18h terdom (qui até 21h45); fechado 1º jan, 1º mai, 25 dez*
- *Entrada €9 (menores de 18 grátis, menores de 26, só da UE, grátis); €6,50 (18-25, de fora da UE). Os ingressos podem ser comprados pela internet*

Destaques

1. O Edifício
2. Quadros de Van Gogh
3. Almoço na Relva
4. Olympia
5. Ninfeias Azuis
6. Bailarinas de Degas
7. A Dança de Jane Avril
8. Baile no Moulin de la Galette
9. La Belle Angèle
10. Café Campana

1 O Edifício

A antiga estação de trem que abriga este museu é quase tão notável quanto suas obras. A sensação de luz e espaço que se tem logo ao entrar, depois de admirar a magnífica fachada antiga, é de tirar o fôlego.

2 Quadros de Van Gogh

O grande astro do acervo é Vincent Van Gogh (1853-90), e a tela que mais impressiona é sua obra de 1889, *Quarto em Arles (abaixo)*, que mostra o quarto do pintor. Também estão expostos autorretratos, pintados com a característica intensidade do grande artista (andar intermediário).

3 Almoço na Relva

A controvertida pintura de 1863, de Edouard Manet (1832-83), foi exibida primeiro na Exposição de Obras Rejeitadas. Sua ousada representação de uma mulher num clássico nu *(abaixo)* na companhia de homens de terno do século XIX despertou uma onda de inflamadas críticas (Sala 29).

Veja mais sobre os museus de Paris nas **pp. 34-5**

4 Olympia

Este retrato de Manet (1865), de uma cortesã nua recebendo flores enviadas por um admirador, também foi considerado indecente e chocou o público e a crítica, mas acabou exercendo forte influência sobre artistas posteriores (Sala 14).

5 Ninfeias Azuis

Claude Monet (1840-1926) pintou esta magnífica tela (1919) com um de seus temas preferidos. Seu amor pelas ninfeias levou-o a criar seu próprio jardim em Giverny para poder pintá-las no ambiente natural. Esta obra experimental *(abaixo)* inspirou pintores abstratos ao longo do século XX (Sala 36).

6 Bailarinas de Degas

O museu possui uma excelente coleção de obras de Edgar Degas (1834-1917). Com destaque para as bailarinas e o mundo da ópera, suas esculturas vão da inocência ao erotismo. *Jovem bailarina aos 14 anos* (1881) foi a única exposta no período em que o artista viveu *(dir.)* (Sala 31).

7 A Dança de Jane Avril

As pinturas de Toulouse--Lautrec (1864-1901) definem a Belle Époque de Paris. Jane Avril era uma famosa dançarina do Moulin Rouge e aparece em várias de suas telas – nesta *(abaixo)*, de 1895, o pintor trabalhou acompanhando um show no cabaré, sentado a uma mesa (Sala 10).

8 Baile no Moulin de la Galette

Uma das mais conhecidas pinturas do Impressionismo (1876), esta obra veio a público na exposição impressionista de 1877. A exuberância da obra de Renoir (1841-1919) consegue captar muito bem o aspecto e o clima de Montmartre. É indiscutivelmente uma das obras-primas do pintor (Sala 32).

9 La Belle Angèle

Retrato de uma jovem da Bretanha (1889), de Gauguin (1848-1903), em que é visível a influência da arte japonesa. Comprado por Degas, financiou a primeira viagem de Gauguin à Polinésia (Sala 72).

10 Café Campana

Depois de tanta arte impressionante, faça uma pausa no café do Musée d'Orsay, reformado pelos Irmãos Campana. Fica bem atrás de um dos imensos relógios da antiga estação, o que por si só já é uma bela experiência. Serve boa comida.

Guia do Museu

Logo ao entrar, pegue um mapa do museu. O andar térreo exibe obras do início a meados do século XIX e também notáveis obras orientais, artes decorativas e uma livraria. O andar intermediário tem terraços com esculturas e pinturas naturalistas, simbolistas e pós-impressionistas. O superior abriga os acervos de obras impressionistas. Além disso, o museu conta com exposições temporárias cujo foco são artistas do século XIX, como Manet e Degas.

Veja mais sobre as galerias de arte de Paris nas **pp. 36-7**

Bailarinas azuis (1890), Degas; *La belle Angèle* (1889), Gauguin

TOP 10 Coleções do Musée d'Orsay

1 Impressionistas
Uma das melhores coleções impressionistas do mundo. Quem gosta de Manet, Monet e Renoir fica maravilhado.

2 Pós-Impressionistas
Estão igualmente bem representados aqui os artistas que propuseram uma nova interpretação do Impressionismo, caso de Matisse, Toulouse-Lautrec e Van Gogh, o expoente máximo.

3 Escola de Pont-Aven
Paul Gauguin *(p. 13)* era figura central no grupo de artistas reunidos em Pont-Aven, na Bretanha. Sua obra aqui inclui os painéis de portas entalhados conhecidos como *A Casa do Prazer* (1901).

4 Art Nouveau
Art Nouveau é sinônimo de Paris, onde muitas das entradas de metrô ainda preservam esse estilo. Entre as peças expostas estão joias e frascos de René-Jules Lalique (1860-1945).

5 Simbolismo
Esta vasta coleção inclui obras de Gustav Klimt (1862-1918), Edvard Munch (1863-1944) e o retrato que James Whistler (1834-1903) fez de sua mãe (1871).

6 Romantismo
Os românticos davam ênfase a representações do mundo espiritual. Um dos destaques é a obra *A caçada ao tigre* (1854), de Eugène Delacroix (1798-1863).

As coleções por andar

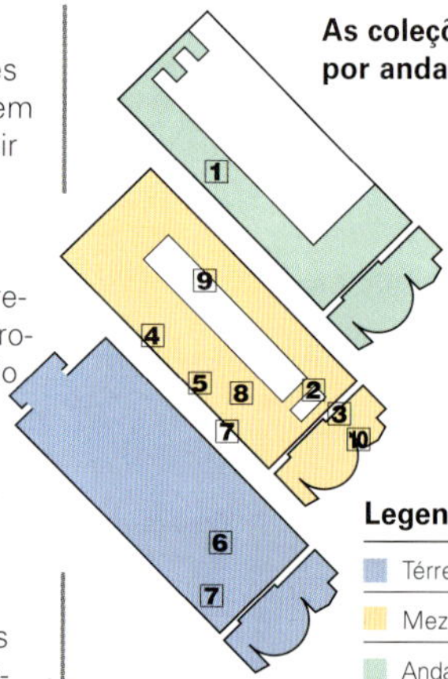

Legenda

- Térreo
- Mezanino
- Andar Superior

7 Esculturas
A coleção inclui peças de Rodin *(p. 111)* e entalhes satíricos de figuras políticas feitos por Honoré Daumier (1808-79).

8 Naturalismo
Os naturalistas destacavam a natureza em sua obra. *Colheita do feno* (1877), de Jules Bastien-Lepage (1848-84), é ótimo exemplo.

9 Nabis
O movimento Nabis deu à arte um toque mais decorativo. Pierre Bonnard (1867-1947) foi um de seus expoentes.

10 Fotografias
Entre as mais de 10 mil fotos antigas há trabalhos de Bonnard, Degas e da fotógrafa Julia Margaret Cameron (1815-79).

Impressionistas

1. Claude Monet (1840-1926)
2. Edouard Manet (1832-83)
3. Auguste Renoir (1841-1919)
4. Edgar Degas (1834-1917)
5. Camille Pissarro (1830-1903)
6. Alfred Sisley (1839-99)
7. James Whistler (1834-1903)
8. Walter Sickert (1860-1942)
9. Mary Cassatt (1844-1926)
10. Berthe Morisot (1841-95)

(Os preços das obras impressionistas funcionam como barômetro financeiro para a arte mundial. Um dos quadros de ninfeias de Monet alcançou a cifra de US$80 milhões em 2008.)

O Movimento Impressionista

***Catedral de Rouen* (1892-93), Claude Monet**

Considerado o ponto de partida da arte moderna, o movimento impressionista é talvez o mais conhecido e apreciado dos movimentos artísticos – ainda mais se levarmos em conta os preços das obras em leilões e as multidões que visitam o Musée d'Orsay. O movimento se iniciou na França, e quase todos os seus expoentes eram franceses, inclusive o pintor britânico nascido em Paris Alfred Sisley. O Impressionismo foi uma reação contra o formalismo e o classicismo aos quais se aferrava a Académie des Beaux-Arts de Paris, que ditava as normas da arte na época e decidia o que seria ou não exibido no Salão de Paris. O termo "impressionismo" foi cunhado por um crítico do estilo, que em 1872 tratou com desprezo a obra de Monet Impressão: sol nascente, *que se encontra no Musée Marmottan* (p. 153). *Os próprios artistas mais tarde adotaram o termo. O estilo marcou pintores como Van Gogh e influenciou a arte do final do século XIX e do século XX.*

***Baile no Moulin de la Galette* (1876), Renoir**

TOP 10 Torre Eiffel

O maior símbolo de Paris, a Torre Eiffel (Tour Eiffel) foi muito criticada ao surgir na paisagem urbana em 1889, como parte da Exposição Universal, mas sua graciosa simetria logo a transformou numa grande atração. Com 312m de altura, era a edificação mais alta do mundo até ser ultrapassada pelo Chrysler Building de Nova York em 1930. Apesar da aparência delicada, pesa 10.100 toneladas, e o projeto do engenheiro Gustave Eiffel é tão bem concebido que ela nunca oscila mais do que 9cm sob fortes ventos.

A Torre Eiffel vista do Trocadéro

Além de restaurantes e lanchonetes nos níveis 1 e 2, há um bar de champagne no nível 3 e bancas de comida em volta da base da torre.

Evite filas: agende a visita com antecedência por telefone ou pela internet.

• Champ-de-Mars, 7e
• Mapa B4 • 08 92 70 12 39 • www.tour-eiffel.com
• Aberto – elevador 9h30-23h45 diariam; mirante, últ adm 22h30 (meados jun-1º set: 9h-0h45; mirante, últ adm 23h); escada 9h30-18h30 diariam, últ adm 18h (meados jul-1º set: 9h-12h45, últ adm 24h) • Entrada: €5 (escada); €8,50-€14 (elevador)
• Acesso para portadores de deficiência só até os níveis 1 e 2

Destaques

1. Mirante
2. Obra de Ferro
3. Iluminação
4. Vista do Trocadéro
5. Sala de Trabalho de Gustave Eiffel
6. Primeiro Nível
7. Segundo Nível
8. Elevador Hidráulico
9. Busto de Gustave Eiffel
10. Champ-de-Mars

1 Mirante

A 276m de altura, este mirante oferece vista magnífica, que chega a alcançar 80km num dia claro. Aqui você também pode conhecer o escritório de Gustave Eiffel na torre.

2 Obra de Ferro

O complexo padrão das vigas, unidas por 2,5 milhões de rebites, dá solidez à torre mesmo sob fortes ventos. As 18 mil partes de metal dilatam-se até 15cm nos dias quentes.

Veja mais sobre as redondezas da Torre Eiffel nas **pp. 110-7**

3 Iluminação
Um sistema de iluminação de 200 mil watts faz da Torre Eiffel uma atração espetacular da noite parisiense. Ela cintila como uma árvore de Natal gigante por 5 minutos a cada hora, do anoitecer até 1h.

4 Vista do Trocadéro
De dia ou de noite, o melhor ponto para se avistar a torre pela primeira vez é o Trocadéro *(p. 136)*, de onde se tem uma vista deslumbrante do monumento a partir do terraço, atravessando o Sena.

5 Sala de trabalho de Gustave Eiffel
No alto da torre fica a sala de trabalho de Gustave Eiffel, restaurada a sua condição original. Nela há modelos em cera de Thomas Edison e do próprio Eiffel.

6 Primeiro Nível
Suba os 345 degraus até o primeiro nível, a 57m de altura, e saboreie uma refeição no restaurante 58 Tour Eiffel. A "Epopéia da Torre Eiffel" conta a história da construção com fotos e exposições interativas.

7 Segundo Nível
Aqui, a 116m de altura, fica o restaurante Jules Verne, um dos melhores de Paris, tanto pela comida como pelas vistas *(p. 117)*. O acesso se dá por um elevador privativo no pilar sul.

8 Elevador Hidráulico
O mecanismo do elevador, de 1899, ainda funciona, e percorre cerca de 103 mil km por ano. O guarda de uniforme dependurado do lado de fora é apenas um boneco.

9 Busto de Gustave Eiffel
Um busto do criador da torre, obra de Antoine Bourdelle, foi colocado sob sua notável construção, junto ao pilar norte, em 1929.

10 Champ-de-Mars
Os amplos jardins deste antigo campo de desfiles e manobras *(dir.)* estendem-se da base da torre até a École Militaire (escola militar).

Caricatura de Gustave Eiffel com sua torre

A Vida de Gustave Eiffel
Nascido em Dijon, Gustave Eiffel (1832-1923) foi um engenheiro e construtor que se tornou famoso por suas pontes e viadutos. Eiffel destacava-se pelos desenhos elegantes e pela habilidade artesanal de suas construções de ferro batido. Ele observou uma vez que sua famosa torre foi "formada pelo próprio vento". Em 1890, envolveu-se no estudo da aerodinâmica, e manteve um escritório na própria torre até sua morte, usando-o para a realização de experimentos. Em 1889, quando a Torre Eiffel foi erguida, seu criador recebeu a Légion d'Honneur pelo feito.

TOP 10 Notre-Dame

"Coração" do país, geográfica e espiritualmente, a Catedral de Notre-Dame (Nossa Senhora) ergue-se majestosa na Île de la Cité. Depois que o papa Alexandre III lançou a pedra fundamental em 1163, um exército de artesãos trabalhou durante 170 anos para concretizar o magnífico projeto do bispo Maurice de Sully. Quase destruída durante a Revolução Francesa, esta obra-prima gótica foi restaurada em 1841-64 pelo arquiteto Viollet-le-Duc. Com 130m de extensão, nave abobadada e corredores de ambos os lados, tem ainda o maior órgão da França.

A Notre-Dame vista do rio Sena

Há vários cafés em frente à praça Jean XXIII.

Recitais de órgão grátis: dom tarde.

• 6 Parvis Notre-Dame--Place Jean-Paul II, 75004 • Mapa N4 • 01 53 10 07 00 (torres); 01 42 34 56 10 (catedral) • Aberto – catedral 7h45-18h45 diariam (até 19h30 sáb-dom); torres abr-set: 10h-18h30 diariam (até 23h sáb-dom jun-ago); out-mar: 10h-17h30 diariam • Entrada (torres): €8,50 (€5,50 18-25, grátis menores de 18, grátis 1º dom do mês)

Destaques

1. Fachada Oeste
2. Portal da Virgem
3. Arcobotantes
4. Torres
5. Galerie des Chimères
6. Agulha
7. Rosáceas
8. Estátua da Virgem e o Menino
9. Bancos do Coro
10. Tesouro

1 Fachada Oeste

A encantadora e bastante conhecida fachada da catedral *(dir.)* tem três portais entalhados. Cenas bíblicas, esculpidas na Idade Média, mostram a vida da Virgem, o juízo final e a vida de Santa Ana. Acima encontra-se a Galeria dos Reis da Judeia e de Israel.

2 Portal da Virgem

O esplêndido tímpano de pedra *(esq.)* foi esculpido no século XIII e mostra a morte da Virgem Maria e sua gloriosa coroação nos céus. Os entalhes da *Virgem e o Menino*, que podem ser vistos entre as portas, são uma réplica moderna.

3 Arcobotantes

Os notáveis arcobotantes que sustentam a fachada leste da catedral são de Jean Ravy. O melhor ângulo para apreciá-los é desde a praça Jean XXIII.

4 Torres

As torres têm 69m de altura. Suba os 387 degraus da face norte para apreciar vistas maravilhosas. Em 2013, sinos novos foram badalados em comemoração ao aniversário de 850 anos da catedral.

Veja mais sobre as igrejas de Paris nas **pp. 40-1**

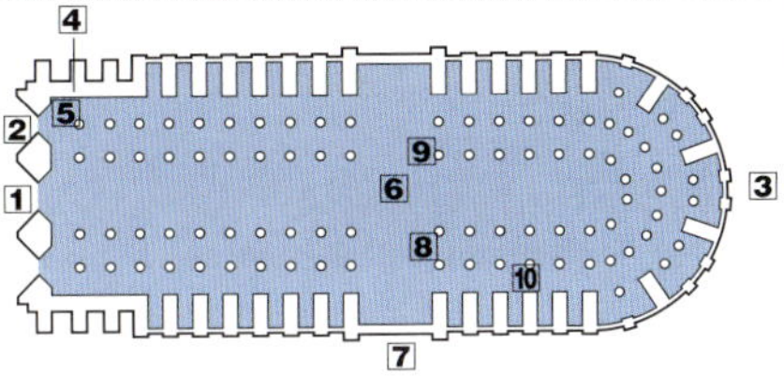

Planta da catedral

5 Galerie des Chimères

Espreitando entre as torres estão as famosas gárgulas *(chimères)*, dispostas aqui por Viollet-le-Duc como proteção contra o mal.

6 Agulha

A agulha de 96m foi acrescentada por Viollet--le-Duc. Junto às estátuas dos apóstolos no telhado, há uma do arquiteto, admirando sua obra.

7 Rosáceas

Três grandes rosáceas enfeitam as fachadas norte, sul e oeste, mas apenas a rosácea norte *(abaixo)* preserva seu vitral do século XIII, que retrata a Virgem rodeada de figuras do Antigo Testamento. A rosácea sul mostra Cristo circundado pelos apóstolos.

8 Estátua da Virgem e o Menino

Conhecida também como *Notre-Dame de Paris* (Nossa Senhora de Paris), esta bela estátua do século XIV foi trazida da capela de Saint Aignan para a catedral. Ela fica junto ao pilar sudeste do transepto, na entrada para o coro.

9 Bancos do Coro

Mais da metade dos bancos originais encomendados por Luís XIV permanece aqui. Entre os entalhes dos 78 painéis, há diversas cenas da vida da Virgem Maria.

10 Tesouro

Manuscritos antigos, relicários e trajes religiosos ficam expostos na sacristia. A coroa de espinhos é mostrada ao público na primeira sexta-feira de cada mês.

Guia da Catedral

Entre pela fachada oeste. As escadas que levam às torres ficam do lado de fora, à esquerda. Em frente, a nave central ergue-se a uma altura de 35m e tem 24 capelas laterais alinhadas junto a suas paredes. Estas contêm as pinturas de "maio" de Charles le Brun, que eram doadas pela corporação dos ourives todo mês de maio nos séculos XVII e XVIII. O belo transepto que atravessa a nave é o melhor lugar para apreciar as três rosáceas. Algumas partes do painel de pedra do século XIV ainda podem ser vistas nos lados norte e sul do coro. A *Pietà* de Nicolas Coustou fica atrás do altar-mor, ladeada pelas estátuas de Luís XIII (de Coustou) e de Luís XIV (de Antoine Coysevox).

Joana d'Arc; Imperatriz Josefina; Napoleão

TOP 10 Visitantes Famosos da Notre-Dame

1 Joana d'Arc
A patriota francesa Jeanne d'Arc (1412-31), que defendeu seu país contra a Inglaterra invasora, teve julgamento póstumo aqui em 1455, apesar de ter morrido queimada 24 anos antes. Nesse novo julgamento, foi declarada inocente da acusação de heresia.

2 Francisco II e Maria Stuart
Maria Stuart (1542-87), rainha Maria da Escócia, foi criada na França e casou-se com o Delfim em 1558. Ele subiu ao trono como Francisco II em 1559. O rei e a rainha foram coroados na Notre-Dame.

3 Napoleão
Na coroação de Napoleão (1769-1821) na Notre-Dame, em 1804, o ambicioso general tomou a coroa das mãos do papa Pio VII e coroou a si mesmo imperador e à sua esposa Josefina imperatriz.

4 Josefina
O reinado de Josefina (1763-1814) como imperatriz da França durou apenas cinco anos; Napoleão divorciou-se dela em 1809.

5 Papa Pio VII
Em 1809 o papa Pio VII (1742-1823), que dirigiu a coroação de Napoleão na Notre-Dame, foi aprisionado quando o imperador declarou os Estados Papais parte da França. O papa ficou preso em Fontainebleau, 50km ao sul de Paris.

6 Filipe, o Belo
Em 1302, o parlamento dos primeiros Estados Gerais foi formalmente inaugurado na Notre-Dame por Filipe IV (1268-1314), conhecido como Filipe, o Belo. Ele aumentou muito o poder da realeza francesa.

7 Henrique VI da Inglaterra
Henrique VI (1421-71) tornou-se rei da Inglaterra com um ano de idade. Como o pai, Henrique V, reclamou o direito à França e foi coroado na Notre-Dame em 1430.

8 Rainha Margarida
Em agosto de 1572, Margarida de Valois (1553-89), irmã do rei francês Carlos IX, postou-se no altar da catedral ao casar com Henrique de Navarra (1553-1610), enquanto este, protestante, ficou do lado de fora, junto à porta.

9 Henrique de Navarra
O casamento deste rei protestante huguenote com a católica Margarida provocou levantes e massacres. Em 1589, tornou-se Henrique IV, primeiro rei Bourbon da França. Convertido ao catolicismo, declarou: "Paris bem vale uma missa".

10 Charles de Gaulle
Em agosto de 1944, Charles de Gaulle entrou em Paris e assistiu à missa Magnificat para celebrar a libertação de Paris, apesar da presença de franco-atiradores hostis fora da catedral.

Veja mais sobre eventos históricos em Paris nas **pp. 44-5**

Eventos na História da Notre-Dame

1. Tem início a construção da catedral (1163)
2. São Luís guarda a Coroa de Espinhos aqui temporariamente (1239)
3. A construção é concluída (1334)
4. Novo julgamento de Joana d'Arc (1455)
5. Coroação do imperador Napoleão (1804)
6. Publicação do romance de Victor Hugo *O corcunda de Notre-Dame* (1831)
7. Após 23 anos, termina o projeto de restauração (1864)
8. Missa pela libertação de Paris (1944)
9. Missa de réquiem para De Gaulle (1970)
10. Visita do papa João Paulo II (1980)

O Homem Que Salvou a Notre-Dame

O romancista Victor Hugo

Por volta de 1831, quando o romance de Victor Hugo Notre-Dame de Paris (O corcunda de Notre-Dame) *foi publicado, a catedral estava em lamentável estado de degradação. Por ocasião da coroação do imperador Napoleão em 1804, o local dessa cerimônia de Estado estava em ruínas e precisou ser disfarçado com tapeçarias de parede e outros ornamentos. Durante a Revolução Francesa, a catedral foi vendida a uma empresa de material usado, mas nunca chegou a ser demolida. Hugo estava determinado a salvar o coração espiritual do país e ajudou a promover uma campanha bem-sucedida para restaurar Notre-Dame antes que fosse tarde; o homem escolhido para projetar e supervisionar a restauração foi Eugène Emmanuel Viollet-le-Duc (1814-79). Natural de Paris, Viollet-le-Duc já provara sua competência em obras de restauração, como ficou evidente nas catedrais de Amiens e Laon e na espetacular cidade murada de Carcassonne, no sul da França. O trabalho foi iniciado em 1841 e durou 23 anos, até que o edifício foi concluído, mais ou menos como o vemos hoje. Depois, Viollet-le-Duc cuidou da restauração da Sainte-Chapelle, perto daqui* (pp. 30-1).

O Corcunda de Notre-Dame

O romance de Victor Hugo, de 1831, conta a história de Quasímodo, um corcunda tocador de sino na Notre-Dame que se apaixona pela cigana Esmeralda.

Veja mais sobre romances ambientados em Paris nas **pp. 46-7**

TOP 10 Sacré-Coeur

Uma das imagens mais fotografadas da cidade, a silhueta branca da Sacré-Coeur (Sagrado Coração) observa Paris de seu ponto mais alto. A basílica foi erguida como memorial aos 58 mil soldados franceses mortos na Guerra Franco-Prussiana (1870-1) e levou 46 anos para ser concluída, em 1923, a um custo de 40 milhões de francos (6 milhões de euros). Os padres ainda rezam pelas almas dos que foram mortos aqui – eles oram 24 horas por dia, como fazem desde 1885. Muita gente vem até a igreja apreciar a vista panorâmica – ao pôr do sol, principalmente, há poucas vistas de Paris mais bonitas do que as descortinadas daqui.

A cúpula da Sacré-Coeur

Evite aglomerações e vá até a rue des Abbesses 23 comer algo no St. Jean; outra opção é o Café Arrosé, na rue Caulaincourt 123.

Uma evocativa missa cantada é celebrada aos domingos, às 11h.

- *Parvis de la Basilique du Sacré-Coeur, 75018*
- *Mapa 1*
- *01 53 41 89 00*
- *www.sacre-coeur-montmartre.com*
- *Aberto 6h-22h30, últ adm 22h15 (basílica), 9h30-17h30 (cúpula) diariam. O horário de abertura da cripta varia* • *Entrada €8 (só p/ a cúpula e a cripta)*

Destaques

1. Mosaico de Cristo
2. Arcos da Cripta
3. Portas de Bronze
4. Cúpula
5. Estátua de Cristo
6. Campanário
7. Estátuas Equestres
8. Galeria de Vitrais
9. Fachada
10. Funicular

1 Mosaico de Cristo

Um cintilante mosaico bizantino de Cristo *(dir.)*, criado por Luc Olivier Merson entre 1912 e 1922, decora a abóbada sobre o coro. Ele representa a devoção da França ao Sagrado Coração.

2 Arcos da Cripta

Os arcos abobadados da cripta encerram uma capela que guarda o coração de Alexandre Legentil, um dos patronos da Basílica do Sacré-Coeur.

3 Portas de Bronze

As portas da entrada principal têm uma elaborada decoração, com relevos de bronze que retratam a última ceia *(dir.)*, além de outras cenas da vida de Cristo.

Veja mais sobre igrejas de Paris nas **pp. 40-1**

4 Cúpula

A inconfundível cúpula oval da basílica é o segundo mirante mais alto de Paris, depois da Torre Eiffel. O acesso se dá por uma escada em espiral, e o alcance da vista pode chegar a até 48km num dia claro.

5 Estátua de Cristo

A estátua mais importante da basílica mostra Cristo dando uma bênção. Fica simbolicamente situada num nicho sobre a entrada principal, acima das duas estátuas equestres.

6 Campanário

O belo *campanile*, desenhado por Lucien Magne e acrescentado em 1904, tem 80m de altura. O seu sino, La Savoyarde, é um dos mais pesados do mundo, com 19 toneladas. Fundido em Annecy em 1895, foi doado pela diocese de Savoia.

7 Estátuas Equestres

Duas notáveis estátuas de bronze de santos franceses, obra de H. Lefèbvre, erguem-se acima da entrada *(abaixo)*. Uma delas é de Joana D'Arc; a outra, de São Luís.

8 Galeria de Vitrais

Um dos níveis da grande cúpula é rodeado por vitrais. Deste local, tem-se uma vista espetacular do interior da basílica.

A Guerra Franco-Prussiana

Em 1870, a Prússia se mobilizava para tomar a Alemanha, e a França se sentiu ameaçada pelo poderio militar prussiano. Dois empresários católicos de Paris fizeram a promessa de erguer uma igreja dedicada ao Sagrado Coração caso a França fosse poupada da invasão. A França declarou guerra à Prussia em julho, mas estava mal preparada, e em setembro Napoleão III foi capturado. Os parisienses resistiram, defendendo-se com armas caseiras e alimentando-se de carne de cachorro, gato e rato. Renderam-se em janeiro de 1871.

Soldado francês capturado despede-se da mulher

9 Fachada

O arquiteto Paul Abadie (1812-84) juntou cúpulas, torres e detalhes clássicos em seu projeto. A pedra de Château-Landon libera calcita quando úmida e, por isso, tinge a fachada de branco.

10 Funicular

Para evitar a íngreme subida até Sacré-Coeur, pegue o funicular e aproveite para apreciar lindas vistas no caminho. Ele sai do fim da rue Foyatier, perto da praça Willette.

Arco do Triunfo

O melhor dia para visitar o arco triunfal mais conhecido do mundo é 2 de dezembro, data que marca a vitória de Napoleão na Batalha de Austerlitz em 1805 e quando o sol, pondo-se atrás dos Champs-Élysées e do Arco do Triunfo (Arc de Triomphe), cria um halo espetacular em volta da edificação. O trabalho no arco de 50m começou em 1806, mas só foi concluído em 1836, devido, em parte, à queda de Napoleão. Quatro anos mais tarde, o cortejo fúnebre dele passou por debaixo do arco, a caminho de Les Invalides (pp. 32-3)*. Hoje o Arco do Triunfo é o ponto central de diversos eventos públicos.*

Frontão do Arco do Triunfo

Tente chegar bem cedo, pois a luz da manhã revela melhor o tom dourado dos relevos de pedra.

Aprecie o café e o charme antigo do Le Fouquet (ave des Champs-Élysées 99): é caro, mas vale a pena.

• Place Charles-de-Gaulle, 75008 • 01 55 37 73 77 (informações)
• http://arc-de-triomphe.monuments-nationaux.fr
• Mapa B2 • Aberto abr-set: 10h-23h diariam; out-mar: 10h-22h30 diariam (últ adm 45min antes de fechar). Fechado 1º jan, 1º mai, 8 mai (manhã), 14 jul (manhã), 11 nov (manhã), 25 dez e em grandes eventos • Entrada: €9,50

Destaques

1. Plataforma Panorâmica
2. Túmulo do Soldado Desconhecido
3. Museu
4. Partida dos Voluntários em 1792
5. Friso
6. Triunfo de Napoleão
7. Batalha de Austerlitz
8. Batalha de Aboukir
9. Funeral do General Marceau
10. Trinta Escudos

1 Plataforma Panorâmica

Pegue o elevador ou suba os 284 degraus até o alto do Arco do Triunfo *(abaixo)* para apreciar a linda vista de Paris e a posição dominante do arco no centro da place de l'Etoile. A leste ficam os Champs-Élysées *(p. 103)* e a oeste, o Grande Arche de La Défense *(p. 151)*. Após o elevador ainda há 40 degraus de subida.

2 Túmulo do Soldado Desconhecido

No centro do arco arde a chama eterna no Túmulo do Soldado Desconhecido, vítima da Primeira Guerra Mundial enterrada a 11 de novembro de 1920. É simbolicamente reacesa todo dia às 18h30.

Veja mais sobre construções históricas de Paris nas **pp. 42-3**

3 Museu
Dentro do arco há um pequeno e interessante museu que conta a história da sua construção e dá detalhes sobre as várias celebrações e funerais que tiveram lugar aqui ao longo dos anos. Os eventos mais recentes são mostrados num vídeo curto.

6 Triunfo de Napoleão
Vendo o arco a partir da Champs-Élysées, o relevo situado na base esquerda mostra o restaurado *Triunfo de Napoleão*. Ele celebra o Tratado de Viena, acordo de paz assinado em 1810, quando o império de Napoleão vivia seu auge.

7 Batalha de Austerlitz
Outra vitória em batalha é celebrada num friso *(acima)* no lado norte do arco. Mostra os soldados de Napoleão em inferioridade numérica quebrando o gelo no lago Satschan, na Áustria, uma tática que fez milhares de soldados inimigos morrerem afogados.

8 Batalha de Aboukir
Acima do relevo com o *Triunfo de Napoleão* vê-se uma cena da vitória napoleônica sobre os turcos em 1799. A mesma vitória foi celebrada numa tela em 1806 do pintor francês Antoine Gros e está hoje exposta no Palácio de Versailles *(p. 151)*.

9 Funeral do General Marceau
Marceau morreu em batalha contra o exército austríaco em 1796, após uma célebre vitória contra eles no ano anterior. Seu funeral é retratado neste friso *(dir.)*, situado acima da *Partida dos voluntários em 1792.*

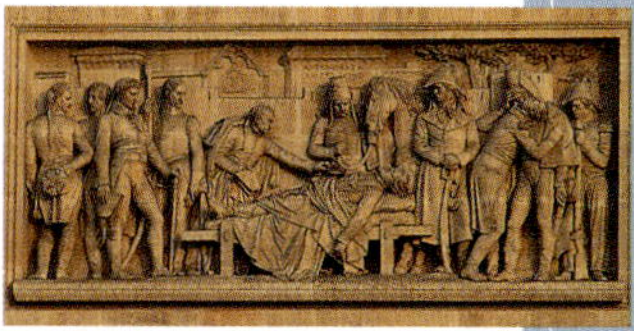

4 Partida dos Voluntários em 1792
Uma das esculturas de maior impacto fica na base frontal direita *(ao lado)*. Ela mostra cidadãos franceses partindo em defesa da nação contra a Áustria e a Prússia.

10 Trinta Escudos
Logo abaixo do topo do arco há uma fileira de 30 escudos, cada um com o nome de uma vitória do exército de Napoleão.

5 Friso
Um friso em volta do arco mostra soldados franceses partindo para a batalha (leste) e voltando vitoriosos (oeste).

O Grande Eixo

O Arco do Triunfo fica no centro de três arcos. Juntos, eles criam uma grande visão, da qual até mesmo Napoleão ficaria orgulhoso. O imperador foi responsável pela construção dos dois primeiros, situando o Arco do Triunfo diretamente alinhado com o Arc de Triomphe du Carrousel, que fica em frente ao Louvre *(pp. 8-11)* e que também celebra a vitória na Batalha de Austerlitz em 1805. Em 1989, o trio foi completado com o Grande Arche de La Défense. Este Grand Axe (Grande Eixo), com 8km de extensão, vai dali até a Pirâmide de Vidro do Louvre.

TOP 10 Centre Georges Pompidou

Uma das mais famosas obras de arquitetura moderna dos dias atuais, o Centro Pompidou foi inaugurado em 1977, quando os arquitetos Richard Rogers e Renzo Piano surpreenderam todo mundo ao virar o edifício "pelo avesso", deixando a tubulação de cores vivas aparente na fachada. Projetado para ser um complexo multicultural de artes, ele abriga o excelente Musée National d'Art Moderne, além de um cinema, uma biblioteca, lojas e espaços para espetáculos. O pátio externo em frente ao centro é um ponto de encontro de parisienses e turistas.

Fachada do Centre Georges Pompidou

O centro tem um café agradável, com acesso gratuito a internet sem fio. Para algo mais substancial, vá até o Georges, a brasserie na cobertura.

Compre ingresso pela internet e evite filas.

- *Place Georges Pompidou 75004* • *Mapa P2*
- *www.centrepompidou.fr* • *01 44 78 12 33*
- *Aberto 11h-21h qua-seg (23h qui); fechado 1º mai*
- *Entrada: (museu) €9-14; Estúdio Brancusi grátis (abre 14h-18h qua-seg). Grátis 1º dom do mês, menores de 18 grátis, menores de 26 grátis (UE apenas).*

Destaques

1. Escada Rolante
2. Vista do Último Andar
3. Artistas de Rua
4. Fonte de Stravinsky
5. Tubulação
6. Livraria
7. Estúdio Brancusi
8. Homem com Violão
9. O Violinista na Janela
10. La Baigneuse

1 Escada Rolante

Um dos detalhes mais marcantes e conhecidos do edifício é sua escada rolante externa *(dir.)*, que sobe serpenteando pela fachada do edifício dentro de um tubo transparente. A vista vai ficando cada vez melhor conforme você sobe e vê a atividade do pátio em frente ao Pompidou, antes de chegar ao topo, de onde se aprecia a melhor vista.

2 Vista do Último Andar

A vista de Paris do alto do Centre Pompidou é espetacular. Dá para observar a Torre Eiffel, Montmartre, mais ao norte, e a Tour Montparnasse, ao sul. Em dias bem claros pode-se avistar até La Défense *(p. 151)*.

3 Artistas de Rua

Turistas e parisienses se reúnem no espaço aberto diante do Pompidou para apreciar diversos artistas de rua e as instalações de esculturas monumentais, muitas vezes relacionadas aos shows em cartaz no Centre.

4 Fonte de Stravinsky

Esta fonte colorida na Place Igor Stravinsky foi projetada por Niki de Saint--Phalle e Jean Tinguely como parte do Centre Pompidou. Inspirado na música de Stravinsky para o balé *O pássaro de fogo* (1910), a ave gira e borrifa água!

5 Tubulação

Parte do impacto visual do Centre Pompidou está na tubulação do edifício, que fica aparente. Além disso, ela é pintada em cores vivas: verde para água, amarelo para eletricidade e azul para o ar-condicionado.

6 Livraria

A livraria do térreo vende postais, pôsteres de várias das obras do Museu de Arte Moderna e livros sobre artistas de algum modo ligados a Paris.

7 Estúdio Brancusi

O estúdio do revolucionário escultor romeno Constantin Brancusi (1876-1957) fica no norte do Centre e expõe suas obras abstratas.

8 Homem com Violão

No Museu de Arte Moderna, esta obra de 1914 de Georges Braque (1882-1963) é uma das mais impressionantes do Cubismo.

9 O Violinista na Janela

O pintor francês Henri Matisse (1869-1964) foi um dos expoentes do movimento chamado Fauvismo, de curta duração, que defendia o uso de cores sólidas e fortes. *O violinista na janela*, pintado em 1917-18, pode ser interpretado como um autorretrato.

10 La Baigneuse

Joan Miró (1893-1983) nasceu em Barcelona e se mudou para Paris em 1920. Sua evocativa e simples *La baigneuse (A banhista)* (1924) mostra um imenso oceano azul, observado pela Lua crescente. A forma da mulher quase se perde no meio das ondas; seus cachos loiros refletem suas linhas serpentinas.

Guia do Centro

O Pompidou abriga várias instituições. O Museu de Arte Moderna (Mnam) fica nos andares 4 e 5; o cinema, no nível 1. Confira no balcão de informações ou pela internet os detalhes das exposições temporárias, a reexposição de obras no 5º andar e os "happenings" de arte contemporânea. As mostras do Mnam mudam com frequência, e algumas obras agora são compartilhadas com a filial em Metz, na França.

TOP 10 Panthéon

Hoje, o belo edifício do Panthéon em Paris é um local de repouso final reservado aos grandes personagens da nação. No entanto, originalmente foi construído como igreja, por incentivo de Luís XV, a fim de celebrar sua recuperação de uma grave crise de gota em 1744. Dedicado a Sainte-Geneviève, o templo foi concluído em 1790 e procurava assemelhar-se ao Pantheon de Roma, daí o nome; na verdade, ele lembra mais a Catedral de St. Paul, em Londres. Durante a Revolução Francesa foi transformado em mausoléu, mas Napoleão devolveu-o à igreja em 1806. Mais tarde, ele perdeu seu caráter sagrado, foi devolvido à Igreja uma vez mais e finalmente se tornou um edifício público em 1885.

Fachada do Panthéon

O Crêpes à Gogo (rue Soufflot 12, 7h-23h) é a parada ideal para um crepe, um café ou um sorvete.

A venda de ingressos para 45min antes do horário de fechamento. Chegue na hora.

- *Place du Panthéon, 75005* • *Mapa N6*
- *01 44 32 18 00*
- *www.pantheon.monuments-nationaux.fr*
- *Aberto abr-set 10h-18h30 diariam; out-mar 10h-18h diariam. Fechado 1º jan, 1º mai, 25 dez*
- *Entrada: €7,50 (menores de 25, €4,50; menores de 18 e menores de 25 da UE, grátis)*
- *Sem acesso para portadores de deficiência*

Destaques

1. Cúpula
2. Galerias da Cúpula
3. Cripta
4. Afrescos de Sainte--Geneviève
5. Pêndulo de Foucault
6. Monumento a Diderot
7. Fachada
8. Relevo do Frontão
9. Túmulo de Voltaire
10. Túmulo de Victor Hugo

1 Cúpula

Inspirada no desenho de Christopher Wren para a Catedral de St. Paul, em Londres, assim como na igreja de Les Invalides *(p. 32)*, esta cúpula com estrutura de ferro *(embaixo, esq.)* é composta por três camadas. No topo, uma pequena abertura deixa entrar só um pouco de luz natural, em consonância com o sóbrio propósito do edifício.

2 Galerias da Cúpula

Uma escada leva até as galerias logo abaixo da cúpula, permitindo uma visão panorâmica de Paris. Os pilares em volta das galerias são decorativos e muito funcionais, já que dão a sustentação essencial para a cúpula.

3 Cripta

A cripta é impressionante quando comparada com as da maioria das igrejas, menores e mais escuras. Abriga túmulos e memoriais de cidadãos franceses tidos como merecedores de um enterro aqui, incluindo o escritor Émile Zola *(p. 47)*.

Veja mais sobre túmulos de Paris na **p. 156**

4 Afrescos de Sainte-Geneviève

Delicados murais do pintor do século XIX Pierre Puvis de Chavannes, no lado sul da nave, contam a história de Sainte-Geneviève, a padroeira de Paris. Segundo a lenda, ela teria salvo a cidade em 451 da invasão das hordas de hunos comandadas por Átila, graças ao poder de suas orações.

6 Monumento a Diderot

O filósofo francês Denis Diderot (1713-84) é homenageado neste majestoso monumento de 1925, obra de Alphonse Terroir.

7 Fachada

A fachada do Panthéon foi inspirada na do Pantheon romano. As 22 colunas coríntias sustentam tanto o teto do pórtico como os baixos-relevos.

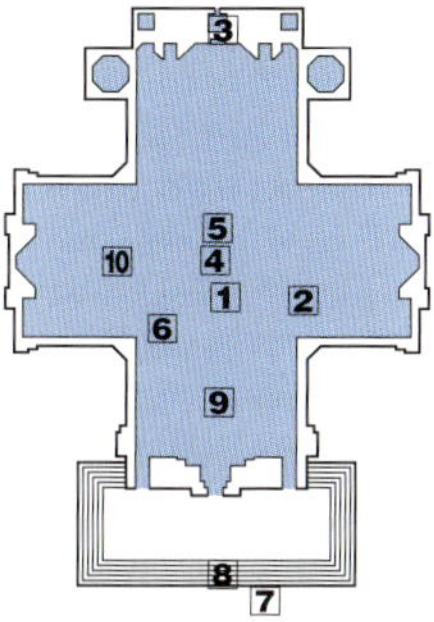

Planta do Panthéon

9 Túmulo de Voltaire

Uma estátua do grande escritor, sábio e filósofo Voltaire (1694-1788) ergue-se diante de seu túmulo.

10 Túmulo de Victor Hugo

O corpo do escritor francês *(p. 46)* foi levado até o Panthéon num humilde carro fúnebre, atendendo ao seu desejo.

5 Pêndulo de Foucault

Em 1851, o francês Jean Foucault (1819-68) realizou um experimento para provar a rotação da Terra, dependurando um pêndulo da cúpula do Panteão. O plano de oscilação do pêndulo fazia uma rotação de 11° no sentido horário a cada hora, mudando sua posição em relação ao piso, o que comprovava a teoria do físico.

8 Relevo do Frontão

O baixo-relevo sobre a entrada *(abaixo)* mostra uma figura feminina, que simboliza a França, distribuindo louros aos grandes homens da nação – do mesmo modo que gregos e romanos homenageavam seus heróis.

Louis Braille

Um dos cidadãos mais influentes enterrados no Panthéon é Louis Braille. Nascido na França em 1809, Braille ficou cego aos 3 anos de idade; aos 9 ingressou no Instituto Nacional de Jovens Cegos de Paris e mostrou-se um estudante bem-dotado. Continuou na instituição como professor e em 1829 teve a ideia de adaptar um sistema de código usado no exército, fazendo equivaler palavras e letras a pontos em relevo num cartão. Ler em braile revolucionou a vida dos cegos. Seu inventor morreu em 1852.

Sainte-Chapelle

Esta obra-prima gótica, construída por Luís IX (1214-70) como santuário para suas relíquias sagradas da paixão e concluída em 1248, é considerada a mais bela igreja de Paris, entre outras razões, por seus quinze vitrais que se erguem 15m até um teto em abóbada recoberto de estrelas. A igreja sofreu danos durante a Revolução Francesa, mas foi restaurada em meados do século XIX.

Fachada da Sainte-Chapelle

Para um toque de elegância anos 1920, vá à Brasserie des Deux Palais, esquina de boulevard du Palais com rue de Lutèce.

Um par de binóculos será muito útil para apreciar melhor os vitrais da parte mais alta da igreja.

- *Blvd du Palais 6, 75001*
- *Mapa N3*
- *01 53 40 60 97*
- *Aberto mar-out: 9h30-18h (meados mai-meados set: até 21h qua); nov-fev: 9h-17h; fechado 1º jan, 1º mai, 25 dez*
- *Entrada: €8,50; €5,50 menores de 25 (grátis 1º dom do mês nov-mar); €12,50 ingr comb para a Conciergerie (p. 69). Exposições temporárias, €1,50 adicional. Últ adm 30min antes de fechar.*
- *Acesso restrito a portadores de deficiência (ligue 48h antes)*
- *http://sainte-chapelle.monuments-nationaux.fr*

Destaques

1. Entrada da Capela Superior
2. Rosácea
3. Vitral da Paixão de Cristo
4. Estátuas dos Apóstolos
5. Vitral das Relíquias
6. Agulha
7. Portal Principal
8. Oratório de São Luís
9. Assentos da Família Real
10. Concertos Noturnos

1 Entrada da Capela Superior

Ao subir por uma escada em espiral neste espaço aberto *(dir.)*, depara-se com um espetáculo de luz e cor de tirar o fôlego. Vitrais do século XIII, os mais antigos de Paris, são separados por colunas de pedra *(abaixo)* e retratam cenas bíblicas, do gênesis à crucificação. Para "ler" os vitrais, comece pelo mais baixo à esquerda e siga cada fileira da esquerda para a direita, de baixo para cima.

2 Rosácea

A rosácea em estilo gótico flamejante mostra em 86 painéis a visão que São João teve do Apocalipse; foi colocada aqui por Carlos VIII em 1485. Os tons de verde e amarelo brilham mais ao pôr do sol.

Veja mais sobre as igrejas de Paris nas **pp. 40-1**

3 Vitral da Paixão de Cristo

Localizado acima da abside, este vitral que retrata a crucificação de Cristo é considerado o mais bonito desta capela.

4 Estátuas dos Apóstolos

Estátuas medievais dos doze apóstolos erguem-se sobre pilares ao longo das paredes. Muito danificadas durante a Revolução Francesa, a maioria foi restaurada. O apóstolo de barba *(dir.)*, o quinto à esquerda, é a única estátua original.

5 Vitral das Relíquias

É outro vitral magnífico *(abaixo)*, que conta a história de Santa Helena e da Verdadeira Cruz e a de São Luís trazendo suas relíquias para a Sainte-Chapelle.

6 Agulha

O rendilhado em pedra e a forma esbelta dão um aspecto delicado a esta *flèche* (agulha) de 75m. As três agulhas anteriores da igreja se incendiaram – esta foi erguida em 1853.

As Relíquias

Luís IX, mais tarde São Luís, foi o único rei francês canonizado. Em sua primeira cruzada, em 1239, ele comprou a suposta coroa de espinhos do imperador de Constantinopla, e posteriormente outras relíquias, entre elas pedaços da Verdadeira Cruz, pregos da crucificação e umas quantas gotas do sangue de Cristo, pagando por isso quase três vezes mais do que pela construção da própria Sainte-Chapelle. As relíquias estão guardadas na Notre-Dame e só são exibidas em feriados religiosos.

7 Portal Principal

Como a capela superior, o portal principal tem dois níveis. Os cumes são decorados com uma coroa de espinhos, simbolizando as relíquias guardadas.

8 Oratório de São Luís

No final do século XIV, Luís XI acrescentou um oratório de onde pudesse assistir a missas por uma pequena grade na parede. A capela originalmente ficava junto à Conciergerie, o antigo palácio real na Île de la Cité *(p. 69)*.

9 Assentos da Família Real

Durante a missa, a família real sentava-se em nichos localizados no quarto compartimento de ambos os lados da capela, longe da congregação.

10 Concertos Noturnos

Sainte-Chapelle tem uma excelente acústica. De março a novembro, há concertos de música erudita aqui, em várias noites da semana.

TOP 10 Hôtel des Invalides

Os invalides ("inválidos"), para quem este imponente edifício foi construído, eram soldados feridos do final do século XVII. Luís XIV mandou construir o edifício entre 1671 e 1678, e ainda há veteranos internados aqui, mas apenas uma dezena deles, comparados com os 4 mil originais. Eles dividem o local com o maior soldado francês de todos os tempos, Napoleão Bonaparte, cujos restos mortais descansam numa cripta logo abaixo da cúpula dourada da Église du Dôme. Outros prédios abrigam escritórios militares, o Musée de l'Armée e museus militares menores.

Musée de l'Armée

Le Café du Musée, entre a estação de metrô Varenne e o Musée Rodin ***(p. 111)*** **é agradável para um drinque.**

Um único ingresso dá acesso a todas as atrações.

- *Rue de Grenelle 129, 75007*
- *Mapa D4*
- *08 10 11 33 99*
- *www.invalides.org*
- *Aberto abr-set: 10h-18h diariam, até 21h ter (out-mar: até 17h); fechado 1ª seg do mês (exceto jul-set), 1º jan, 1º mai, 1º nov, 25 dez*
- *Entrada: €9,50 adultos; €7,50 com desconto; grátis menores de 18; grátis menores de 26 (apenas da UE)* • *Acesso limitado para portadores de deficiência*

Destaques

1. Túmulo de Napoleão
2. Cúpula Dourada
3. Musée de l'Armée
4. Teto da Église du Dôme
5. Hôtel des Invalides
6. Túmulos da Igreja
7. St.-Louis-des-Invalides
8. Jardins des Invalides
9. Musée de l'Ordre de la Libération
10. Musée des Plans-Reliefs

2 Cúpula Dourada

A segunda igreja do Hôtel foi iniciada em 1677 e levou 27 anos para ser concluída. Sua magnífica cúpula tem 107m de altura e brilha tanto agora quanto em 1715, quando Luís XIV, o Rei Sol, mandou revesti-la pela primeira vez.

1 Túmulo de Napoleão

Os restos mortais de Napoleão foram trazidos para cá da ilha de Santa Helena em 1840, cerca de dezenove anos após sua morte. Ele descansa no esplendor de um casulo de seis ataúdes *(esq.)*, quase "às margens do Sena", como era seu desejo.

3 Musée de l'Armée

O Museu do Exército abriga uma das maiores coleções de peças militares do mundo. Os mais interessados pelo tema passam horas absorvidos, e mesmo o visitante casual se sente fascinado. O Department Moderne, que narra a história militar de Luís XIV até Napoleão III, foi remodelado e é um dos destaques *(p. 111)*.

Veja mais sobre o bairro dos Invalides nas **pp. 110-7**

4 Teto da Église du Dôme

A pintura circular no interior da cúpula acima da cripta é *Glória do Paraíso*, feita em 1692 pelo artista francês Charles de la Fosse. Perto do centro está São Luís, que representa Luís XIV oferecendo sua espada a Cristo na presença da Virgem e dos anjos.

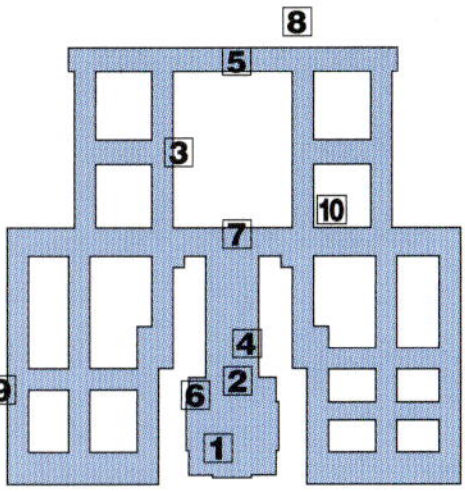

Planta do Hôtel des Invalides

9 Musée de l'Ordre de la Libération

A Ordem da Libertação, a mais alta honraria militar francesa, foi criada pelo general Charles de Gaulle em 1940 para homenagear os heróis da Segunda Guerra Mundial. O museu conta a história da Resistência Francesa, movimento nacional pela libertação do país.

5 Hôtel des Invalides

Uma das visões mais encantadoras de Paris *(acima)*, a fachada clássica do Hôtel tem quatro andares de altura e 196m de ponta a ponta. Destacam-se as janelas do sótão, com formatos variados e ornamentos.

7 St.-Louis-des--Invalides

Ao lado da Église du Dôme fica a igreja original do complexo dos Invalides. Vale a pena visitá-la por seu órgão do século XVII, no qual foi tocado em primeira audição o *Réquiem* de Berlioz.

10 Musée des Plans-Reliefs

Mapas e maquetes de fortes franceses e cidades fortificadas são exibidos aqui. Muitos deles são ricos em detalhes, como a maquete mais antiga exposta, de Perpignan, que data de 1686.

6 Túmulos da Igreja

Em volta da Église du Dôme ficam os majestosos túmulos de grandes chefes militares franceses, como o marechal Foch e o marechal Vauban, que revolucionou os fortes militares e as táticas de sítio.

8 Jardins des Invalides

Entra-se no Hôtel atravessando jardins públicos e depois cruzando o portal até os Jardins des Invalides. Projetados em 1704, seus caminhos são cheios de canhões dos séculos XVII e XVIII.

Guia do Hôtel

É melhor chegar ao Hôtel des Invalides vindo do Sena, de onde ele oferece seu ângulo mais bonito, e depois dar a volta pelo lado sul (junto à Église du Dôme) para chegar à bilheteria. Você precisa adquirir ingresso para ver os museus e o túmulo de Napoleão. Se estiver com pouco tempo, concentre-se no Musée de l'Armée antes de atravessar a fachada dos edifícios e chegar ao impressionante pátio com piso de pedra que fica bem em frente à Église du Dôme.

Mona Lisa, Musée du Louvre; Musée Carnavalet; Canhões, Musée de l'Armée

TOP 10 Museus

1 Musée du Louvre

Esculturas francesas e italianas, antiguidades gregas e romanas e pinturas dos séculos XII ao XIX são alguns dos destaques do maior museu do mundo *(pp. 8-11)*.

2 Musée Carnavalet

Alojado numa majestosa mansão do bairro do Marais, este museu conta a história de Paris. Seu acervo inclui pinturas, esculturas e mobília antiga, recriando residências particulares dos séculos XVI e XVII. Tem ainda um conjunto de lembranças da época da Revolução Francesa, como um maravilhoso jardim francês.

3 Musée des Arts Décoratifs

Instalado em nove andares, junto à ponta oeste da Ala Richelieu do Louvre, este museu de artes decorativas mostra mobília e objetos de mesa do século XII até o presente. O acervo de peças é de tirar o fôlego e inclui desde painéis góticos e porcelana da Renascença até tapetes e cadeiras de Philippe Starck, da década de 1970. Dentro deste museu ficam ainda o Musée de la Mode et du Textile, que oferece exposições sobre moda, e o Musée de la Publicité, que promove exposições sobre temas ligados à propaganda *(p. 95)*.

4 Musée National du Moyen Age

Este esplêndido museu dedicado à arte da Idade Média é conhecido por vários nomes, como Musée de Cluny, por causa da bela mansão onde está instalado, ou como Thermes de Cluny, devido às termas romanas que ficam ao lado dele. Entre seus destaques estão as famosas tapeçarias da série *A senhora com o unicórnio*, vitrais medievais e refinadas coroas e joias de ouro *(p. 120)*.

Jardins do Muséum National d'Histoire Naturelle

5 Muséum National d'Histoire Naturelle

O Museu de História Natural de Paris, no Jardin des Plantes, contém uma fascinante coleção de esqueletos de animais, fósseis de plantas, minerais e pedras preciosas. Seu destaque é a Grande Galerie de l'Evolution, que mostra as mudanças na interação entre o homem e a natureza durante a evolução da vida na Terra *(pp. 60 e 129)*.

6 musée du Quai Branly

Numa cidade dominada pela arte ocidental, este museu, com 300 mil artefatos (dos quais 3.500 em exposição permanente), tende a favorecer as artes da África, Ásia, Oceania e Américas. Não deixe de ver os instrumentos musicais africanos. O impressionante edifício projetado por Jean Nouvel é uma atração à parte *(p. 112)*.

7 Musée de l'Armée

A França se orgulha muito da sua história militar, que é mostrada neste museu, instalado numa das alas do Hôtel des Invalides. Estão expostas aqui peças de arte e artefatos militares, desde os tempos antigos até o século XX, com uma abrangente exposição dedicada à Segunda Guerra Mundial. A tenda de campanha de Napoleão, seu cão empalhado, armaduras e armas da época medieval estão entre os destaques *(p. 111)*.

8 Musée Cognacq-Jay

O Hôtel Donon é o ambiente perfeito para este excelente acervo de arte do século XVIII, mobília, porcelana e outras artes decorativas, reunido pelos ricos fundadores da loja de departamentos Samaritaine. Várias pinturas de Rembrandt, Reynolds e outros grandes mestres são atrativos adicionais para vir visitar este museu *(p. 85)*.

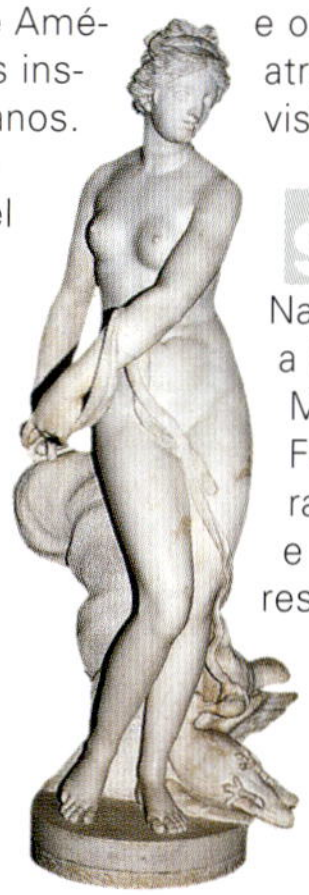

Vênus com pombos, Musée Cognacq-Jay

9 Cité de l'Architecture et du Patrimoine

Na ala leste do Palais Chaillot, a Cité de l'Architecture e o Musée des Monuments Français mostram a rica herança arquitetônica francesa e constituem um dos maiores centros mundiais de arquitetura. As Galeries des Moulages abrigam maquetes de grandes catedrais francesas *(pp. 135-6)*.

10 Musée Jacquemart-André

Situado em uma elegante mansão particular, este museu foi no passado a casa de Edouard André e de sua mulher, a artista Nélie Jacquemart. Nele encontra-se a espetacular coleção particular de arte do casal, com obras de Boucher, Botticelli, Rembrandt e Fragonard, além de excelentes exposições temporárias *(p. 105)*.

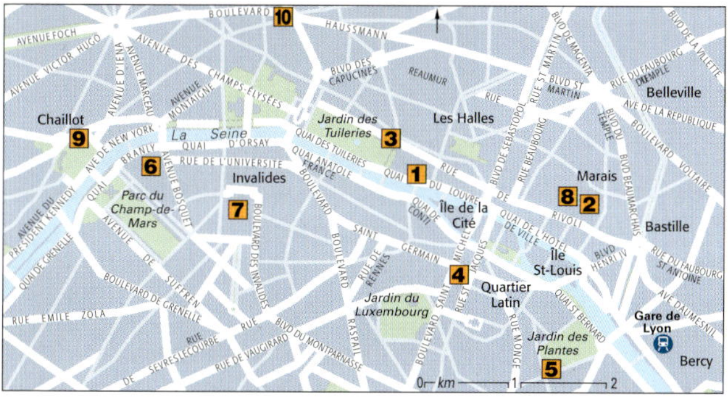

Veja mais sobre galerias de arte em Paris nas **pp. 36-7**

Quarto em Arles (1889), Van Gogh, Musée d'Orsay; L'Orangerie

TOP 10 Coleções de Arte

1 Musée d'Orsay

pp. 12-5.

2 Musée Picasso

Museu muito apreciado por parisienses e por visitantes. O muito bem restaurado Hôtel Salé *(p. 90)*, no Marais, é um cenário esplêndido para este grande acervo de pinturas, esculturas, desenhos e outras obras de Pablo Picasso (1881-1973), incluindo as de seu período cubista. Grandes esculturas também enfeitam o jardim e o pátio. Mais de 500 obras de Picasso estão expostas nos quatros andares desse museu *(p. 85)*.

3 Musée Rodin

Num dia de sol, vá direto aos jardins do Musée Rodin, junto ao complexo do Hôtel des Invalides, onde você poderá apreciar algumas das obras mais famosas do escultor francês, como *O pensador* e *Burgueses de Calais*, enquanto passeia entre árvores e roseirais. Depois, entre na bonita mansão do século XVIII, o Hôtel Biron, onde Auguste Rodin (1840-1917) viveu e trabalhou durante nove anos, até sua morte. Aqui você encontra uma grande coleção de obras que o escultor realizou ao longo de toda a sua carreira, além de algumas exposições temporárias sobre temas relacionados *(p. 111)*.

O pensador, Musée Rodin

4 Musée National d'Art Moderne

O revolucionário Centre Pompidou é o local perfeito para abrigar o impressionante Museu de Arte Moderna da França. Ele reúne cerca de 1.400 obras em dois andares, um deles focalizando artistas e movimentos da primeira metade do século XX, o outro destacando a arte a partir dos anos 1960 até os dias de hoje. O museu faz rodízio frequente das obras expostas *(pp. 26-7)*. *Pl Georges Pompidou, 75004 • Mapa P2 • Aberto 11h-21h qua-seg • Entrada paga*

5 Jeu de Paume

Esta galeria, um dos melhores espaços de exposição da cidade, está instalada numa quadra de tênis real *(jeu de paume)* do século XIX. Tem obras importantes de fotografia, cinema e vídeo. *Pl de la Concorde 1, 75008 • Mapa D3 • Aberto 12h-21h ter, 12h-19h qua-sex, 10h-19h sáb, dom • Fechado 1º jan, 1º mai, 25 dez • Entrada paga*

Veja mais sobre os artistas de Paris na **p. 144**

6 Musée de L'Orangerie

A principal mostra aqui são oito das imensas telas de Monet da série de ninfeias *(p. 13)*, e a galeria, num canto das Tuileries, foi reformada para melhorar sua exibição. A coleção Walter-Guillaume reúne obras de Matisse, Picasso, Modigliani e outros mestres modernistas de 1870 a 1930.

Jardin des Tuileries, 75001 • Mapa D3 • www.musee-orangerie.fr • Aberto 9h-18h qua-seg • Entrada paga

7 Espace Montmartre Salvador Dalí

Este museu subterrâneo, com suas paredes pretas, efeitos de luz e trilha sonora, destaca algumas das obras menos conhecidas de Dalí, como bronzes e ilustrações para livros *(p. 141)*.

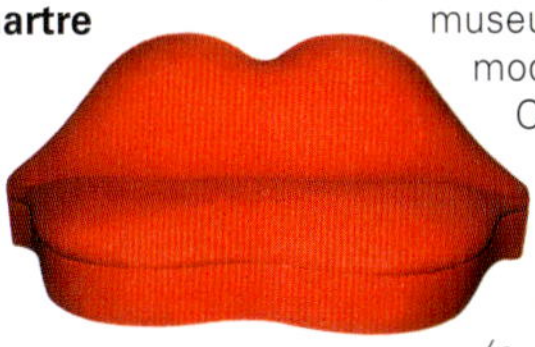

Sofá-lábio, Salvador Dalí

8 Musée Marmottan--Claude Monet

As pinturas impressionistas de Claude Monet são a principal atração deste museu, que mostra algumas das 165 obras doadas por seu filho e constitui talvez o maior acervo de obras do pintor no mundo todo. Fazem parte do acervo as últimas pinturas da série das ninfeias. Também há obras de outros pintores impressionistas e realistas, além de uma excelente coleção de manuscritos medievais com iluminuras *(p. 153)*.

9 Musée Maillol

Quadros do artista francês Aristide Maillol, além de seus desenhos, gravuras, e esculturas em gesso, são o destaque deste museu, criado por sua modelo, Dina Vierny. Outros artistas importantes são mostrados em exposições temporárias aqui *(p. 121)*.

10 Maison Européenne de la Photographie

Se você é apreciador de fotografia, não deixe de ver esta esplêndida galeria no Marais. As peças expostas vão de retratos a obras documentais, e há retrospectivas e mostras de fotógrafos contemporâneos *(p. 87)*.

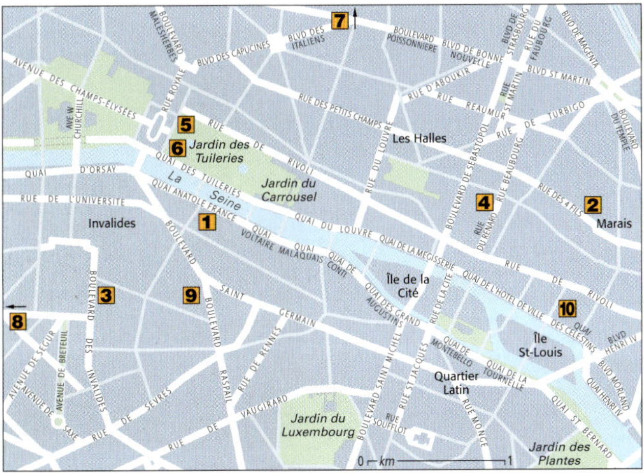

Jardin du Luxembourg; Jardin des Plantes; Bois de Boulogne

TOP 10 Parques e Jardins

1 Jardin du Luxembourg

Os parisienses adoram este parque de localização central, em volta do Palais du Luxembourg. O amplo terraço é um ótimo lugar para ver pessoas – é em volta do lago octogonal que os parisienses tomam banho de sol ou brincam com veleiros em miniatura. Há estátuas por toda a área, além de um café *(p. 119)*.

2 Jardin des Tuileries

Agora oficialmente parte do Louvre, este jardim foi criado no século XVII como extensão do velho Palais de Tuileries. Ele corre ao longo do Sena, entre o Louvre e a place de la Concorde. Os passeios são cheios de castanheiros e limeiras. Entre as estátuas há figuras de bronze de Aristide Maillol *(p. 95)*.

3 Jardin des Plantes

Criado como jardim de ervas medicinais para o rei em 1635, este amplo jardim botânico é um maravilhoso e calmo local. Os caminhos são pontuados por estátuas e árvores centenárias, como a mais velha de Paris, que cresceu a partir do toco de uma *Acacia robinia* de 1636 *(p. 129)*.

4 Bois de Boulogne

Nos fins de semana, os parisienses correm para este grande parque no lado oeste da cidade, que tem um lago com barcos e trilhas para andar de bicicleta, correr e passear. Tem jardins, lagos e cascatas e duas pistas de corridas de cavalos. Ótimo para fugir um pouco do agito da cidade *(p. 152)*.

5 Bois de Vincennes

Outra grande opção para relaxar, este parque é para o leste de Paris o que o Bois de Boulogne é para o oeste. Antigo campo de caça da realeza, ganhou paisagismo na década de 1860. Hoje tem lagos e cachoeiras ornamentais, um zoológico, parque de diversões e pista de corridas de cavalos *(p. 151)*.

6 Parc Monceau

O mais requintado espaço verde de Paris, cheio de pessoas da classe alta que moram nas mansões e apartamentos da área. O luxuoso paisagismo data do século XVIII e sobrevive em algumas extravagâncias arquitetônicas, como a colunata clássica *(p. 153)*.

Bois de Boulogne

7 Jardins du Palais-Royal

Estes adoráveis jardins são rodeados pelas arcadas do século XVIII do Palais-Royal *(p. 96)*. Entre as esculturas contemporâneas estão as polêmicas colunas listradas de Daniel Buren.
Pl du Palais Royal, 75001 • Mapa L1

8 Versailles

Há jardins em abundância neste famoso palácio real – dos jardins franceses com caminhos geométricos e arbustos podados aos sinuosos caminhos em estilo rural inglês ao norte do Petit Trianon. No verão, pode-se remar de barco no adorável Grand Canal, em forma de cruz *(p. 151)*.

9 Parc Montsouris

Localizado na parte sul de Montparnasse, este é o segundo maior parque do centro de Paris, muito popular entre os parisienses. Foi construído em estilo inglês em cima de uma velha pedreira de granito pelo arquiteto paisagista Adolphe Alphand, entre 1865 e 1878. Hemingway *(p. 47)* e outros escritores e artistas vinham muito a este parque em meados do século XX. Tem trilha para correr, lago e coreto. *Blvd Jourdan, 75014 • Metrô Cité Universitaire*

10 Parc des Buttes Chaumont

O grande planejador urbano barão Haussmann criou este retiro maravilhoso na parte nordeste da cidade em 1867, a partir do que era antes um aterro de lixo *(p. 61)*. Seus arquitetos construíram rochas artificiais, cascatas, cursos d'água e um lago, com uma ilha no meio, coroada por um templo em estilo romano. Podem-se alugar botes para passeios, e o parque tem ainda um café e vistas muito bonitas da Sacré-Coeur *(pp. 22-3)*. Atualmente, o parque está em reforma. *Rue Manin, 75019 • Metrô Buttes-Chaumont*

Fontes

1 Fonte de Agam

Fonte de água e luzes projetada pelo arquiteto judeu Yaacov Agam. *La Défense • RER La Défense*

2 Fonte das Quatro Estações

Fonte com figuras alegóricas que representam os rios Sena e Marne, criada em 1739 pelo escultor Edme Bouchardon. *Rue de Grenelle • Mapa C4*

3 Fontaine des Innocents

Esculpida por Jean Goujon em 1547, é a única fonte renascentista de Paris. *Place des Innocents • Mapa N2*

4 Fonte dos Medici

Esta ornamentada fonte do século XVII com um lago foi feita para Maria de Medici. *Jardin du Luxembourg • Mapa L6*

5 Fonte de Molière

Fonte do século XIX em homenagem ao dramaturgo francês. *Rue de Richelieu • Mapa E3*

6 Fonte do Observatório

Quatro estátuas de bronze representando os continentes erguem um globo. *Jardin du Luxembourg • Mapa L6*

7 Fonte do Châtelet

As duas esfinges desta fonte de 1808 celebram a vitória de Napoleão no Egito. *Pl du Châtelet • Mapa N2*

8 Fonte de Stravinsky

Pássaros esguicham água nesta colorida fonte *(p. 27)*.

9 Fontes do Trocadéro

Jorrando no sentido da Torre Eiffel, estas fontes ficam iluminadas à noite *(p. 17)*.

10 Fontes de Versailles

As fontes de Versailles *(p. 154)* jorram ao som de música nos fins de semana durante a primavera e o verão.

Notre-Dame; Sacré-Coeur; Sainte-Chapelle

TOP 10 Locais de Culto Religioso

1 Notre-Dame
pp. 18-21.

2 Sacré-Coeur
pp. 22-3.

3 Sainte-Chapelle
Embora a capela não seja mais usada para cultos, os seus belos vitrais estimulam um sentimento de reverência *(pp. 30-1).*

4 Église du Dôme
O local de descanso final de Napoleão Bonaparte é a linda Igreja da Cúpula no complexo do Hôtel des Invalides – um elaborado monumento em estilo clássico francês. Erguida como capela para os soldados internados nos Invalides, seu enfeitado altar principal contrasta com as solenes capelas de mármore em volta da cripta, onde ficam os túmulos de líderes militares franceses. A cúpula dourada pode ser vista a quilômetros de distância *(pp. 32-3).*

5 Panthéon
Inspirada no Pantheon romano, esta igreja com uma grande cúpula, do final do século XVIII, abrigou cultos por apenas dois anos e depois se tornou monumento e local de sepultamento de personalidades da época da Revolução Francesa. Cidadãos ilustres de eras posteriores também estão enterrados aqui *(pp. 28-9).*

6 St.-Eustache
Por séculos, este monumental edifício gótico foi a "igreja do mercado", atendendo aos comerciantes de Les Halles. O edifício levou mais de cem anos para ser construído e foi finalmente concluído em 1637. Seu interior cavernoso ostenta o estilo arquitetônico do início do Renascimento. Nos domingos à tarde o maravilhoso interior recebe recitais de órgão e concertos de música erudita muito concorridos *(p. 75).*

Batismo de Cristo, La Madeleine

7 La Madeleine
Projetada no estilo de um templo grego em 1764, esta destacada igreja do distrito financeiro de Paris, junto ao bairro Opéra, é um dos símbolos mais característicos da cidade, com espetaculares 52 colunas coríntias à sua volta. A igreja foi consagrada a Maria Madalena em 1845. As portas de bronze ostentam baixos-relevos dos Dez Mandamentos, e no frontão sul destaca-se o relevo do juízo final. O interior ornamentado com mármore e ouro tem estátuas refinadas, como a que retrata o batismo de Cristo, de François Rude. Também é um local popular para concertos de música clássica. ✆ *Pl de la Madeleine, 75008 • Mapa D3 • Aberto 9h30-19h diariam (o horário das missas varia) • Gratuito*

8 Grande Synagogue de la Victoire

Construída no final do século XIX, esta elaborada sinagoga é a segunda maior da Europa. Fica aberta apenas para aqueles que desejam acompanhar um culto ou para grupos que marcam a visita. Podem ser encontradas outras sinagogas menores no Marais, que tem uma grande comunidade judaica, como a do número 10 da rue Pavée, construída em 1913 por Hector Guimard, o arquiteto que projetou as estações de metrô em estilo art nouveau na cidade.

Rue de la Victoire, 75009 • Mapa E2

9 Mosquée de Paris

A Grande Mesquita da cidade foi construída ao longo da década de 1920 como um tributo aos muçulmanos norte-africanos que deram apoio militar à França durante a Primeira Guerra Mundial. Tem uma linda arquitetura mourisca, executada por artesãos trazidos do Norte da África, e um pátio interno bem tranquilo *(p. 129)*.

10 St.-Sulpice

Os lindos afrescos da Capela dos Anjos, de Eugène Delacroix, são o destaque desta igreja do século XVII, que tem um interior sóbrio. Com mais de 6.500 tubos, o seu órgão, projetado por Jean--François Chalgrin em 1776, é um dos maiores do mundo. Foi nesta igreja que o romancista Victor Hugo casou-se com Adèle Foucher, em 1822 *(p. 119)*.

Fachada da igreja de St.-Sulpice

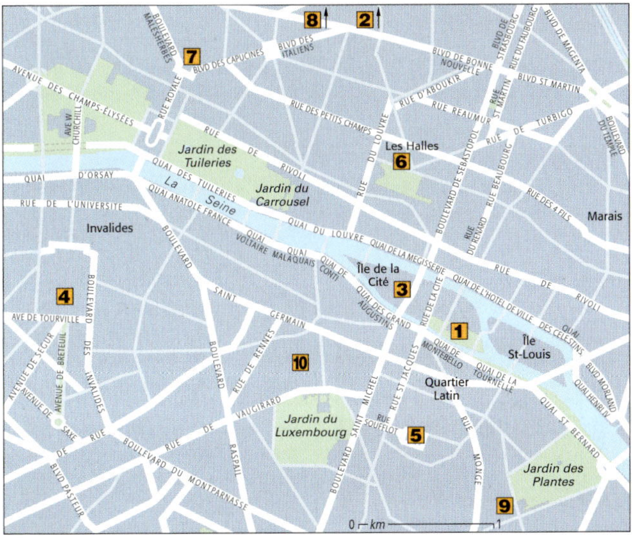

Conciergerie; Hôtel de Ville

TOP 10 Construções Históricas

1 Hôtel des Invalides
pp. 32-3.

2 Versailles
Luís XIV transformou o velho alojamento de caça de seu pai no maior palácio da Europa e mudou sua corte para cá em 1678. Versailles foi a residência real por mais de um século, até a fuga de Luís XVI com a rainha Maria Antonieta durante a Revolução Francesa *(p. 151)*.

3 Conciergerie
Originalmente a casa do zelador e dos guardas do Palais de Justice, a Conciergerie foi transformada em cadeia no final do século XIV. Assumiu seu lugar na história durante a Revolução Francesa, quando serviu de prisão para mais de 4 mil pessoas (Maria Antonieta entre elas), das quais metade foi guilhotinada. Continuou como presídio até 1914 *(p. 69)*.

4 Palais de Justice
O imenso edifício que hoje abriga o Poder Judiciário francês data dos tempos do Império Romano e foi o palácio real até o século XIV, quando Carlos V mudou a corte para o Marais. Durante a Revolução Francesa, milhares de pessoas foram sentenciadas à morte na Première Chambre Civile, que dizem ter sido o antigo dormitório do rei Luís IX *(p. 70)*.

Palais de Justice

5 Hôtel Dieu
O Hôtel Dieu, hoje um hospital do centro de Paris, foi construído em 1866-78 no local de um antigo orfanato; o edifício original do século XII na Île de la Cité foi demolido durante a renovação urbana ocorrida no século XIX. Um monumento no pátio celebra uma corajosa batalha travada aqui em 1944, quando a polícia de Paris ofereceu resistência aos nazistas. *Pl du Parvis Notre-Dame 1, 75004 • Mapa N4*

6 Palais de l'Elysée
Este majestoso palácio tornou-se a residência oficial do presidente da República da França em 1873. Foi construído como uma mansão particular em 1718 e pertenceu depois a Madame de Pompadour, amante de Luís XV, que estendeu os jardins ingleses aos Champs-Élysées. Napoleão assinou aqui a sua abdicação em 1815 *(p. 105)*.

7 Hôtel de Ville
O prédio da prefeitura de Paris ostenta uma elaborada fachada, com trabalhos ornamentais em pedra, estátuas e um telhado com torres. Trata-se, na verdade, de uma reconstrução feita no século XIX da prefeitura original, incendiada na Comuna de Paris de 1871 *(p. 45)*. Embora a praça só para pedestres

situada em frente dela seja agradável agora, já foi o local de horríveis execuções: Ravaillac, assassino de Henrique IV, foi esquartejado vivo aqui em 1610. ✆ *Pl de l'Hôtel de Ville 4, 75001 • Mapa P3 • 01 42 76 40 40 • Aberto apenas para visitas em grupo agendadas (ligue 01 42 76 54 04) • Gratuito*

8 Palais-Royal

Este antigo palácio real abriga hoje repartições do governo. Construído pelo cardeal Richelieu em 1632, passou para a Coroa após sua morte, dez anos mais tarde. Luís XIV viveu sua infância aqui. Os duques de Orléans a adquiriram no século XVIII. ✆ *Pl du Palais Royal, 75005 • Mapa L1 • Fechado ao público*

9 La Sorbonne

A grande e tradicional universidade de Paris teve um início modesto em 1253 como um colégio para dezesseis estudantes pobres de Teologia. A primeira gráfica da França foi fundada aqui em 1469. Depois de ser suprimida durante a época da Revolução Francesa, foi transformada na Universidade de Paris *(p. 119)*.

10 Palais du Luxembourg

Maria de Medici mandou seu arquiteto, Salomon de Brosse, erguer este palácio seguindo o modelo de sua casa de infância, o Palácio Pitti, de Florença. Após a conclusão, ela foi exilada por seu filho, Luís XIII. Tomado durante a Revolução Francesa, foi transformado em prisão, e hoje abriga o Senado. Perto fica o Musée du Luxembourg. ✆ *Rue de Vaugirard 15, 75006 • Mapa L6 • 01 44 54 19 49 • Aberto só para visitas agendadas; jardins abertos do amanhecer ao anoitecer*

Palais du Luxembourg

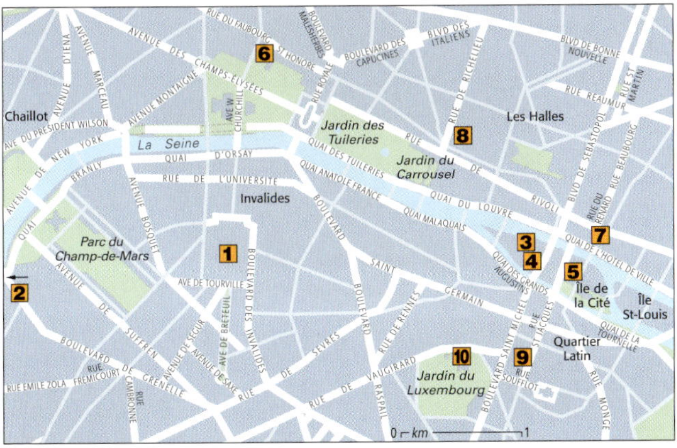

Carlos Magno coroado imperador do Sacro Império; Comuna de Paris incendeia a cidade

Top 10 Eventos Históricos

1 A Chegada dos Parisii

Embora tenham sido achados vestígios de núcleos do Neolítico datando de 4500 a.C., considera-se que os primeiros habitantes de Paris foram os da tribo celta dos parisii, que se instalaram na Île de la Cité no século III a.C. Eram caçadores e pescadores e chamaram a cidade de Lutetia, "atracadouro de rio". A tribo cunhava as próprias moedas de ouro, e foi encontrado um altar pagão atrás da Notre-Dame.

2 Assentamento Romano

Os romanos conquistaram os parisii em 52 a.C. e destruíram seu núcleo. Depois de reconstruí-lo como centro administrativo, fundaram sua própria cidade na Margem Esquerda. As termas no Musée de Cluny *(p. 34)* e o anfiteatro na rue Monge são os únicos vestígios. Em 360 d.C., o prefeito romano foi declarado imperador, e Lutetia, rebatizada como Paris, em homenagem a seus habitantes originais.

3 Fundação da França

O domínio romano ficou enfraquecido pelos ataques bárbaros. Acredita-se que em 450 as orações de uma jovem freira, Geneviève, salvaram a cidade da invasão dos hunos, comandados por Átila. Ela se tornou padroeira de Paris. Mas em 476 os francos conquistaram a cidade, o cristianismo virou a religião oficial e Paris tornou-se a capital do novo reino, a França.

4 Carlos Magno, Imperador do Sacro Império

Em 751, a dinastia carolíngia assumiu o poder na França quando Pepino, o Breve, subiu ao trono. Seu herdeiro, Carlos Magno, foi coroado imperador do Sacro Império Romano em 800 e mudou a capital para Aix-La-Chapelle (Aachen). Paris declinou até que Hugo Capeto, parisiense, tornou-se rei em 987, trazendo a capital de volta para a cidade.

5 Massacre do Dia de São Bartolomeu

Catarina de Medici, esposa do rei Henrique II, deu à luz três reis franceses e uma rainha, Margarida de Valois, que se casou com o rei protestante Henrique de Navarra em 1572. Muitos protestantes vieram a Paris para as bodas, e Catarina planejou um massacre. Em 24 de agosto, milhares foram mortos. Henrique de Navarra sobreviveu, tornando-se depois o rei Henrique IV, o primeiro da dinastia Bourbon.

Sucessão de Luís XIII

6 Revolução Francesa

Após décadas de excessos da

realeza e de um crescente abismo entre ricos e pobres, Paris explodiu com a tomada da prisão da Bastilha em 1789 *(ver quadro)*.

7 A Coroação de Napoleão
Depois que Paris se ergueu das cinzas da Revolução, um jovem general da Córsega, Napoleão Bonaparte, salvou a cidade de uma revolta monarquista, e em seguida liderou vitórias militares na Itália e no Egito. Ele coroou a si mesmo imperador da França na Notre-Dame, em 1804 *(p. 20)*.

8 O Segundo Império
Em 1851, Luís Napoleão, sobrinho de Napoleão, tomou o poder como Napoleão III. Ele encomendou ao barão Haussmann grandes obras urbanas, que fizeram de Paris a mais bela cidade da Europa. As amplas avenidas, muitos edifícios públicos, parques, o sistema de esgotos e a primeira loja de departamentos datam de 1852 a 1870.

9 A Comuna de Paris
Depois da derrota da França na Guerra Franco-Prussiana em 1871 *(p. 23)*, muitos cidadãos se revoltaram contra os duros termos da rendição, e um grupo de esquerda fundou a Comuna de Paris. Após 72 dias, tropas do governo marcharam sobre a cidade. Em uma semana de lutas (21-28 maio), grande parte da cidade ardia em chamas e milhares de rebeldes estavam mortos.

10 Libertação de Paris
A ocupação da França pelos alemães durante a Segunda Guerra Mundial foi um período sombrio para a cidade, que abrigou também o centro da Resistência Francesa. Forças aliadas libertaram Paris em 25 de agosto de 1944; apenas dois dias antes, o comandante alemão Von Choltitz havia ignorado a ordem de Hitler de incendiar Paris.

Eventos da Revolução Francesa

1 14 de julho de 1789
A tomada da Bastilha, prisão-símbolo da repressão, desencadeia a Revolução.

2 4 de agosto de 1789
São declarados a abolição do feudalismo e o direito universal de ser cidadão livre.

3 26 de agosto de 1789
Declaração formal dos Direitos do Homem e do Cidadão, imbuída dos ideais de igualdade e dignidade, mais tarde incorporados à Constituição de 1791.

4 Outubro de 1789
Cidadãos marcham para Versailles e a família real volta a Paris prisioneira no Palais de Tuileries *(p. 95)*.

5 20 de junho de 1791
A família real tenta fugir, mas é detida em Varennes e devolvida à prisão.

6 10 de agosto de 1792
Uma multidão toma as Tuileries e os reis ficam presos no Templo.

7 21 de setembro de 1792
A monarquia é formalmente abolida e é proclamada a Primeira República francesa.

8 1792-4
"Reino do Terror", sob os radicais da Comuna liderados por Robespierre, Danton e Marat. Milhares vão para a guilhotina.

9 21 de janeiro de 1793
Luís XVI é culpado de traição e executado. A rainha Maria Antonieta vai depois dele para a guilhotina, em 16 de outubro.

10 28 de julho de 1794
Robespierre é guilhotinado. Termina o Terror e a Revolução encaminha-se para seu fim.

Placa na casa de Victor Hugo; Cena do filme *A história de duas cidades*

TOP 10 Romances Ambientados em Paris

1 Os Miseráveis

Este romance de Victor Hugo (1802-85), publicado em 1862, é um retrato realista da vida dos pobres e carentes no início do século XIX em Paris. Um dos personagens centrais é o nobre Jean Valjean, vítima de um sistema injusto. O personagem Marius se baseia na experiência pessoal de Victor Hugo como estudante empobrecido.

2 O Corcunda de Notre-Dame

Mais conhecido pelo título acima, que inspirou o filme de mesmo nome, este romance gótico de Victor Hugo foi publicado na França em 1831 como *Notre-Dame de Paris*. Ambientado na Idade Média, conta a história estranha e comovente de Quasímodo, um corcunda tocador de sinos, e de seu amor por Esmeralda *(p. 21)*.

3 A História de Duas Cidades

O escritor Charles Dickens (1812-70), o melhor cronista da vida em Londres no século XIX, decidiu ambientar seu romance de 1859 em Londres e Paris, sob o pano de fundo da Revolução Francesa *(p. 45)*. Sua descrição das condições na prisão da Bastilha constitui uma leitura sinistra, mas reveladora.

4 Le Père Goriot

Honoré de Balzac (1799-1850) foi um mestre da crônica da vida parisiense, especialmente nos 80 volumes da *Comédia Humana* – este romance de 1853 está entre os seus melhores. A casa de Balzac no nº 47 da rue Raynouard, no 16º *arrondissement*, onde ele morou de 1840 a 1847, fica aberta ao público *(p. 137)*.

5 Educação Sentimental

Gustave Flaubert (1821-80) estudou Direito em Paris, mas uma doença desviou-o da carreira que escolheu e o fez dedicar-se à literatura. Esta obra, publicada em 1870 em dois volumes, ao lado de seu maior romance, *Madame Bovary* (1857), marca a passagem do Romantismo para o Realismo dentro da literatura francesa.

Guy de Maupassant

6 Bel-Ami

Guy de Maupassant (1850-93) publicou este romance, uma de suas melhores obras, em 1885. Nela o escritor faz uma crítica do mundo dos negócios parisiense da Belle Époque, com sua ânsia de enriquecimento rápido. Guy de Maupassant é tido como um dos melhores contistas da literatura mundial. Está enterrado no cemitério de Montparnasse *(p. 152)*.

7 Em Busca do Tempo Perdido
A obra-prima de Marcel Proust (1871-1922), escrita em treze volumes, teve o primeiro deles publicado em 1913. Proust morava no boulevard Haussmann, e seu relato épico é um retrato ficcional da sua própria vida e de Paris durante a Belle Époque. Proust está enterrado no cemitério Père-Lachaise, na região leste de Paris *(p. 153)*.

8 Nana
Talvez o melhor cronista da vida parisiense, Émile Zola (1840-1902) nasceu, viveu e morreu na cidade, embora tenha passado parte da juventude em Aix-en-Provence, no sul da França. O romance *Nana* foi publicado em 1880 e conta uma chocante história de decadência sexual, vista pelos olhos da sua personagem central, uma dançarina e prostituta.

9 L'Assommoir
Lançado em 1877, este livro de Zola (em português, *O ébrio*) mostra um lado de Paris que muita gente na época teria preferido ignorar – o alcoolismo dentro da classe trabalhadora. Faz parte de uma série de vinte livros do autor, chamada *Rougon-Macquart*, que retrata a vida em cada um dos níveis da sociedade, vista pelos olhos de dois ramos de uma mesma família.

10 Thérèse Raquin
Zola centra sua atenção nas paixões secretas que espreitam por trás de uma fachada de loja de Paris e revelam uma história de luxúria obsessiva que leva, por fim, a um assassinato brutal. Publicado em 1867, apesar de ser apenas sua segunda obra, já mostra um escritor de incrível maturidade e com um olhar implacável sobre todos os aspectos da vida no século XIX.

Escritores Estrangeiros em Paris

1 Ernest Hemingway
O escritor americano (1899-1961) produziu *Paris é uma festa*, retrato afetuoso da sua estada aqui de 1921 a 1926.

2 F. Scott Fitzgerald
Outro escritor americano (1896-1940), viveu em Montparnasse e era frequentador do La Coupole *(p. 125)*.

3 George Orwell
Romancista inglês (1903-50), conta suas duras experiências de vida em *Na miséria em Paris e Londres* (1933).

4 Samuel Beckett
Nascido na Irlanda em 1906, o dramaturgo morou em Paris de 1928 até sua morte, em 1989.

5 Anaïs Nin
A escritora americana (1903-77) viveu um romance com Henry Miller em Paris. Seus *Diários* narram essa experiência.

6 Albert Camus
Nascido na Argélia, Camus (1913- 60) viveu em Paris de 1935 até sua morte.

7 Henry Miller
O americano Henry Miller (1891-1980) mostrou o lado mais pobre de Paris em *Trópico de Câncer* (1934).

8 Diana Mitford
Controversa simpatizante do fascismo, Mitford (1910-2003) passou os últimos anos de sua vida em Paris.

9 James Joyce
Joyce (1882-1941) morou em Paris de 1920 a 1940. *Ulisses* foi publicado aqui em 1922.

10 Milan Kundera
O tcheco Kundera (1929-) mudou-se para Paris em 1978, onde escreveu *A insustentável leveza do ser*.

Veja locais preferidos dos escritores na **p. 125**

Palais de Chaillot; Chama da Liberdade; Pont Alexandre III

TOP 10 Vistas a Partir do Sena

1 Torre Eiffel

Embora o alto da Torre Eiffel seja visível acima dos telhados desde vários pontos da cidade, uma das melhores vistas deste símbolo de Paris é a partir do rio Sena. A Pont d'Iéna fica ao pé da torre e atravessa o rio, indo até os Jardins du Trocadéro. A torre, iluminada à noite, é um dos destaques de um cruzeiro com jantar pelo Sena *(pp. 16-7)*.

Torre Eiffel

2 Palais de Chaillot

As extensões curvas do Palais de Chaillot que circundam os Jardins du Trocadéro podem ser vistas a partir do Sena. No meio dos jardins, magníficas fontes jorram do alto de um longo tanque rodeado de estátuas, enquanto dois imensos canhões de água lançam sua carga de volta ao rio, em direção à Torre Eiffel, na margem oposta *(p. 135)*.

3 Chama da Liberdade

Uma réplica da tocha da Estátua da Liberdade de Nova York foi erguida em 1987 pelo *International Herald Tribune* para marcar seu centenário e homenagear os que combateram pela liberdade na Resistência Francesa durante a Segunda Guerra Mundial. Fica localizada na margem direita da Pont de l'Alma, a ponte sobre o túnel onde a princesa Diana morreu num acidente de carro em 1997. A Chama da Liberdade virou o memorial não oficial de Lady Di e costuma estar cheia de flores e bilhetes em sua homenagem. *Mapa C3*

4 Grand Palais e Petit Palais

Enfeitando ambos os lados da Pont Alexandre III estão estes dois bonitos locais de exposição, construídos para a Exposição Universal de 1900. A estrutura de ferro art nouveau do Grand Palais tem um imenso teto de vidro que fica mais bonito iluminado à noite. O Petit Palais é menor e de estilo similar, com uma cúpula e vários detalhes clássicos *(p. 103)*.

5 Pont Alexandre III

Esta é a ponte mais bonita de Paris, com sua exuberante decoração art nouveau, na qual se destacam querubins, guirlandas, luminárias e outras peças de escultura elaborada. Construída para a Exposição Universal de

Veja mais sobre viagens de barco em Paris na **p. 164**

1900, ela conduz até o Grand Palais e o Petit Palais. Daqui podem-se apreciar magníficas vistas do complexo dos Invalides e dos Champs-Élysées *(p. 104)*.

6 Église du Dôme

Daqui da Pont Alexandre III pode-se apreciar também uma vista impressionante da Église du Dôme, situada no complexo do Hôtel des Invalides. A sua cúpula dourada chama a atenção dos visitantes ao longo da extensa alameda arborizada, cheia de luminárias e estátuas *(pp. 32-3)*.

7 Musée du Louvre

Este majestoso museu estende-se ao lado da margem do rio desde a Pont Royal até a Pont des Arts. A Ala Denon, vista a partir do Sena, foi quase toda construída durante os reinados de Henrique IV e Luís XIII no final do século XVI e início do século XVII *(pp. 8-11)*.

8 Musée d'Orsay

A visão desta galeria de arte moderna a partir da Margem Direita do Sena revela um de seus melhores ângulos, permitindo notar os terminais com arcos e a grande fachada da antiga estação ferroviária. O arquiteto Victor Laloux projetou-a para que se harmonizasse com o Louvre e com as Tuileries, situados do outro lado do rio *(pp. 12-5)*.

9 Conciergerie

Este edifício imenso e imponente, que se celebrizou como prisão durante a Revolução Francesa, domina o lado oeste da Île de la Cité. A construção preserva alguns dos poucos aspectos medievais desta parte da cidade, como a câmara de torturas, o relógio e as torres gêmeas que se erguem acima do quai de l'Horloge *(p. 69)*.

10 Notre-Dame

A grande catedral mostra melhor toda a sua imponência quando vista a partir da Margem Esquerda do Sena. Ela está situada na extremidade leste da Île de la Cité, sobre os restos das primeiras tribos que se assentaram em Paris, no século III a.C. *(pp. 18-21)*.

Notre-Dame

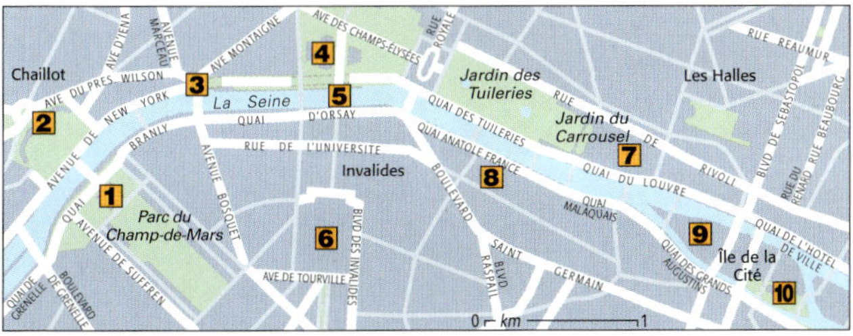

Jardin des Tuileries; Bois de Boulogne

TOP 10 Caminhadas

1 Jardin des Tuileries
Ao visitar Paris, não deixe de fazer um passeio pelo bonito jardim das Tulherias. Antes da Revolução Francesa, era aqui que a aristocracia vinha para exibir a última moda. O jardim hoje é parte do Musée du Louvre *(p. 95)*.

2 A Margem Esquerda
Um programa bem parisiense, especialmente aos domingos, é passear pela Margem Esquerda (Rive Gauche) do Sena. Os cais à beira do Quartier Latin há séculos são ocupados por sebos de livros *(bouquinistes)*. A maioria dos livros é em francês, mas aqui também há bancas vendendo gravuras e postais *(p. 122)*.

3 Montmartre
As ruas íngremes da Butte (colina) são um bom lugar para fazer um pouco de exercício físico após se deliciar com a irresistível cozinha francesa. Embora este famoso bairro de artistas seja mais turístico do que boêmio nos dias de hoje, ainda é possível sentir seu antigo charme nas ruelas sinuosas e nas pequenas praças *(pp. 140-3)*.

4 Marais
Com encantadoras galerias de arte, delicatessens e uma série de lojas com moda contemporânea e *objets d'art*, o passeio pelo Marais é divertido, mesmo que sua intenção seja apenas olhar as vitrines. As belas mansões formam um cenário majestoso para o seu passeio, e há muitos cafés e bares para relaxar e repor as energias *(pp. 84-7)*.

5 Jardin des Plantes
Neste histórico jardim botânico você pode fugir um pouco do agito da cidade e se perder entre alamedas arborizadas, no meio de coloridos canteiros de flores ou nas estufas e nos jardins de plantas exóticas. Ou apenas relaxar nos gramados *(p. 129)*.

6 Jardin du Luxembourg
Napoleão chamava este lugar de "jardim das crianças", e quer você venha com os pequenos ou não é sempre um prazer passear por este reduto favorito do Quartier Latin. Depois de ver o lago octogonal e a Fonte dos Medici, procure a miniatura da Estátua da Liberdade e as estátuas de rainhas francesas *(p. 119)*.

Montmartre

7 Passages
Estas galerias em volta dos Grands Boulevards foram construídas no final do século XVIII para abrigar do mau tempo os elegantes compradores. Hoje cheias de lojas especializadas e de antiguida-

Veja mais sobre como circular em Paris na **p. 164**

des, são lugares com uma atmosfera especial, que vale a pena explorar. A maioria fica no 2º *arrondissement*, e a galeria formada pelas passagens Verdeau, Jouffroy e Panoramas é a mais longa de Paris. ⓧ *Mapa H5*

8 **Île St.-Louis**
Embora você possa ir de uma ponta a outra dela em apenas dez minutos, a menor ilha do Sena pede um passeio mais demorado. Você descobrirá aqui pequenas galerias de arte, butiques da moda e uma atmosfera de interior dentro deste enclave chique *(p. 68)*.

9 **Bois de Boulogne**
Venha para cá nos fins de semana e junte-se aos parisienses que encontram várias formas de relaxar nos 8,65km² deste grande parque. Os jardins de Bagatelle são um ótimo lugar para um passeio na primavera e no verão, quando rosas e outras flores brotam e embelezam o local *(p. 152)*.

Boulevard St.-Germain

10 **Boulevard St.-Germain**
Não há melhor maneira de apreciar o Quartier Latin do que fazer como os parisienses – passear pelo Boulevard St.-Germain, de preferência no final de uma manhã de domingo. Depois, honre o local em que nasceu a *café society* com uma parada no Les Deux Magots ou no Café de Flore, dois famosos redutos intelectuais e literários da cidade *(p. 120)*.

Atividades ao Ar Livre

1 **Caminhadas**
Paris é uma cidade compacta, onde é fácil ver atrações, se encantar com paisagens e fazer exercício ao mesmo tempo.

2 **Patinação**
Uma moda que não dá sinais de acabar. Tem sempre gente de patins deslizando em meio aos carros e aos pedestres.

3 **Bicicleta**
Passeie pelo Bois de Boulogne ou pelo Bois de Vincennes para fugir do trânsito, ou pegue uma Vélib *(p. 164)*.

4 **Barcos**
Remar é um bom exercício nos lagos do Bois de Boulogne ou Bois de Vincennes.

5 **Jogging**
Há muitas trilhas para correr nos parques e jardins de Paris.

6 **Tênis de Mesa**
Teste seu talento numa das muitas mesas de concreto dos parques e das praças da cidade.

7 **Banhos de Sol**
Uma febre nos cais do Sena, especialmente durante o Paris Plages, em julho e agosto *(p. 57)*.

8 **Natação**
Há 38 piscinas públicas em Paris. Os horários são restritos no período letivo. Outra possibilidade é a piscina no Forum des Halles.

9 **Futebol**
Os jovens adoram jogar bola nos parques, nos jardins e nas ruas de Paris.

10 **Petanque**
São os homens mais idosos que jogam, mas qualquer um pode disputar esse tipo de bocha onde quer que haja areia, seja em parques ou jardins.

Café de Flore; La Closerie des Lilas; Café Marly

TOP 10 Cafés e Bares

1 Café de Flore
Reduto de intelectuais e artistas desde a década de 1920, já contou entre seus clientes com nomes famosos como Salvador Dalí e Albert Camus. Durante a Segunda Guerra Mundial, Jean-Paul Sartre e Simone de Beauvoir praticamente moravam no Flore. Embora os preços tenham disparado, a decoração art déco não mudou, e o local ainda é muito frequentado por cineastas e literatos franceses *(p. 125)*.

2 Les Deux Magots
É um antigo rival do vizinho Flore como ponto de encontro da elite intelectual do século XX. Hemingway, Oscar Wilde, Djuna Barnes, André Breton e Paul Verlaine eram clientes, e Picasso conheceu sua musa Dora Maar aqui em 1937. Também bastante caro, tem mesas ao ar livre de frente para o bulevar e a praça *(p. 125)*.

3 Le Petit Vendôme
Aqui termina a busca pelos melhores sanduíches de Paris, com pães da premiada padaria Julien e sempre a quantidade certa de manteiga com pernil defumado ou queijo de cabra. Também serve ótimos pratos quentes. *Rue des Capucines 8, 75002 • Mapa E3 • 01 42 61 05 88 • €*

Les Deux Magots

4 Café Marly
Com localização privilegiada na Ala Richelieu do Museu do Louvre *(p. 9)*, este café oferece comida simples de brasserie, mas muito bem preparada (filés, saladas, steaks tartare e sanduíches), além de deliciosas sobremesas. O salão tem uma decoração luxuosa e poltronas de veludo, mas o melhor lugar é debaixo das arcadas, de onde se aprecia a pirâmide de vidro e o cour Napoléon. *Rue de Rivoli 93, 75001 • Mapa L2 • €€€*

5 Café de la Paix
Um majestoso café parisiense com preços à altura do requinte, mas vale a visita para apreciar os afrescos e o luxo da decoração, desenhada por Charles Garnier, arquiteto da Opéra, que fica do outro lado da praça *(p. 97)*. É outro marco de Paris, com uma fileira de clientes famosos no passado e talvez os melhores doces *mille-feuille* da cidade. *Blvd des Capucines 12, 75008 • Mapa E3 • €€€€€*

6 La Closerie des Lilas
O restaurante daqui é caro, mas o bar é um bom ponto para sentir a atmosfera deste local histórico, onde artistas e escritores, de Baudelaire a Archibald MacLeish, beberam desde 1808. Procure o nome de visitantes famosos gravados nas mesas do

Veja mais sobre onde comer em Paris nas **pp. 64-5**

bar. A agitada brasserie tem apresentações de piano ao vivo às noites e atrai uma clientela chique *(p. 157)*.

7 Le Fumoir

Há muitas razões para vir até este café-bar-restaurante perto do Louvre, como ver pessoas sentado no terraço externo ou relaxar com um martíni e um jogo de gamão na acolhedora biblioteca dos fundos. O chocolate quente é divino e os coquetéis, preparados com talento; a comida de bistrô tem influências sueca e italiana. *Rue de l'Amiral de Coligny 6, 75001 • Mapa F4 • 01 42 92 00 24 • €€€€€*

Café de la Paix

8 Chez Jeannette

Embora os donos não tenham mexido na decoração antiga e já meio desgastada, este café perto da Gare de l'Est virou um dos pontos quentes de Paris, e a quantidade de pessoas na rua prova isso. Dentro, pé-direito alto, espelhos e poltronas à moda antiga, além da comida de preço razoável, criam boa atmosfera. *Rue du Faubourg-Saint-Denis 47, 75010 • Mapa G2 • 01 47 70 30 89 • Sem acesso para portadores de deficiência • €€*

9 Le Café de l'Industrie

Despretensioso, mas com estilo, este café na Bastille tem três grandes salas decoradas com tudo, de lanças a cartazes de filmes. A comida é simples, como sopa de cebola, e tem bom custo-benefício. Atende do meio-dia à meia-noite *(p. 92)*.

10 Bistro Mélac

Vinheria fora do habitual, com muita personalidade, teto com vigas de madeira e pernis defumados dependurados, além de uma videira crescendo pelas paredes. O dono é louco por vinhos e tem uma adega com preços razoáveis. No segundo sábado de setembro há uma divertida colheita na videira do bar. *Rue Léon-Frot 42, 75011 • Metrô Charonne • 01 43 70 59 27 • Fechado dom, seg, Páscoa, ago e últ semana dez • €€*

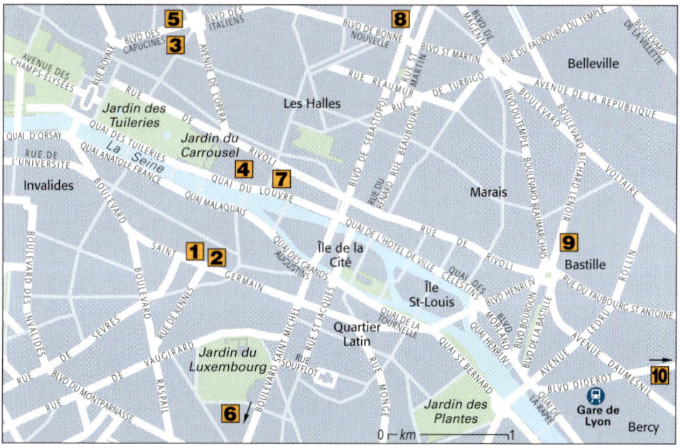

Veja categorias de preços dos restaurantes de Paris na **p. 73**

Au Printemps; Rue de Buci

Lojas, Mercados e Feiras

1 Mercados de Flores e Pássaros

Inaugurado em 1808, o colorido Marché aux Fleurs (mercado de flores) na Île de la Cité é o mais antigo e um dos maiores mercados de flores de Paris. Ele enfeita a área entre os sóbrios muros da Conciergerie e o Hôtel Dieu, de segunda a sábado – e vende de tudo, de orquídeas a mudas de laranjeiras. Aos domingos, o local é ocupado pelo Marché aux Oiseaux (mercado de pássaros), com gaiolas de aves coloridas. *Pl Louis-Lépine, 75004 • Mapa P4*

2 Au Printemps

Uma das duas principais lojas de departamentos de Paris, a Printemps foi inaugurada em 1864. Vende roupas e acessórios de grife, de marcas voltadas para o grande público, moda alternativa, decoração e móveis. A brasserie no sexto andar é coroada por uma cúpula com vitrais art nouveau. *Blvd Haussmann 64, 75009 • Mapa E2*

3 Galeries Lafayette

Esta grande concorrente da Printemps, inaugurada em 1894, é um monumento ao estilo parisiense e também possui uma belíssima cúpula de aço e vidro. Além de roupas de grife, tem uma fabulosa praça de alimentação. Aprecie as lindas vistas da cidade subindo ao sétimo andar. *Blvd Haussmann 40, 75009 • Mapa E2*

4 Marché de la Bastille

Todas as manhãs de quinta e domingo, esta feira se espalha pela alameda arborizada que separa o Marais da Bastille. O melhor dia é domingo, quando os parisienses vêm passear e também comprar peixe, carne, pão e queijos. Algumas barracas vendem comida do Norte da África e de outras partes do mundo. *Blvd Richard-Lenoir, 75011 • Mapa H5*

Marché aux Fleurs

5 Place de la Madeleine

É o paraíso dos gourmands. Algumas das melhores lojas parisienses especializadas em comida ficam nesta praça, entre elas o famoso empório Fauchon e a Hédiard, menor, além de lojas como Maille, de mostardas, Kaspia, de caviar, Marquise de Sévigné, de chocolates, e La Maison de la Truffe, de trufas *(p. 98)*.

6 Rue de Buci

Dizem que Picasso fazia suas compras nesta feira matinal no centro de St.-Germain. As imensas barracas de frutas e verduras são de alta qualidade, mas mais interessantes ainda são as que dão para a rua, que vendem comida especializada e regional. Aqui você encontra culinária italiana e deliciosos doces. ✆ *Mapa L4*

7 Rue Mouffetard

Esta é uma das feiras de rua mais antigas de Paris, descendo pelas ruas íngremes até o Quartier Latin todas as terças e domingos de manhã. Embora esta feira antes barata e boêmia tenha sido descoberta como atração turística, ainda preserva seu charme, com as ruas estreitas ladeadas por barracas de comida e outras mais especializadas. Há também bons restaurantes nas ruas secundárias, mais calmas. ✆ *Mapa F6*

8 Le Bon Marché

Foi a primeira loja de departamentos de Paris, fundada em 1852, com parte da sua estrutura projetada por Gustave Eiffel *(p. 17)*. Hoje é mais chique que as concorrentes, com uma marca própria de moda de vanguarda. Vende roupas de grife e uma linha exclusiva de roupa masculina e conta com a imensa praça de alimentação La Grande Epicerie. ✆ *Rue de Sèvres, 22, 75007 • Mapa D5*

Marché aux Puces du St.-Ouen

9 Marché d'Aligre

Distante do agito turístico, esta feira da Bastille, apelidada de "Notre-Dame dos mercados", preserva uma atmosfera parisiense autêntica. Todas as manhãs de terça a domingo, feirantes de origem norte-africana oferecem seus produtos ao ar livre, e há ao lado um mercado de pulgas e um coberto, com comida de alta qualidade. ✆ *Pl d'Aligre, 75012 • Mapa H5*

10 Marché aux Puces de St.-Ouen

Todos os sábados e segundas-feiras o maior mercado de antiguidades do mundo ganha vida. Na verdade há vários mercados aqui: o mais antigo, o Marché Vernaison, é o mais charmoso; o Marché Malik vende roupas antigas. Os demais são de móveis, joias e pinturas. ✆ *Porte de Clignancourt, 75018 • Metrô Porte de Clignancourt*

Veja mais sobre compras em Paris na **p. 169**

Fête du Cinéma; Tour de France

TOP 10 Festivais e Eventos

1 Nuit Blanche

Paris realizou sua primeira Nuit Blanche em 2002, e este evento de arte contemporânea que atravessa a noite atrai mais de 1,5 milhão de pessoas todo ano. Seu objetivo é dar uma visão viva da cidade, com instalações e exposições em vários bairros, e tornar a arte contemporânea mais acessível a todos.

1º fim de semana out

2 Fête du Cinéma

Os loucos por cinema devem checar as datas exatas deste evento anual, realizado todo mês de junho. Durante apenas três dias, os frequentadores de cinema pagam um ingresso inteiro para o primeiro filme a que assistirem e depois podem ver quantos filmes quiserem, desembolsando apenas alguns poucos euros em cada um.

www.feteducinema.com

3 Paris Jazz Festival

Paris tem jazz o ano inteiro *(pp. 62-3)*, mas todo verão há um grande festival de jazz na cidade. Grandes nomes do mundo todo vêm se apresentar no Parc Floral de Paris, no Bois de Vincennes *(p. 151)*, e o festival engloba também uma série de outros eventos paralelos. *Jun-fim jul • www.parcfloraldeparis.com*

4 Grandes Eaux Nocturnes

Verdadeiro sonho de uma noite de verão, com fantásticas luzes e instalações nos jardins de Versailles, mais fogos de artifício sobre o Grand Canal. *Datas em jun, jul e ago*

5 Tour de France

Não perca esta grande atração de verão se você quiser entender realmente a paixão dos franceses por ciclismo. Todo ano no final de julho, a maior e mais extenuante corrida ciclística do mundo vai se aproximando de Paris. Nas últimas voltas os competidores passam pelo Louvre, correm pelas margens do Sena, descem a rue de Rivoli e, é claro, a Champs-Elysées. Milhares de fãs lotam as ruas para incentivar os ciclistas e ver quem será o ganhador da Camiseta Amarela.

www.letour.fr

6 Festival d'Automne à Paris

Este importante festival promove as artes contemporâneas em Paris, incentivando todas as camadas sociais a assistir a espetáculos de dança, música, cinema e teatro. *Meados set-dez • www.festival-automne.com*

B. B. King no Paris Jazz Festival

7 Fêtes des Vendanges
Paris já foi um dos grandes produtores de vinhos do país, mas hoje só restam os vinhedos de Montmartre *(p. 142)*, que produzem apenas 600 litros de vinho a cada outono. É muito divertido assistir às Fêtes des Vendanges, com vinho, barracas de comida e um desfile de rua. *1ª sex out (durante 5 dias)*

8 Fête de la Musique
Para celebrar o solstício de verão, músicos profissionais e amadores tomam as ruas de Paris. Há grandes espetáculos na place de la République e em outros locais, mas o mais divertido é ver músicos tocando em bairros residenciais e em bares locais. *21 jun*

9 Paris Plages
Criado em 2002 pelo então prefeito de Paris, Bertrand Delanoë, este evento de verão imensamente popular transforma um trecho dos cais do Sena e o Canal du l'Ourcq em uma pequena Cannes, com muita areia, cadeiras de praia, guarda-sóis e palmeiras. Também há eventos e atrações para crianças. *meados jul-meados ago • www.paris.fr*

10 Mois de la Photo
Paris reverencia a arte da fotografia e, a cada dois anos, sempre no mês de novembro (nos anos pares), abriga o "Mês da Fotografia". Galerias, museus, lojas, centros culturais e vários outros locais abrem espaço para exposições, oficinas e palestras sobre os diversos aspectos dessa arte. Para aqueles que se interessam por fotografia, esta é uma das melhores épocas para visitar a cidade. *Nov • www.mep-fr.org*

Eventos Esportivos

1 Tour de France
Este grande evento do ciclismo tem sua última etapa em Paris.

2 Prix de l'Arc de Triomphe
Famosa corrida de cavalos, atrai a nata da cidade. *Hipódromo de Longchamp • 1º fim de sem out*

3 Aberto de Tênis da França
Lendário torneio de Paris, no saibro. *Stade Roland Garros • Fim mai-1ª sem jun*

4 Gucci Masters
Apreciadores e competidores do hipismo vêm a Paris nesta época do ano. *Paris Nord Villepinte • Dez*

5 Rúgbi de Seis Nações
A equipe francesa joga contra Inglaterra, Escócia, Irlanda, País de Gales e Itália em fev-mar. *Stade de France*

6 Maratona de Paris
Os corredores dão a largada na Champs-Élysées e a chegada é na avenue Foch. *Abr*

7 Final de Futebol
O jogo final da liga francesa de futebol é um grande evento. *Stade de France • Meados mai*

8 Prix de Diane
Corrida de cavalos, com a presença da alta sociedade francesa. *Chantilly • 2º dom jun*

9 Top 14
Alguns dos melhores jogadores de rúgbi do mundo participam da final da Liga Francesa. *Stade de France • Mai ou jun*

10 Grand Prix de Patinação
O Trophée Eric Bompard é a etapa parisiense do Grand Prix Internacional. *Palais Omnisports de Paris-Bercy • Nov*

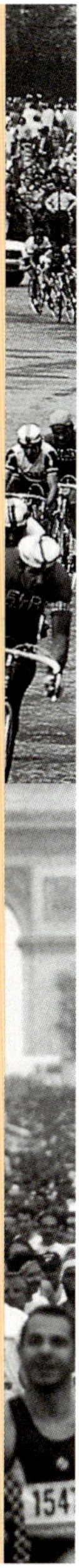

Lido; Le Crazy Horse Paris; Théâtre de la Ville de Paris

TOP 10 Locais para Diversão

1 Opéra National de Paris Garnier

Não é apenas um programa noturno, mas uma experiência incrível. A ópera voltou a ser encenada aqui, após este tradicional local ter abrigado apenas dança por vários anos. O palco comporta até 450 artistas, e o próprio edifício é um espetáculo de opulência, com uma grandiosa escadaria, espelhos e mármores *(p. 97)*.

2 Folies-Bergère

Máxima expressão do cabaré parisiense, o Folies foi por um tempo apenas uma trupe de dançarinas com os seios à mostra. Hoje, os espetáculos voltaram em grande medida aos nostálgicos dias em que Maurice Chevalier e Josephine Baker *(p. 63)* se apresentavam aqui. *Rue Richer 32, 75009 • Mapa F2 • 08 92 68 16 50 • www.foliesbergere.com*

3 Lido

Lar da trupe mundialmente famosa de dançarinas de longas pernas, as Bluebell Girls, apresenta shows com efeitos especiais incríveis, como balés aéreos e um rinque de patinação no palco. Para muitos que visitam Paris, jantar neste cabaré é essencial. *Ave des Champs-Elysées, 116 bis, 75008 • Mapa D3 • 01 40 76 56 10 • www.lido.fr*

Folies-Bergère

4 Moulin Rouge

Berço original do cancã, este local e suas dançarinas foram imortalizados nas telas de Toulouse-Lautrec durante a Belle Époque e estão à mostra no Musée d'Orsay *(p. 13)*. O show desta casa ainda tem toda a energia que encanta plateias desde 1889. O jantar antes do show é opcional *(p. 142)*.

5 Le Crazy Horse Paris

Mais audacioso do que os demais grandes espetáculos de cabaré de Paris, o Crazy Horse tem fama de apresentar as produções mais profissionais e também as mais eróticas. Tem strip-tease, belíssimas dançarinas e outros números de cabaré. Os efeitos de luz comandados por computador são espetaculares. *Ave George V 12, 75008 • Mapa C3 • 01 47 23 32 32 • www.lecrazyhorseparis.com*

6 Le Cirque d'Hiver

A visita vale a pena mesmo que seja apenas para apreciar a fachada. Mas este extravagante edifício, de 1852, abriga ainda o tradicional Cirque Bouglione, com trapezistas, palhaços, mágicos e domadores de tigres. *Rue Amelot 110, 75011 • Mapa H3 • 01 47 00 28 81 • www.cirquedhiver.com*

Veja mais sobre cabarés e clubes de Paris na **p. 146**

7 Comédie Française

Teatro mais antigo de Paris, fundado em 1680, ainda é o único que mantém sua própria companhia de repertório, que encena tanto peças clássicas como modernas (em francês). O edifício atual é do século XVIII. Dando a volta na esquina a partir da bilheteria principal, há um guichê especial que abre 45 minutos antes do início do espetáculo e vende ingressos a preços reduzidos para menores de 27 anos e outros com direito a descontos. ✆ *Pl Colette, 1, 75001 • Mapa L1 • 08 25 10 16 80 (+33 1 44 58 15 15 para quem liga do exterior) • www.comedie-francaise.fr*

8 Opéra National de Paris Bastille

Inaugurado em 1992 como maior casa de ópera do mundo, este edifício moderno foi muito criticado, até por sua acústica e instalações modestas. Mas ainda é o melhor lugar para ver ópera em Paris. ✆ *Pl de la Bastille, 75012 • Mapa H5 • 08 92 89 90 90 (+33 1 71 25 24 23 do exterior) • www.operadeparis.fr*

9 Théâtre du Châtelet

Maior sala de concertos e quarto maior auditório de Paris, foi construído em 1862. Mostra música erudita, balé e ópera, espetáculos da Broadway e música de câmara nas manhãs de domingo. ✆ *Pl du Châtelet, 1, 75001 • Mapa N2 • 01 40 28 28 00 • www.chatelet-theatre.com*

10 Théâtre de la Ville

Antes conhecido como Teatro Sarah Bernhardt, em homenagem à grande atriz parisiense que se apresentava aqui e gerenciou o local no século XIX, hoje dá espaço a uma seleção eclética de dança moderna, concertos de música e um pouco de teatro clássico. ✆ *Pl du Châtelet, 2, 75004 • Mapa N2 • 01 42 74 22 77 • www.theatredelaville-paris.com*

Filmes Ambientados em Paris

1 O Boulevard do Crime

Clássico de 1944 sobre o submundo da cidade.

2 Todos Dizem Eu Te Amo

Filme de Woody Allen (1996) com cenas na Notre-Dame e na Rive Gauche.

3 Acossado

De Jean-Luc Godard (1959). Tem Jean-Paul Belmondo como um ladrão de carros em fuga.

4 French Can-Can

Clássico de Jean Renoir (1955), conta como foi criada a famosa dança dos clubes de Montmartre.

5 Último Tango em Paris

Polêmico e erótico, com Marlon Brando (1972).

6 O Processo

Orson Welles usou a então desativada Gare d'Orsay (hoje Musée d'Orsay) para recriar um imenso e anônimo escritório nesta sua versão de 1962 do romance homônimo, de Kafka.

7 Subway

O metrô é o astro deste filme de 1985 de Luc Besson sobre um homem que busca refúgio nas estações à noite.

8 Os Incompreendidos

Ruas sombrias de Paris são mostradas neste filme de 1959 de François Truffaut, sobre um menino em fuga.

9 O Fabuloso Destino de Amélie Poulain

Filme de Jean-Pierre Jeunet (2000) sobre uma mulher em busca do amor, com muitas cenas em Montmartre.

10 Meia-Noite em Paris

Woody Allen retorna à Paris boêmia dos anos 1920 neste elogiado filme lançado em 2011.

Grande Galerie de l'Evolution; Jardin d'Acclimatation

TOP 10 Paris para Crianças

1 Disneyland® Resort Paris

Antes conhecida como Euro-Disneyland, esta versão francesa do principal parque temático americano é um clone do original, e agora ganhou o acréscimo dos Walt Disney Studios®. Há filas imensas, por isso chegue cedo. As atrações são para crianças de todas as idades, mas também encantam os adultos *(p. 151)*.

2 Parc de la Villette

Um dos melhores programas para crianças na cidade, com atrações para todas as idades. A Cité des Sciences et de l'Industrie, um museu high-tech interativo de ciências, é o grande destaque, e a Cité des Enfants faz uma introdução à ciência e à natureza para os mais novos. Há ainda o Argonaute, submarino de verdade que já viajou dez vezes ao redor do mundo, o Géode, com sua tela IMAX, e o playground futurista ao ar livre *(p. 152)*.

Parc de la Villette

3 Torre Eiffel

Subir até o topo da torre é uma das experiências mais memoráveis para as crianças em Paris *(pp. 16-7)*.

4 Grande Galerie de l'Evolution

A parte do Museu de História Natural que tem o design mais imaginativo é a Grande Galeria da Evolução. Elefantes, girafas e outros animais empalhados erguem-se da recriação de uma savana, e um imenso esqueleto de baleia fica dependurado no teto; mostras especiais ajudam a contar a história do desenvolvimento da vida na Terra. Durante as férias escolares são realizadas oficinas sobre temas ligados à natureza *(p. 129)*.

5 Musée de la Magie et des Automates

As crianças se encantam neste museu de mágica, localizado nos porões da antiga casa do Marquês de Sade. Mágicos fazem shows a cada meia hora que envolvem ilusões ópticas e truques com cartas de baralho, sempre com participação da plateia. Entre as peças expostas estão autômatos e lembranças de mestres da magia, como Houdini (1874-1926). *Rue St.-Paul 11, 75004 • Mapa R4 • 01 42 72 13 26 • Aberto 13-19h qua, sáb, dom (diariam durante as férias escolares, exceto jul-ago) • Entrada paga • www.museedelamagie.com*

6 Parc Astérix

Dezenas de atrações, como uma das mais longas montanhas-russas da Europa, um parque de aventuras e uma réplica da aldeia original dos quadrinhos de Albert Uderzo. *Plailly, 60128 • RER B até Roissy CDG1, depois ônibus na parada A3 • 08 26 30 10 40 (33 3 44 62 31 31 do exterior) • Aberto abr-ago: 10h-18h seg-sex, 9h30-18h sáb, dom; set-out: 10h-18h sáb, dom • Entrada paga • www.parcasterix.fr*

7 Jardin d'Acclimatation

Este parque de diversões no extremo norte do Bois de Boulogne *(p. 152)* tem montanhas-russas, passeios de pônei e shows de marionetes. Um trem elétrico, "le Petit Train", corre por aqui, saindo da Porte Maillot. *Bois de Boulogne, 75016 • Mapa A2 • Aberto 10h-19h diariam (verão); 10h-18h diariam (inverno) • Entrada paga • www.jardindacclimatation.fr*

8 Grévin

Este museu de cera data de 1882. Além das celebridades do mundo da música pop e do cinema, há também cenas sobre a história da França. *Blvd Montmartre 10, 75009 • Mapa F2 • 01 47 70 85 05 • Aberto 10h-18h30 seg-sex, 10h-19h sáb, dom e feriados (últ adm 1 hora antes do fechamento) • Entrada paga • www.grevin.com*

9 Jardin du Luxembourg

Este parque tem quadras de tênis, shows de marionetes, passeios de jumento e um bom playground (cobra uma taxa). Os parisienses ensinam o que há de mais divertido: navegar barcos de brinquedo na fonte e andar no carrossel do século XIX. *Jardin du Luxembourg • Mapa E5 • Aberto amanhecer-anoitecer*

10 Parc des Buttes Chaumont

O parque mais alto de Paris, ideal para um piquenique. As crianças amam as pontes suspensas, cachoeiras, passeios de pônei e shows de marionetes. *Parc des Buttes Chaumont, 75019 • Mapa H2 • Aberto 7h-22h diariam (21h out-abr) • Grátis*

Elevador, Torre Eiffel

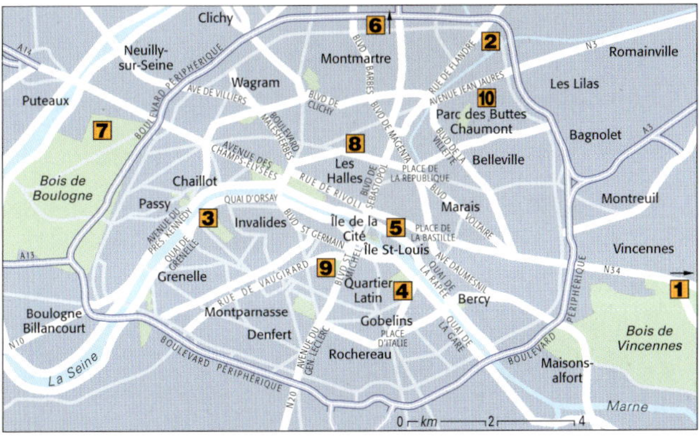

Veja hotéis adequados para famílias na **p. 179**

Jazz Club Etoile; Au Duc des Lombards; Le Baiser Salé

TOP 10 Clubes de Jazz

1 Sunset-Sunside

Este clube tem dois ambientes para jazz no fim de noite – acústico e moderno no nível da rua (Sunside) e elétrico, fusion e groove no porão com arcadas (Sunset). Nas tardes de domingo promove uma sessão "chá com jazz" para famílias. *Rue des Lombards 60, 75001 • Mapa N2*

2 Au Duc des Lombards

A Rive Gauche pode ser o local tradicional dos clubes de jazz, mas esta casa noturna moderna e chique fica bem na Rive Droite, no bairro de Les Halles *(pp. 74-7)*. Os pôsteres dos "grandes" que já se apresentaram aqui desapareceram durante a reforma, mas a política do clube ainda é trazer os melhores artistas de fora para tocar junto com talentos locais. Serve boa comida de dia e de noite. *Rue des Lombards 42, 75001 • Mapa N2*

Caveau de la Huchette

3 Le Baiser Salé

Jazz, blues e música latina e africana são o que mais toca neste pequeno clube de porão, com espaço pequeno e volume alto. O Baiser já promovia a world music muito antes que a expressão fosse inventada, e a abordagem eclética acabou criando uma atmosfera relaxada e acolhedora. É mais barato do que a maioria dos demais clubes. *Rue des Lombards 58, 75001 • Mapa N2*

4 Caveau des Oubliettes

Há um bar no térreo, mas a grande atração aqui é o minúsculo clube de jazz no porão com teto abobadado que serviu como prisão e data do século XII. Fica aberto até tarde, com um show a partir das 22h todo dia, exceto às segundas. Não cobra couvert, mas as bebidas são caras. *Rue Galande 52, 75005 • Mapa F5*

5 Autour de Midi et de Minuit

No meio do bairro de La Butte, este local de atmosfera envolvente acrescentou um pouco de agito às colinas de Montmartre. O som é jazz o tempo todo, em geral swing, mas também tem um pouco de jazz atual, num porão com arcadas embaixo do ótimo bistrô. *Rue Lepic 11, 75018 • Mapa E1*

6 Jazz Club Etoile

Antes conhecido como Jazz Club Lionel Hampton, o Etoile serve um variado cardápio sonoro, que inclui blues, rock e até música gospel. Há uma ênfase em músicos afro-americanos convidados (Oscar Peterson e B. B. King, por exemplo, tocaram aqui). O lounge

Veja mais sobre diversões em Paris nas **pp. 58-9**

oferece um brunch jazzístico aos domingos. ✆ *Hôtel Le Méridien--Etoile, Blvd Gouvion-St.-Cyr 81, 75017 • Mapa A2*

7 New Morning

Com espaço para 300 pessoas na plateia, a linha deste grande clube é dar espaço a todo tipo de música (jazz, blues, música latina, soul e outros gêneros), sem falar nos instrumentistas da plateia que são convidados a tocar na hora. Tem uma atmosfera relaxada, de clientes assíduos. ✆ *Rue des Petites-Ecuries 7-9, 75010 • Mapa F2*

8 Le Petit Journal Montparnasse

Este clube quase nunca dorme – fecha as portas às 2h da manhã mas reabre cinco horas depois. Você pode só beber, ou fazer uma refeição, enquanto ouve a música ao vivo, em geral jazz de big bands, mas também salsa, blues ou rock algumas noites. ✆ *Rue du Commandant-Mouchotte 13, 75014 • Mapa D6*

9 Le Petit Journal St.-Michel

Irmão mais velho da filial de Montparnasse, este aqui foi inaugurado em 1971 e se concentra no estilo de jazz de New Orleans. A atmosfera é divertida neste porão do Quartier Latin, e há um salão de jantar agradável para comer, bem ao lado do palco principal. ✆ *Blvd St.-Michel 71, 75005 • Mapa M5*

10 Caveau de la Huchette

Não se deixe enganar pelo clima de armadilha de turistas que predomina no coração do Quartier Latin – este local vale cada centavo do preço do ingresso. O edifício já foi uma das sedes dos Cavaleiros Templários, e o jazz é executado sob os seus evocativos arcos medievais desde 1947. ✆ *Rue de la Huchette 5, 75005 • Mapa N4*

Músicos e Artistas de Paris

1 Edith Piaf

Descoberta como cantora de rua em Paris, Piaf (1915-63) ficou conhecida como "Pequeno Pardal".

2 Maurice Chevalier

Este cantor-ator parisiense (1888-1972) é, para muitos, a voz da França. Em 1958 ganhou o Oscar por seu papel em *Gigi*.

3 Django Reinhardt

Guitarrista belga cigano, Reinhardt (1910-53) ficou famoso em Paris ao fazer dueto com Stephane Grappelli.

4 Lionel Hampton

Este vibrafonista americano (1909-2002) tocava nos clubes de jazz da Rive Gauche.

5 Sidney Bechet

O clarinetista americano (1897-1959) instalou-se em Paris na década de 1940 e aqui compôs seu tema mais famoso, "Les Oignons", em 1949.

6 Jacques Brel

Cantor e compositor belga, Brel (1929-78) mudou-se para Paris em 1953, onde fez sucesso com suas canções melancólicas.

7 Stephane Grappelli

Nascido em Paris, Grappelli (1908-97) estudou violino erudito, mas foi um inovador ao adaptar o instrumento ao jazz.

8 Josephine Baker

A dançarina afro-americana (1906-75) fez fama ao dançar seminua no Folies-Bergère.

9 Miles Davis

O trompetista americano (1926-91) encantou Paris com seu "cool jazz" nos anos 1950.

10 Coleman Hawkins

Saxofonista americano, Hawkins (1904-69) tocou muitas vezes em Paris durante a década de 1930.

Guy Savoy; Le Jules Verne; Taillevent

TOP 10 Onde Comer

1 L'Astrance

Provavelmente não existe mesa mais cobiçada do que uma das 25 deste sóbrio salão de jantar, com seus cardápios fixos a €70 (almoço) ou €310 (jantar), orquestrados pelo jovem gênio da culinária Pascal Barbot. É preciso agendar com um mês de antecedência para o almoço e dois meses para o jantar. *Rue Beethoven 4, 75016 • Mapa B4 • 01 40 50 84 40 • Fechado sáb-seg, fev, ago, 1 semana out (ligue para confirmar) • Sem acesso para portadores de deficiência • €€€€€*

2 Guy Savoy

A sopa de alcachofra com trufas é um dos pratos assinados pelo famoso chef Guy Savoy neste seu chique e destacado restaurante (homens devem vir de terno e gravata).

Brasserie Bofinger

É uma das melhores experiências gastronômicas da cidade *(p. 109)*. Para provar a cozinha do Savoy sem pagar tanto, tente o Les Bouquinistes, um local com estilo de bistrô no bairro de St.-Germain *(p. 127)*.

3 Les Papilles

O cenário é modesto – uma loja de vinhos com mesas de madeira –, mas este restaurante tem uma cozinha incrivelmente sofisticada, a cargo de um chef que já trabalhou no Taillevent. Pegue seu vinho direto da prateleira para acompanhar o menu fixo de ótimo preço *(p. 127)*.

4 Taillevent

O envolvente salão com painéis de carvalho do Taillevent é frequentado por homens de negócios e casais em clima romântico. Pratos como coelho rex com mostarda de Cremona e rabanete-preto se destacam no cardápio sazonal, e a carta de vinhos é excepcional. Deve-se agendar com bastante antecedência *(p. 109)*.

5 Le Jules Verne

Agora nas mãos perfeccionistas do célebre chef Alain Ducasse, este restaurante no segundo nível da Torre Eiffel entrou no século XXI. Ganhou nova decoração futurista em marrom e um cardápio exuberante, repleto de trufas no inverno. O serviço é excelente e as vistas panorâmicas são de tirar o fôlego. Aconselha-se reservar com boa antecedência *(p. 117)*.

6 Brasserie Bofinger

Uma das mais antigas brasseries de Paris, de 1864, vale a visita, pela decoração original em madeira e vidro e pelos assentos de couro. Entre as especialidades alsacianas, destacam-se chucrute e patês. *Rue de la Bastille 5-7, 75004 • Mapa H5 • 01 42 72 87 82 • Sem acesso para portadores de deficiência • €€€€€*

7 Le Chateaubriand

Um dos melhores restaurantes de Paris, tem ambiente descontraído e culinária gourmet a preço acessível. O chef basco Iñaki Aizpitarte cria pratos inovadores e premiados, e o menu muda diariamente. Reserve. *Ave Parmentier 128, 75011 • Mapa H3 • 01 43 57 45 95 • €€€€€*

8 Pierre Gagnaire

Restaurante formal comandado pelo famoso chef francês Pierre Gagnaire. Prove o foie gras com ostras, gengibre, sorbet de tamarilho e champignons. *Rue Balzac 6, 75008 • Mapa B2 • 01 58 36 12 50 • Sem acesso para portadores de deficiência • Fechado sáb, dom almoço, ago • €€€€€*

9 L'Arpege

De Alain Passard, este três-estrelas é um dos mais conceituados de Paris. Experimente o tatin de nabo com mel e colza assada. *Rue de Varenne 84, 75007 • Mapa D4 • 01 47 05 09 06 • Sem acesso para portadores de deficiência • Fechado sáb e dom • €€€€€*

10 L'Atelier de Joël Robuchon

Sente-se no balcão laqueado para experimentar a visão de cozinha contemporânea deste grande chef francês. Aqui as especialidades são o merlan Colbert (pescadinha frita) e o carbonara com creme alsaciano e bacon. *Rue de Montalembert 5, 75007 • Mapa E4 • 01 42 22 56 56 • €€€€€*

L'Atelier de Joël Robuchon

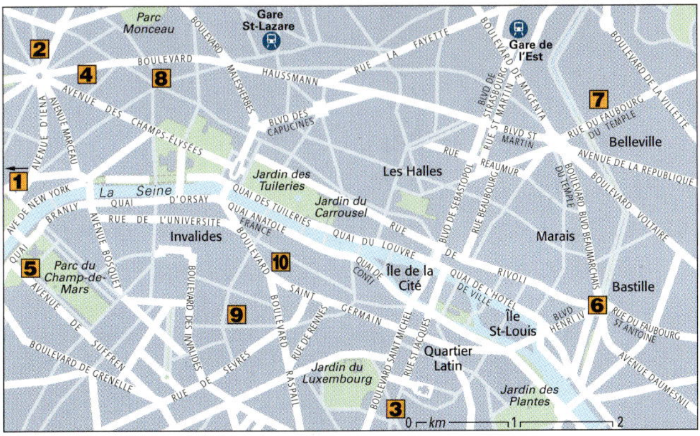

Veja categorias de preços dos restaurantes de Paris na **p. 73**

ÁREA POR ÁREA

Notre-Dame; Salle des Gens d'Armes, Conciergerie

Île de la Cité e Île St.-Louis

PARIS NASCEU NA ÎLE DE LA CITÉ. *Os primeiros assentamentos nesta ilha do rio Sena datam de 300 a.C.* (p. 44), *e ela continuou sendo um local para expressão do poder da Igreja e do Estado ao longo dos séculos. Hoje destacam-se aqui a grande catedral de Notre-Dame e os tribunais do Palais de Justice. Esta pequena porção de terra tem ainda a honra de ser o centro geográfico da cidade – todas as distâncias de Paris são medidas a partir do Point Zéro, que fica logo à frente da Notre-Dame. Embora a Île de la Cité pareça sempre tomada pelos turistas, a ilha vizinha, menor, chamada Île St.-Louis e ligada a ela por uma ponte para pedestres, preserva uma atmosfera de vila interiorana e tem sido uma área residencial de luxo desde o século XVII. Sua rua principal reúne muitas lojas, galerias e restaurantes, e a ilha toda é um local excelente para passear.*

TOP 10 Destaques

1. Notre-Dame
2. Sainte-Chapelle
3. Conciergerie
4. Marché aux Fleurs
5. Crypte Archéologique
6. Pont Neuf
7. Palais de Justice
8. Place Dauphine
9. St.-Louis-en-l'Île
10. Square du Vert-Galant

Interior da Sainte-Chapelle

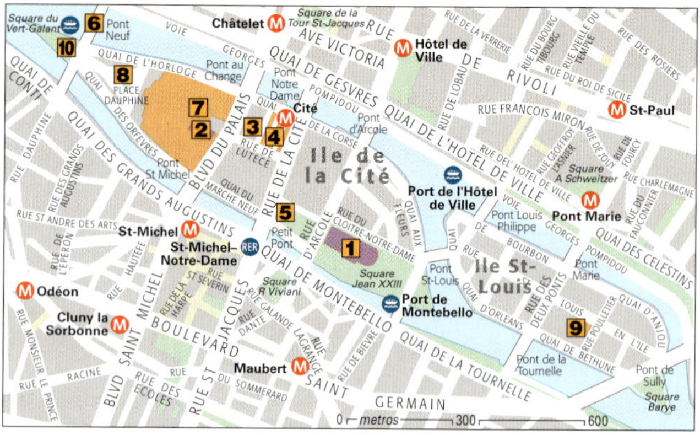

1 Notre-Dame

pp. 18-21.

2 Sainte-Chapelle

pp. 30-1.

3 Conciergerie

Este imponente palácio gótico, construído por Filipe, o Belo, em 1301-15, tem uma rica história. Partes dele foram transformadas em prisão, controlada pelo *concierge*, o zelador da mansão real, daí o seu nome. Ravaillac, o assassino de Henrique IV, foi torturado aqui, mas foi durante o período da Revolução Francesa que a prisão se tornou um local sinistro, quando milhares de pessoas ficavam aqui detidas aguardando a execução na guilhotina. Hoje é possível ver a Salle des Gardes e as magníficas arcadas da Salle des Gens d'Armes (Sala dos Homens de Armas), as cozinhas medievais, a câmara de torturas, a torre Bonbec e a prisão. A cela onde Maria Antonieta ficou presa e a história de outros prisioneiros famosos da Revolução Francesa fazem parte de uma pequena exposição. Ao sair daqui, procure a praça Tour de l'Horloge, de 1370, que abriga o primeiro relógio público da cidade, ainda em perfeita operação. *Blvd du Palais 2, 75001 • Mapa N3 • Aberto 9h30-18h diariam • Entrada paga*

4 Marché aux Fleurs

Um dos últimos mercados de flores que sobrevivem no centro da cidade, o belíssimo Marché aux Fleurs é também o mais antigo, pois foi criado no início do século XIX. Ele funciona o ano todo, de segunda a sábado, na place Louis-Lépine, e preenche o lado norte da Île de la Cité com suas cores exuberantes das 8h às 19h. Aos domingos também há um mercado de pássaros onde se encontram espécies raras *(p. 54)*. *Mapa N3*

Fachada da Sainte-Chapelle

5 Crypte Archéologique

Vestígios fascinantes da antiga Paris, do período galo-romano, foram descobertos em 1965 em uma escavação da praça que fica em frente à Notre-Dame, durante as obras de construção de um estacionamento subterrâneo. A cripta arqueológica mostra partes de muros romanos do século III e salas aquecidas por hipocausto, além de ruínas de ruas e alicerces medievais. As maquetes que mostram a evolução da cidade a partir de sua origem como assentamento celta são particularmente interessantes. *Place du Parvis-Notre-Dame, 75004 • Mapa P4 • Aberto 10h-18h ter-dom • Entrada paga*

Crypte Archéologique

A Guilhotina

O médico Joseph Guillotin inventou essa máquina de decapitar "humanitária" em sua casa, perto do Odéon, e ela foi usada pela primeira vez em abril de 1792. Durante a Revolução Francesa, cerca de 2.600 pessoas foram decapitadas nas places du Carrousel, de la Concorde, de la Bastille e de la Nation, depois de aguardar pela execução na prisão da Conciergerie.

6 Pont Neuf

Um nome paradoxal (Ponte Nova) para a ponte mais antiga em Paris. Após sua construção em 1607, Henrique IV batizou-a atravessando-a com seu corcel; a estátua equestre de bronze do rei foi derretida durante a Revolução Francesa e, mais tarde, substituída, em 1818. Decorada com cabeças esculpidas de grande impacto, a ponte era singular na época pelo fato de não ter casas construídas em cima dela. Possui doze arcos e um vão de 275m atravessando a ilha e o Sena de lado a lado. ✎ *Mapa M3*

7 Palais de Justice

Estendendo-se pelo oeste da Île de la Cité no sentido norte-sul, o Palais de Justice, junto com a Conciergerie, era antes parte do Palais de la Cité, sede do poder romano e depois dos reis franceses até 1358. Ele ganhou o nome atual durante a Revolução Francesa, e seus edifícios abrigam hoje os tribunais da cidade. Você pode assistir a sessões de segunda a sexta e andar pelas áreas comuns, cheias de detalhes ornamentais. O Cour du Mai (Pátio de Maio) é a área por onde passavam os prisioneiros a caminho da execução, durante a Revolução Francesa. ✎ *Blvd du Palais 4, 75001* • *Mapa M3* • *Aberto 8h30-18h seg-sex, 9h30-18h sáb* • *Gratuito*

8 Place Dauphine

Em 1607, o rei Henrique IV converteu este antigo jardim real numa praça triangular e deu-lhe o nome de seu filho, o Delfim e futuro rei Luís XIII. Em volta da praça há várias casas, todas elas de tijolo e pedra branca; a do nº 14 é uma das poucas que preservam seus detalhes originais. Um dos lados foi destruído para dar lugar à expansão do Palais de Justice. Hoje, este local tranquilo e encantador é uma boa opção para relaxar tomando alguma bebida ou saboreando uma refeição *(p. 73)*. ✎ *Mapa M3*

Pont Neuf e Square du Vert-Galant

Escultura, Palais de Justice

9 St.-Louis-en-l'Île

Esta adorável igreja barroca na Île St.-Louis foi projetada entre 1664 e 1726 pelo arquiteto real Louis Le Vau. O exterior tem um relógio de ferro (1741) na entrada e um pináculo também de ferro, e no interior, ricamente decorado com dourado e mármore, destaca-se uma estátua de São Luís com sua espada de cruzado.
Rue St.-Louis-en-l'Île 19 bis, 75004 • Mapa Q5 • Aberto 9h30-13h, 14h-19h30 diariam (até 19h dom)

10 Square du Vert-Galant

A tranquila parte oeste da Île de la Cité, com seus verdes castanheiros, estende-se abaixo da Pont Neuf – o acesso se dá descendo a escadaria depois da estátua de Henrique IV. Este rei era sabidamente namorador, e o nome desta tranquila praça lembra um de seus apelidos. Daqui tem-se uma magnífica vista do Louvre *(pp. 8-11)* e da Rive Droite, e também partem cruzeiros pelo Sena, de Les Vedettes du Pont-Neuf *(p. 165)*.
Mapa M3

Um Dia nas Ilhas

Manhã

Chegue à **Notre-Dame** *(pp. 18-21)* por volta de 8h para evitar a multidão e apreciar sua majestosidade. Depois, vá até o perfumado Marché aux Fleurs. Além de flores, aqui você pode comprar todo tipo de acessórios de jardinagem e sementes. Volte à Notre-Dame se quiser subir até as torres, que abrem às 10h.

Faça uma pausa para um café no **Le Flore en l'Île** *(p. 73)*, com vista da catedral.

A fascinante Crypte Archéologique merece uma visita de meia hora. Depois, passe o final da manhã na **Sainte-Chapelle** *(pp. 30-1)*, quando o sol atravessa seus vitrais.

Há muitos lugares para almoçar por aqui, mas num dia ensolarado tente o **La Rose de France** *(p. 73)*, por causa do seu magnífico terraço com mesas.

Tarde

Passe a tarde flanando sem pressa pelas estreitas ruas da Île St.-Louis, onde você encontrará uma série de lojas e galerias cheias de estilo *(p. 72)*.

Termine a sua tarde de maneira bem agradável, visitando a **Berthillon**, considerada a melhor sorveteria da França *(p. 73)*. Com pelo menos 70 deliciosos sabores de sorvete, de baunilha a uísque, além de qualquer fruta que você possa imaginar, a parte mais difícil será escolher – se bem que você terá tempo de sobra para isso, pois sem dúvida irá enfrentar fila, especialmente no verão.

Pylones Boutique; Librairie Ulysse; Boulangerie des Deux Ponts

TOP 10 Compras

1 Lafitte

Foie gras e outros produtos regionais do Sudoeste esperam por aqueles que querem se render à gastronomia francesa. ✆ *Rue Jean du Bellay 8, 75004 • Mapa P4 • Fechado dom e seg*

2 Jean-Paul Gardil

Esta *boucherie-charcuterie* (açougue e loja de frios) é um paraíso para os carnívoros. Entre seus produtos há várias opções de presunto, patês e salsichas, perfeitos para um piquenique na bonita Île St-Louis. ✆ *Rue St-Louis-en-l'Ile 44, 75004 • Mapa Q5 • Fechado seg*

3 Librairie Ulysse

Hoje Paris, amanhã o mundo. Esta excêntrica livraria irá levá-lo aonde você quiser com milhares de títulos em francês e inglês – muitos deles sobre Paris. ✆ *Rue St-Louis-en-l'Ile 26, 75004 • Mapa Q5 • Fechado Sáb-seg*

4 Laguiole

Dê uma olhada na imensa gama de facas e faqueiros desta marca icônica, nascida na região de Aveyron, no sul da França. Procure pelo famoso desenho de abelha nos cabos. ✆ *Rue des Deux Ponts 44, 75004 • Mapa Q4*

5 Clair de Rêve

Esta interessante loja vende curiosidades como marionetes, robôs e teatros em miniatura. Pode ser o local ideal se você procura um presente com um toque diferente. ✆ *Rue St-Louis-en-l'Ile 35, 75004 • Mapa Q5*

6 Alain Carion

Aqui você encontra todo tipo de meteoritos, fósseis e minerais. Alguns dos itens são oferecidos como joalheria criativa. ✆ *Rue St-Louis-en-l'Ile 92, 75004 • Mapa Q5 • Fechado Sun, Mon*

7 Pylones Boutique

Borracha e metal pintado são a base de joias e acessórios criativos e excêntricos. Também tem novidades para presente. ✆ *Rue St-Louis-en-l'Ile 57, 75004 • Mapa Q5*

8 Boulangerie des Deux Ponts

É impossível resistir ao aroma de pão quentinho desta padaria à moda antiga. ✆ *Rue des Deux-Ponts 35, 75004 • Mapa Q5 • Fechado qua, qui, ago*

9 Arche de Noé

Uma arca do tesouro onde se encontram presentes para crianças, com grande variedade de brinquedos à moda antiga. ✆ *70 Rue St-Louis-en-l'Ile, 75004 • Mapa Q5*

10 La Ferme Saint Aubin

Queijos em todos os formatos e tamanhos, de toda a França. Uma delícia aromática. ✆ *Rue St-Louis-en-l'Ile 76, 75004 • Mapa Q5 • Fechado seg*

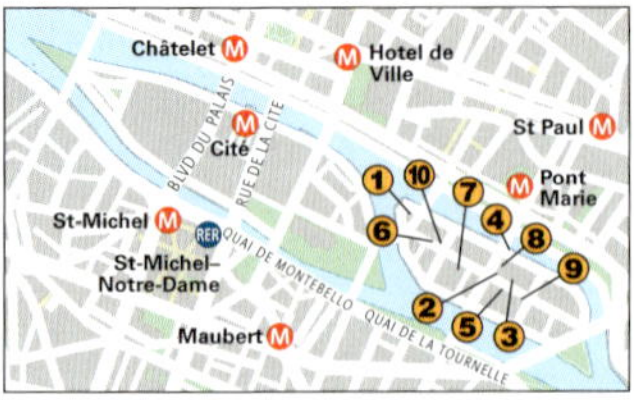

Veja mais sobre compras em Paris na **p. 169**

La Rose de France; Taverne Henry IV

Categorias de Preço

Refeição para uma pessoa com três pratos, meia garrafa de vinho, impostos e serviço.		
	€	até €30
	€€	€30-€40
	€€€	€40-€50
	€€€€	€50-€60
	€€€€€	mais de €60

TOP 10 Restaurantes

1 Isami
Um dos melhores restaurantes japoneses de Paris, mas pequeno – então é bom reservar. Ótimos sushis. *Quai d'Orléans 4, 75004 • Mapa P5 • 01 40 46 06 97 • Fechado dom, seg, ago (3 semanas), 2 semanas no Natal • Sem acesso para portadores de deficiência • €€€€*

2 Kitchen Galerie Bis
Culinária inspirada e criativa em ambiente minimalista. No cardápio, uma mescla de pratos franceses tradicionais com influências globais modernas. *Rue des Grands Augustins 25, 75006 • Mapa Q5 • 01 46 33 00 85 • Fechado dom, seg e 4 semanas jul-ago • €€€*

3 Les Fous de L'Ile
Bistrô parisiense moderno, serve clássicos franceses como entrecôte ou steak tartare. Também promove exposições e shows. *Rue des Deux Ponts 33, 75004 • Mapa Q4 • 01 43 25 76 67 • Fechado ter almoço, sáb, dom, fim fev, ago • €€*

4 Le Petit Plateau
Este salão de chá é ótimo para o almoço, servindo deliciosas quiches, saladas e bolos. *Quai aux Fleurs 1, 75004 • Mapa G5 • 01 44 07 61 86 • Fechado jantar, sáb no inverno • Sem acesso para portadores de deficiência • €*

5 Brasserie de l'Ile St-Louis
O visual rústico complementa a forte comida alsaciana, como tripa em vinho Riesling. *Quai de Bourbon 55, 75004 • Mapa P4 • 01 43 54 02 59 • Fechado qua, ago • Sem acesso para portadores de deficiência • €€€*

6 La Rose de France
Um terraço delicioso e um salão acolhedor. *Pl Dauphine 24, 75001 • Mapa M3 • 01 43 54 10 12 • €€*

7 Taverne Henri IV
Ótima carta de vinhos e pratos simples de frios ou queijos. *Pl du Pont-Neuf 13, 75001 • Mapa M3 • 01 43 54 27 90 • Fechado sáb, dom, ago • €€*

8 Mon Vieil Ami
Interior chique e pratos como foie gras. *Rue St-Louis-en-l'Ile 69, 75004 • Mapa Q5 • 01 40 46 01 35 • Fechado seg, ter, jan, ago • Sem acesso para portadores de deficiência • €€€€*

9 Le Flore en l'Ile
Venha apreciar a vista e também a comida deste bistrô e salão de chá, aberto desde o café da manhã até 1h da manhã. *Quai d'Orléans 42, 75004 • Mapa P5 • 01 43 29 88 27 • Sem acesso para portadores de deficiência • €€*

10 Berthillon
Há sempre fila do lado de fora desta lendária sorveteria. *Rue St-Louis-en-l'Ile 31, 75004 • Mapa G5 • 01 43 54 31 61 • Fechado seg, ter, 1 semana fev, 1 semana Páscoa, ago • Não aceita cartão • €*

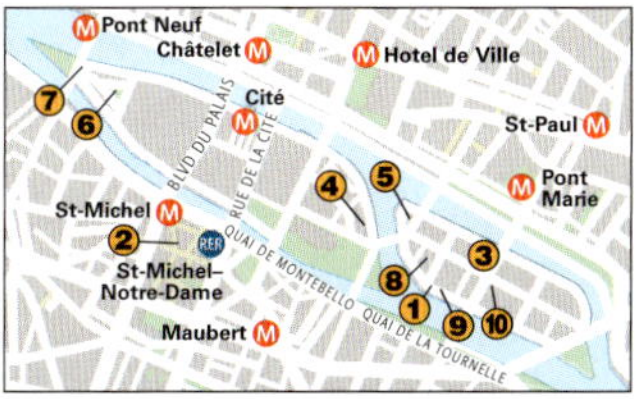

Todos os restaurantes aceitam cartões de crédito e servem pratos vegetarianos, exceto quando há indicação do contrário

Fonte de Stravinsky; Moda em Les Halles; um dos cinemas no Forum des Halles

Beaubourg e Les Halles

O PEQUENO E AGITADO BEAUBOURG, *cheio de galerias de arte e cafés, virou uma grande atração turística desde a construção do Centre Georges Pompidou. Este gigante de arquitetura moderna tornou-se a principal estrela desta área desde que abriu, em 1977. Les Halles foi o mercado central de Paris durante 800 anos, com seus pavilhões de teto de vidro ocupados por açougueiros, peixeiros e bancas de frutas e verduras; o romancista Émile Zola chamou-o de "o ventre de Paris". Em 1969, o mercado foi demolido e transferido para a periferia para aliviar o congestionamento de carros. Sem graça, o shopping subterrâneo que tomou seu lugar, Forum des Halles, está passando por uma reforma em grande escala – mas a maioria dos bistrôs e lojas de especialidades ainda está em funcionamento.*

Le Défenseur du Temps

TOP 10 Destaques

1. Centre Georges Pompidou
2. Forum des Halles
3. St.-Eustache
4. Bourse du Commerce
5. Le Défenseur du Temps
6. Fontaine des Innocents
7. Église St.-Merri
8. St.-Germain l'Auxerrois
9. Musée de la Poupée
10. Tour St.-Jacques

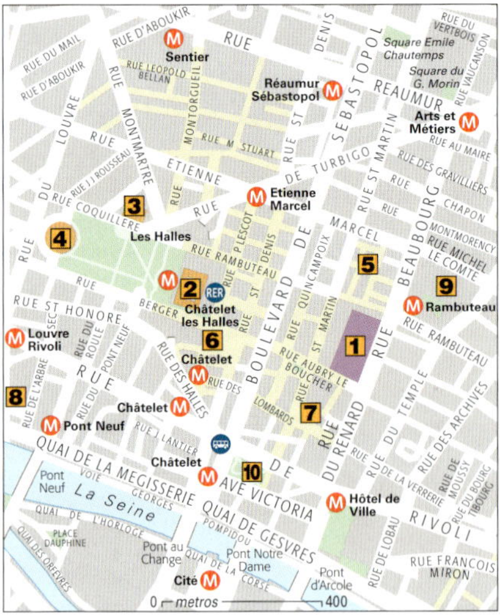

1 Centre Georges Pompidou
pp. 26-7.

2 Forum des Halles
Dez anos depois que o velho mercado foi demolido, o chamado "maior buraco urbano da Europa" foi preenchido por um shopping que causou controvérsia. Este labirinto, a maior parte dele subterrânea, destina-se à juventude, com muitas lojas de música e butiques. Na sua parte externa, artistas de rua, jovens e turistas lotam as escadas e os jardins (não é um bom lugar para circular à noite). Atualmente, é mais um lugar degradado do que uma atração, e o arquiteto francês David Mangin recebeu a missão de supervisionar sua reforma, que deve ser concluída entre 2016 e 2017 e incluirá um shopping center, jardins e estação de trem. *Mapa N2*

3 St.-Eustache
Com seus arcos e pilares majestosos, St.-Eustache é uma das igrejas mais bonitas de Paris. Embora gótica no desenho, levou 105 anos para ser construída (1532-1637), e a decoração de seu interior reflete o estilo renascentista da época. A igreja segue o modelo da Notre-Dame *(pp. 18-21)*, com dois corredores laterais e um anel de capelas em volta. Os vitrais feitos a partir de esboços de Philippe de Champaigne (1631) e o ornamentado túmulo do político Jean-Baptiste Colbert (1619-83) são seus destaques. Não deixe de ver a escultura naïf na Chapelle St.-Joseph, que lembra os velhos tempos do mercado Les Halles. *Impasse St.-Eustache 2, 75001 • Mapa M1 • Aberto 9h30-19h seg-sex, 10h-19h sáb-dom • Gratuito*

4 Bourse du Commerce
O edifício circular que abriga a Bolsa de Mercadorias nasceu como mercado de grãos em 1767 e foi reformado no século XIX. Primeiro era coberto por uma cúpula de madeira, depois por estruturas de ferro e cobre. Hoje, sob a atual cúpula de vidro, a atividade no mercado de commodities segue ritmo lento, se comparado com o agito de outros centros financeiros. *Rue de Viarmes 2, 75001 • Mapa M1 • Aberto 8h30-18h seg-sex (exige-se identidade para uma visita)*

St.-Eustache

Georges Pompidou

Georges Pompidou (1911-74) teve a difícil missão de suceder o general De Gaulle como presidente da França, de 1969 até sua morte. Durante seu mandato iniciou várias obras arquitetônicas em Paris, entre elas o controvertido, mas no final bem-sucedido, Centre Pompidou, além do projeto menos popular de demolir o velho mercado de Les Halles.

5 Le Défenseur du Temps

O "Defensor do Tempo", moderno relógio público de Paris, fica na área comercial do Quartier de l'Horloge (Bairro do Relógio). Esta fantasiosa escultura mecânica de latão e aço, de Jacques Monastier, tem 4m de altura e pesa 1 tonelada. Quando o relógio bate as horas, o guerreiro rechaça uma ave, um caranguejo ou um dragão (representando o ar, a água e a terra) com sua espada, com acompanhamento de efeitos sonoros. Às 12h, 18h e 22h, ele vence os três (isso quando o relógio funciona). *Rue Bernard-de-Clairvaux, 75003 • Mapa P2*

6 Fontaine des Innocents

A place des Innocents é uma mistura de Les Halles com um reduto de artistas de rua e estudantes. Foi construída sobre um cemitério no século XVIII, o que exigiu a remoção de 2 milhões de restos humanos para as catacumbas de Denfert-Rochereau. A fonte renascentista, última desse período construída na cidade, foi desenhada por Pierre Lescot e esculpida por Jean Goujon em 1547. Originalmente ficava junto a uma parede da rue St.-Denis e foi depois transferida para a nova praça, quando se acrescentou um quarto lado à fonte *(p. 39)*. *Rues St.-Denis e Berger, 75001 • Mapa N2*

7 Église St.-Merri

Antiga igreja paroquial dos agiotas lombardos, St.-Merri foi construída entre 1520 e 1612 e reflete o estilo gótico flamejante. Seu nome é uma corruptela de St.-Médéric, que foi enterrado aqui no início do século VIII. O sino da igreja no campanário noroeste, que se imagina ser o mais antigo de Paris, data de 1331 e pertenceu a uma capela que havia antes aqui. Outros destaques são a fachada decorativa oeste, a galeria do órgão do século XVII, os belos vitrais e os painéis esculpidos em madeira. *Rue de la Verrerie 76, 75004 • Mapa P2 • Aberto 12h-18h45 diariam • Gratuito*

8 St.-Germain l'Auxerrois

No século XIV, quando os reis Valois se mudaram para o palácio do Louvre *(p. 8)*, esta se tornou a igreja da família real. Em 24 de agosto de 1572, o badalar de seu

St.-Germain l'Auxerrois

sino foi usado como senha para o fatídico dia do Massacre de São Bartolomeu, quando milhares de huguenotes que haviam vindo a Paris para o casamento de Henrique de Navarra e Margarida de Valois foram assassinados *(p. 20)*. A igreja ostenta uma série de estilos arquitetônicos, do gótico flamejante da fachada ao renascentista do coro. Tente visitá-la num domingo à tarde, quando às vezes há recitais de órgão. *Pl du Louvre 2, 75001 • Mapa M2 • Aberto 8h-19h seg-sáb, 9h-20h dom • Gratuito*

9 Musée de la Poupée

Este curioso museu tem uma excelente coleção de 300 encantadoras bonecas francesas raras, como as de porcelana não vitrificada pintadas à mão, que eram fabricadas entre 1800 e 1945. O museu explora a função das bonecas e sua produção, abrigando também os principais fabricantes da Alemanha e da França. Também coordena um hospital onde a médica de bonecas Véronique Derez opera milagres em exemplares de todas as idades. *Impasse Berthaud, 75003 • Mapa P2 • Aberto 10h-18h ter-dom • Fechado feriados • Entrada paga*

10 Tour St.-Jacques

A torre do Gótico tardio, de 1523, é tudo o que resta da igreja de St.-Jacques-la-Boucherie, que já foi a maior igreja medieval de Paris e o ponto de partida de peregrinos do caminho de Santiago de Compostela, na Espanha. No século XVII o físico Blaise Pascal usou a torre para experimentos barométricos. A igreja foi demolida após a Revolução Francesa. Os visitantes podem explorar os andares inferiores da torre e passear pelos jardins ao redor da base. *Rue de Rivoli 39, 75004 • Mapa N3*

Um Dia em Les Halles

Manhã

Comece o dia com um café da manhã no **Le Zimmer Café** *(Pl du Châtelet 1, 01 42 36 74 03)* antes de admirar algumas pinturas de Picasso no **Centre Georges Pompidou** *(pp. 26-7)*, cujas mostras temporárias valem a pena. Se precisar comer ou beber algo depois de tanta arte, pode ser no **Georges**, a chique brasserie no alto do edifício, com lindas vistas e boa variedade de bebidas, lanches e refeições.

Ao sair do centro, vire à direita no Quartier de l'Horloge e veja a batalha que o relógio **Défenseur du Temps** trava toda tarde.

Se tiver reservado com boa antecedência, almoce no bistrô Benoit, de 1912 *(p. 81)*, cujo cardápio do almoço é bem mais barato que o da noite. Depois do almoço, visite a **Église St.-Merri**.

Tarde

Passe pela **Fontaine des Innocents** ao ir para Les Halles, mas antes dê uma entrada na igreja de **St.-Eustache** *(p. 75)*, onde rezavam os vendedores do antigo mercado de Les Halles. Depois, passe o resto da tarde fazendo compras no imenso embora um pouco inexpressivo **Forum des Halles** *(p. 75)*.

Faça uma parada no Tour de Montlhéry, conhecido também como **Chez Denise** *(p. 81)*. Fica lotado na hora das refeições, mas no fim da tarde você pode ter a sorte de arrumar um lugar e provar seu famoso Gâteau Marguerite, com morangos e creme.

Le Christ Inn's Bistrot; Escultura diante da igreja de St.-Eustache

TOP 10 Lembranças de Les Halles

1 Le Christ Inn's Bistrot
Este antigo café-bar de operários do início do século XX, cheio de azulejos e murais históricos, tem só um pequeno salão para servir comida, por isso faça reserva. *Rue Montmartre 15, 75001 • Mapa F3*

2 Au Pied de Cochon
Brasserie 24 horas, ainda serve pratos que atendiam ao gosto mais rústico dos antigos trabalhadores do mercado, como pé de porco *(p. 81)*.

3 Escultura em St.-Eustache
Esta escultura naïf de Raymond Mason na Chapelle St.-Joseph é um tributo ao saudoso mercado. Suas figuras coloridas retratam *A partida das frutas e legumes do coração de Paris, em 28 de fevereiro de 1969.*

4 Rue Montorgueil
O agitado mercado (de terça a domingo) desta rua de pedra, uma lembrança do velho Les Halles, é frequentado por muitos chefs parisienses. *Mapa N1*

5 Stöhrer
Uma das mais encantadoras pâtisseries à moda antiga da cidade, fundada em 1730 pelo chef confeiteiro do rei Luís XV. *Rue Montorgueil 51, 75002 • Mapa N1*

6 Bistrot d'Eustache
Tem a atmosfera dos clubes de jazz de Paris das décadas de 1930-40. Oferece boa comida de brasserie, de preço razoável, e música ao vivo às sextas e sábados. *Rue Berger 37, 75001 • Mapa N2*

7 La Fresque
Este maravilhoso restaurante era antes uma peixaria. Na sala do fundo ainda há um afresco original retratando uma cena de pesca. *Rue Rambuteau 100, 75001 • Mapa N1*

8 Dehillerin
Desde 1820, todo cozinheiro, seja do exército ou chef, já comprou aqui potes de cobre, panelas de ferro e utensílios de cozinha. *Rue Coquillière 18, 75001 • Mapa M1*

9 Duthilleul et Minart
Há mais de cem anos esta loja vende roupas profissionais e adereços, como chapéus de chef e guarda-pós de relojoeiro. *Rue de Turbigo 14, 75001 • Mapa P1*

10 La Cloche des Halles
Este bar de vinhos literalmente tem ecos da história. O "cloche" é o sino de bronze que antes marcava o início e o fim do expediente do mercado. *Rue Coquillière 28, 75001 • Mapa M1*

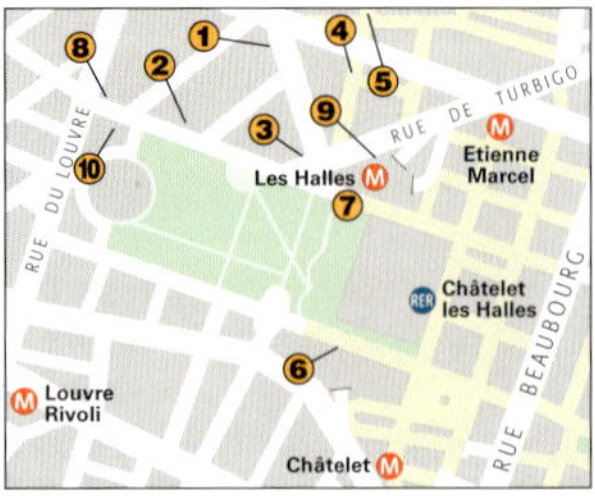

Cervejaria típica de Paris; Le Sous-Bock; Au Trappiste

TOP 10 Cervejarias

1 Le Sous-Bock

Um bom lugar para comer moules (mexilhões), com 200 tipos de cerveja para acompanhar. Tem também 40 tipos de uísque. *Rue St.-Honoré 49, 75001 • Mapa M2*

2 Quigley's Point

Bem em frente à Église de St.-Eustache, este acolhedor pub irlandês tem cerveja da Holanda, Alemanha, Irlanda e Grã-Bretanha. *Rue du Jour 5, 75001 • Mapa M1*

3 Hall's Beer Tavern

Embora situado numa rua bem turística, é um lugar tranquilo e acolhedor, com boa seleção de cervejas, incluindo La Chouffe e Duvel. *Rue St.-Denis 68, 75001 • Mapa N2*

4 Le Bogman

Antigo Goblet d'Argent, este bar pode ter mudado de nome e endereço, mas retém a atmosfera de pub irlandês, com jogo de dardos e música ao vivo às terças. *Rue de la Petite Truanderie 2, 75001 • Mapa N1*

5 The Frog and Rosbif

Para quem gosta da Inglaterra ou das coisas de lá, este é o lugar onde se encontram as verdadeiras ale (feita no porão) e fish and chips (peixe empanado com batatas fritas), jogos de bar, jornais ingleses e partidas de futebol e rúgbi pela TV. *Rue St.-Denis 116, 75002 • Mapa F3*

6 McBrides

Ótimo para assistir a um jogo de futebol, este acolhedor bar irlandês atrai irlandeses saudosos de casa com seus cafés da manhã fritos. Aos domingos à noite há música ao vivo. *Rue St.-Denis 54, 75001 • Mapa F4 • 01 40 26 46 70*

7 Au Trappiste

Entre os vários tipos de cerveja, prove a Jenlain, marca francesa, e a belga Hoegaarden. Também serve comida. *Rue St.-Denis 4, 75001 • Mapa F3*

8 Guinness Tavern

Bar irlandês, serve catorze cervejas direto do barril. Música ao vivo toda noite e um concerto irlandês de destaque uma vez por mês. A festa esquenta depois das 22h. *Rue des Lombards 31 bis, 75004 • Mapa N2*

9 Café Oz

Cervejas, vinhos e decoração tipicamente australianos tornam este animado bar muito popular entre clientes australianos e franceses. *Rue St.-Denis 18, 75001 • Mapa F3*

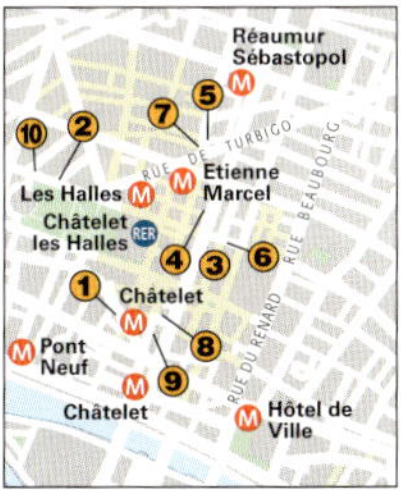

10 La Taverne de Maître Kanter

Parte de uma rede de tabernas em estilo alsaciano, é um bom lugar para relaxar tomando uma cerveja francesa. Também serve comida. *Rue Coquillière, 16, 75001 • Mapa F3 • 01 42 36 74 24*

Veja mais sobre cafés e bares de Paris nas **pp. 52-3**

Vista de Les Halles por volta de 1870-80

TOP 10 Eventos Históricos em Les Halles

1 Era Romana
É criado pela primeira vez um mercado na Margem Direita do Sena, num lugar então chamado de Les Champeaux.

2 Século X
Sabe-se que existiu um mercado maior para carne, frutas e legumes na parte de Paris hoje conhecida como Les Halles.

3 1183
O mercado é ampliado pelo rei Filipe Augusto, que construiu abrigos para os feirantes perto da igreja de St.-Eustache *(p. 75)*. Esta data é geralmente aceita como a da fundação de Les Halles como mercado da cidade.

4 Década de 1850
São construídos doze enormes galpões de aço e vidro. Napoleão III declara que Les Halles é essencial para a vida de Paris.

5 1965
Começam as obras para um mercado atacadista ao sul de Paris, em Rungis.

6 1969
O mercado central de Paris é fechado e transferido para Rungis, em parte devido ao congestionamento que produzia, excessivo para o centro da cidade.

7 1971
Os antigos edifícios são demolidos e começam as escavações, para criar o que ficou conhecido por um tempo como *le trou des Halles* ("o buraco de Les Halles").

8 Meados da década de 1970
Além dos shoppings, cria-se uma série de jardins, e os edifícios próximos, incluindo a igreja de St.-Eustache, podem ser vistos de modo adequado pela primeira vez.

9 1977
É inaugurado o Forum des Halles, e a área continua tão agitada quanto antes, embora os produtos à venda (moda, CDs, fast-food) tenham mudado bastante desde os primeiros dias do mercado.

10 2010
São iniciadas amplas reformas. Prevê-se que a área passe por uma renovação completa, a ser concluída entre 2016 e 2017.

St.-Eustache

Veja mais sobre compras em Paris na **p. 169**

Au Pied de Cochon

Categorias de Preço

Refeição para uma pessoa com três pratos, meia garrafa de vinho, impostos e serviço.		
	€	até €30
	€€	€30-€40
	€€€	€40-€50
	€€€€	€50-€60
	€€€€€	mais de €60

TOP 10 Restaurantes

1 Dans le Noir
Este restaurante todo pintado de preto oferece uma experiência única. *Rue Quincampoix 51, 75004 • Mapa F4 • 01 42 77 98 04 • Fechado almoço dom-qua • Sem acesso para portadores de deficiência • €€€€*

2 Au Pied de Cochon
Um favorito de Les Halles há muitos anos. Se você não gosta de miúdos, há opções de ostras e filés. Aberto 24 horas. *Rue Coquillière 6, 75001 • Mapa M1 • 01 40 13 77 00 • €€€*

3 Benoit
O moderno bistrô do superchef Alain Ducasse em Paris tem uma estrela Michelin, mas o serviço é irregular. *Rue St.-Martin 20, 75004 • Mapa P1 • 01 42 72 25 76 • Fechado ago • €€€€€*

4 L'Ambassade d'Auvergne
Cozinha da Auvergne, com muita carne de porco e pratos de repolho. Mesas compartilhadas. *Rue du Grenier-St.-Lazare 22, 75003 • Mapa P1 • 01 42 72 31 22 • Fechado dom, seg • Acesso limitado para portadores de deficiência • €€*

5 Tour de Montlhéry, Chez Denise
Uma lenda da região de Les Halles, por suas porções generosas e ambiente festivo. Reserve. *Rue des Prouvaires 5, 75001 • Mapa N2 • 01 42 36 21 82 • Fechado sáb, dom, meados jul-meados ago • €€€*

6 Le Tambour
Animado bistrô aberto 24 horas, com atendimento cordial e comida francesa farta. *Rue Montmartre 41, 75002 • Mapa N1 • 01 42 33 06 90 • €€*

7 Café Beaubourg
O terraço daqui dá para o Centre Pompidou. O steak tartare é a especialidade. *Rue St.-Merri 43, 75004 • Mapa P2 • 01 48 87 63 96 • Sem acesso para portadores de deficiência • €€*

8 Spring
O chef americano Daniel Rose oferece um menu a preço fixo com ingredientes recém-chegados da feira. Reserve. *Rue Bailleul 6, 75001 • Mapa M2 • 01 45 96 05 72 • €€€€€*

9 Restaurant Georges
O design moderno e a bela vista fazem deste restaurante de museu uma ótima opção para um programa noturno elegante. *Centre Georges Pompidou, rue Beaubourg 19, 75004 • Mapa G4 • 01 44 78 47 99 • Fechado ter • €€€€*

10 Le Hangar
Escondido numa rua perto do Pompidou, este bistrô pequeno e acolhedor é bem conhecido pelos parisienses, que adoram seus fabulosos steak tartare, foie gras e moelleux au chocolat (bolinho recheado). *Impasse Berthaud 12, 75003 • Mapa G4 • 01 42 74 55 44 • Fechado dom, seg • €€€*

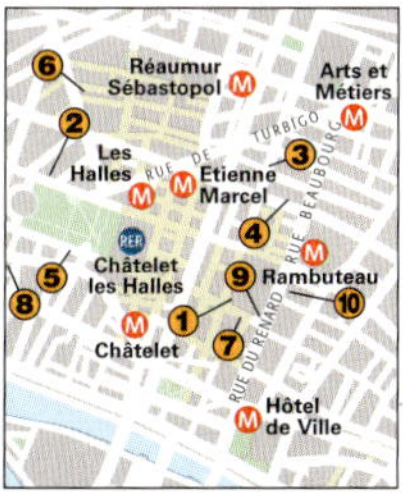

Todos os restaurantes aceitam cartões de crédito e servem pratos vegetarianos, exceto quando há indicação do contrário

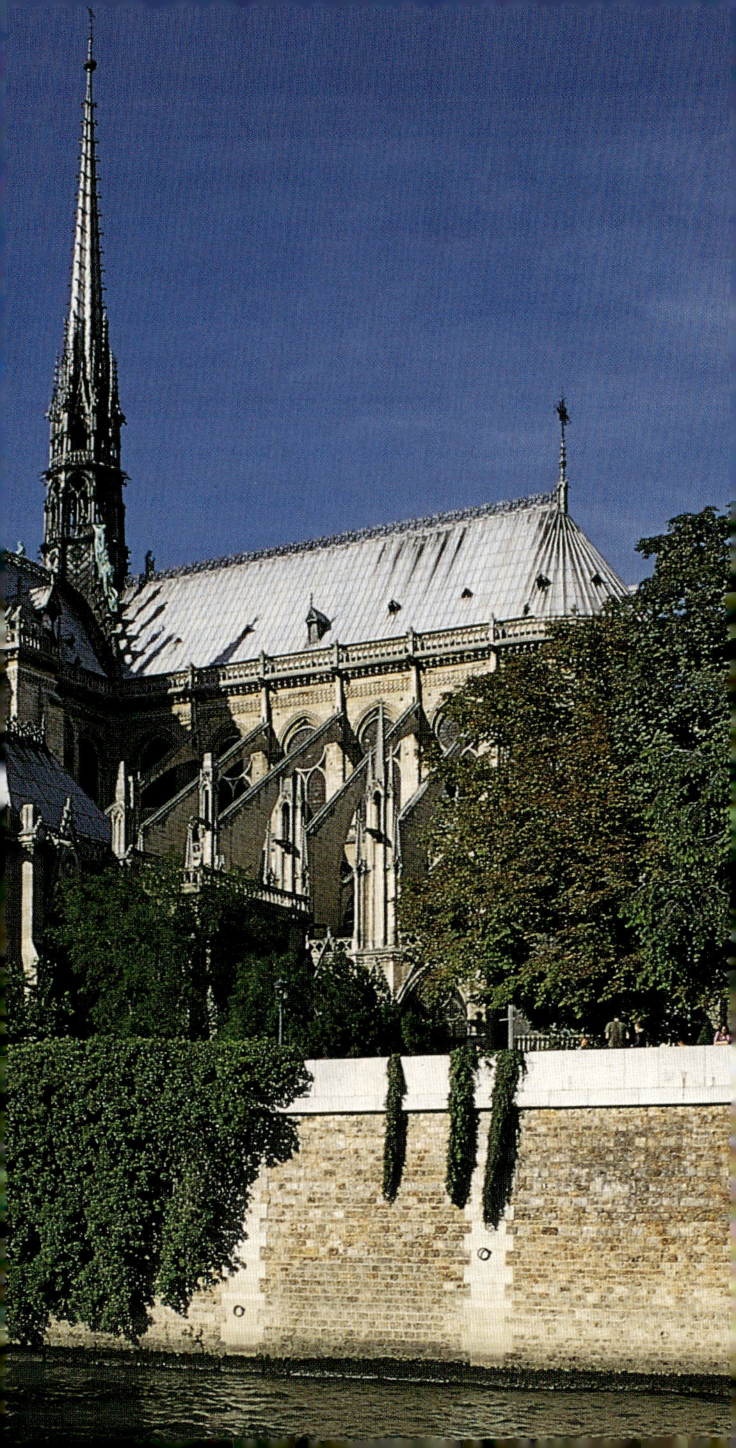

Placa da Place des Vosges; Place de la Bastille; Maison de Victor Hugo

Marais e Bastille

PARA MUITOS, O MARAIS É O BAIRRO *mais divertido de Paris, com suas mansões, museus e ruelas medievais, mas o lugar era pouco mais do que um pântano até Henrique IV construir ali a place Royale (atual place des Vosges) em 1605. Depois de sua fama como berço da Revolução Francesa, o bairro da Bastille caiu no esquecimento, até que artistas vieram para cá na década de 1990. Suas ruas abrigam hoje uma agitada vida noturna.*

TOP 10 Destaques

1. Musée Picasso
2. Musée Cognacq-Jay
3. Place des Vosges
4. Musée Carnavalet
5. Place de la Bastille
6. Marché d'Aligre
7. Passages
8. Rue de Lappe
9. Maison Européenne de la Photographie
10. Maison de Victor Hugo

Passagem, bairro da Bastille

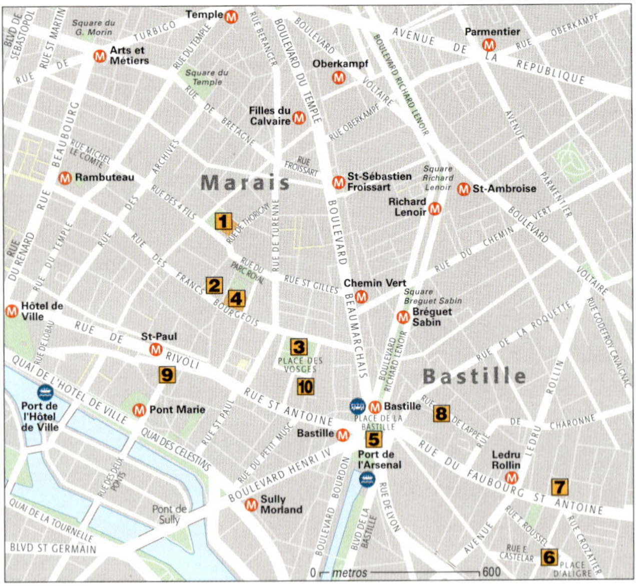

Nas páginas anteriores, a **Notre-Dame vista do rio Sena**

1 Musée Picasso

Quando o pintor espanhol Pablo Picasso morreu, em 1973, a família doou milhares de suas obras ao Estado francês para saldar uma dívida de impostos. Assim, Paris desfruta da maior coleção de obras de Picasso do mundo. Alojada no Hôtel Salé *(p. 90)*, magnificamente restaurado, a coleção do museu mostra toda a trajetória do artista, desde as fases azul e rosa até o Cubismo, e revela seu domínio de uma impressionante gama de técnicas e materiais *(p. 36)*. *Rue de Thorigny, 5, 75003 • Mapa R2 • Verifique no site os horários de funcionamento • Fechado para reformas • Entrada paga (grátis 1º dom mês) • www.musee-picasso.fr*

2 Musée Cognacq-Jay

Museu pequeno mas excelente, retrata o sofisticado estilo de vida francês na era do Iluminismo, que teve Paris como um de seus centros. A arte e a mobília do século XVIII expostos aqui eram da coleção particular de Ernest Cognacq e sua mulher, Louise Jay, fundadores da loja de departamentos Samaritaine. Estão muito bem alojadas no Hôtel Donon, uma mansão elegante do final do século XVI *(p. 35)*. *Rue Elzévir, 8, 75003 • Mapa Q3 • Aberto 10h-18h ter-dom • www.cognacq-jay.paris.fr*

3 Place des Vosges

A praça mais antiga de Paris é também uma das mais bonitas do mundo. Foi encomendada por Henrique IV em 1612 e tem 36 casas com fachada de tijolo e pedra, telhados de ardósia e janelas no sótão, todas em perfeita simetria. Originalmente eram destinadas aos tecelões de seda, mas o cardeal Richelieu (1585-1642) e o dramaturgo Molière (1622-73) logo se mudaram para cá, e o local ainda é um núcleo residencial da classe alta. Mesmo assim, todo mundo pode passear à vontade por aqui e ver as galerias de arte que ocupam as arcadas. *Mapa R3*

4 Musée Carnavalet

Dedicado à história de Paris, este museu ocupa duas mansões: a Carnavalet, do século XVI, e a Le Peletier de Saint-Fargeau, do século XVII. A primeira foi a casa de Madame de Sévigné, a famosa escritora de cartas, de 1677 a 1696, e há uma galeria que retrata como foi sua vida. O amplo museu contém salas, com objetos de arte e retratos da época, além de artefatos da Revolução Francesa e lembranças dos filósofos do século XVIII Rousseau e Voltaire *(p. 34)*. *Rue de Sévigné 23, 75003 • Mapa R3 • Aberto 10h-18h ter-dom • www.carnavalet.paris.fr*

5 Place de la Bastille

Esta célebre praça virou apenas uma rotatória cheia de trânsito de automóveis. A Bastilha era uma fortaleza construída por Carlos V para defender o flanco leste da cidade, mas logo se tornou uma cadeia para presos políticos. Cidadãos revoltados com os excessos

Musée Cognacq-Jay

O Bairro Judaico

O bairro judaico, limitado pelas ruas des Rosiers e des Écouffes, foi criado no século XIII e atraiu imigrantes desde a Revolução Francesa. Muitos judeus vieram para cá para escapar das perseguições no Leste Europeu, mas foram presos durante a ocupação nazista. A partir da Segunda Guerra Mundial, judeus sefarditas do Norte da África fizeram daqui o seu novo lar.

da monarquia tomaram de assalto a Bastilha em 14 de julho de 1789 *(p. 45)*, o que foi o estopim da Revolução Francesa, e destruíram esse odiado símbolo da opressão. No lugar dela está hoje a Colonne de Juillet (Coluna de Julho), de 52m de altura, de bronze e coroada pelo Anjo da Liberdade, que homenageia os que morreram nas revoluções de 1830 e 1848. Por trás dela pode-se ver a Opéra Bastille, que já foi a maior casa de ópera do mundo, inaugurada no bicentenário da Revolução, em 1989. ⊛ *Mapa H5*

6 Marché d'Aligre

Instalada em volta de um antigo posto de guarda e torre de relógio, a maravilhosa feira de Aligre é um lugar onde se misturam parisienses de todas as classes sociais. Ela começou em 1643 e já foi tão importante quanto o mais famoso mercado de Les Halles *(p. 75)*. Na parte coberta deste mercado de alimentos gourmet você encontra de tudo, de fileiras de perdizes a um javali inteiro. Os comerciantes norte-africanos dão um toque étnico ao mercado de produtos ao ar livre. O mercado de pulgas remonta aos dias em que as freiras distribuíam roupas usadas aos pobres *(p. 55)*. ⊛ *Pl d'Aligre • Mapa H5 • Aberto até 13h ter-sáb, até 14h dom*

7 Passages

A Bastille foi um bairro de artesãos e de corporações de ofícios desde o século XVII, e ainda há muitos fabricantes de móveis em suas pequenas alamedas, que os franceses chamam de *passages*. A rue du Faubourg-St.-Antoine é repleta de lojas que vendem impressionante gama de mobília, tanto de época como de design moderno. Não deixe de percorrer também as ruas menores, como a passage de l'Homme e outras ruelas da Bastille. Também há muitos artistas e pessoas dedicadas ao artesanato que têm seus ateliês nestas alamedas de atmosfera tão peculiar e envolvente. ⊛ *Mapa H5*

Rue de Lappe

8 Rue de Lappe

Famosa na década de 1930 por seus salões de baile *(bals musettes)*, a rue de Lappe ainda é o local mais agitado da Bastille depois que o sol se põe. É uma via curta e estreita, cheia de bares, clubes, restaurantes e cafés, onde se ouve muita música. Uma multidão de notívagos percorre esta rua de paralelepípedos atrás de diversão e se espalha pelas adjacentes rue de la Roquette e rue de Charonne, também repletas de bares e restaurantes da moda. *Mapa H5*

9 Maison Européenne de la Photographie

Esta excelente galeria, que oferece uma mostra da fotografia europeia contemporânea, foi inaugurada em 1996 numa antiga mansão do século XVIII, o Hôtel Hénault de Cantorbre. A restauração preservou detalhes históricos e criou alguns espaços modernos para abrigar sua coleção permanente e também exposições temporárias de itens de seus vastos arquivos. *Rue de Fourcy 5-7, 75004 • Mapa Q3 • Aberto 11h-20h qua-dom • Entrada paga (grátis qua após 17h e para menores de 8 anos) • www.mep-fr.org*

10 Maison de Victor Hugo

O grande escritor e poeta francês Victor Hugo (1802-85) morou de 1832 a 1848 no segundo andar desta casa, o Hôtel de Rohan-Guéménée, a maior construção da place des Vosges. Foi neste local que ele escreveu a maior parte de seu romance *Os miseráveis (p. 46)*, além de muitas outras obras. Em 1903, a casa virou um museu que expõe a vida do escritor. *Pl des Vosges 6, 75004 • Mapa R4 • Aberto 10h-18h ter-dom • Fechado feriados • Entrada paga nas exposições • www.musee-hugo.paris.fr*

Um Dia no Marais

Manhã

Comece de manhã bem cedo no **Musée Carnavalet** *(p. 85)*, para evitar aglomerações, e aprecie sem pressa as impressionantes coleções. Aqui há também um pátio muito agradável. Depois, caminhe até a place des Vosges. Pare perto da fonte e desfrute uma visão geral da praça.

Tome um café no Ma Bourgogne *(Pl des Vosges 19 • 01 42 78 44 64)*, bem na praça. Depois, visite a **Maison de Victor Hugo** e ande até o canto sudoeste da praça, passando por uma porta de madeira e entrando no lindo jardim do **Hôtel de Béthune-Sully** *(p. 90)*. Depois ande até a place de la Bastille.

Uma boa opção para almoço é a **Brasserie Bofinger** *(p. 65)*, com sua decoração ornamentada e ambiente bem parisiense.

Tarde

A **Place de la Bastille** *(p. 85)* é um pesadelo em termos de trânsito, mas vale a pena contemplar a coluna no seu centro e refletir sobre os eventos que tiveram lugar aqui quando o local era ocupado pelo tristemente célebre calabouço da cidade. Ande em volta da praça e entre pela rue Faubourg-St.-Antoine, hoje uma via comercial. Vire em alguma das passagens para ver as lojas de móveis e os ateliês dos artesãos, que têm uma longa história nesta área.

A Gare de Lyon fica perto daqui, e você pode jantar em grande estilo sob os lustres e afrescos do Le Train Bleu *(Blvd Diderot 20 • 01 43 43 09 06)*.

Isabel Marant; Antoine et Lili

TOP 10 Lojas

1 Izraël

Também chamada de "mundo das especiarias", tem as melhores comidas e bebidas que você pode encontrar. Pequena, mas lotada de frios, queijos, vinhos, rum, tâmaras, mel, mostarda. Não perca. *Rue François-Miron 30, 75004 • Mapa P3*

2 BHV

O Bazar de l'Hôtel de Ville é um paraíso chique das compras onde você encontra desde artigos do tipo faça você mesmo até lingerie de luxo. *Rue de Rivoli 52-64, 75004 • Mapa F4*

3 Antoine et Lili

Roupas vibrantes e ecléticas, para mulheres que gostam dos estilos cigano e oriental, com tecidos naturais em cores vivas. *Rue des Francs-Bourgeois 51, 75004 • Mapa Q3*

4 Autour du Monde

Roupas e objetos para a casa, do designer francês Bensimon. Um de seus clássicos são as sapatilhas em tons pastel para crianças e adultos. *Rue des Francs Bourgeois 8 e 12, 75003 • Mapa G4 • 01 42 77 16 18*

5 Florence Kahn

Esta loja oferece uma variedade de bolos e pães fresquinhos, além de alimentos finos. *Rue des Ecouffes 24, 75004 • Mapa Q3*

6 Fleux

Esta loja conceitual é dedicada ao moderno design de interiores parisiense, com móveis e acessórios domésticos inovadores. *Rue Sainte Croix de Bretonnerie 39, 75004 • Mapa P2*

7 Isabel Marant

Designer que começa a ganhar muito reconhecimento fora de Paris, com trabalho atual e chique. *Rue de Charonne 16, 75011 • Mapa H5*

8 Sessùn

Na principal loja desta marca de moda feminina jovem francesa, artigos elegantes, roupas com cortes angulosos e acessórios. *34 rue de Charonne 30, 75011 • Mapa H5*

9 Merci

Loja conceitual moderna, com três pisos, vende roupas, artigos para a casa e de papelaria. E possui três cafés. *Blvd Beaumarchais 111, 75003 • Mapa H4 • 01 42 77 00 33*

10 Emery & Cie

Cerâmica colorida, azulejos, luminárias e outros produtos com design original, numa loja dirigida por uma decoradora de interiores. *Passage de la Main d'Or 18, 75011 • Mapa H5*

Veja mais sobre compras em Paris na **p. 169**

Mariage Frères; L'Arbre à Lettres

TOP 10 Lojas Especializadas

1 Fragonard
Se você não puder visitar este fabricante de perfumes no sul da França, experimente alguns dos sabonetes e essências na butique parisiense. *Rue des Francs-Bourgeois 51, 75004 • Mapa Q2*

2 Mariage Frères
Este famoso salão de chá foi inaugurado em 1854 e vende todos os tipos de mesclas, bem como bules, xícaras e outros acessórios. *Rue du Bourg-Tibourg 3, 75004 • Mapa Q3*

3 Goumanyat
Os maiores chefs de Paris compram temperos, ervas e chás nesta loja, que também é um ótimo lugar para presentes e suvenires relacionados à culinária. *Rue Dupuis 3, 75003 • Mapa R1 • 01 44 78 96 74*

4 Pasta Linea
Loja de massas frescas orgânicas. Não tem muito lugar para sentar, mas a frondosa place des Vosges fica bem perto. *Rue de Turenne 9, 75004 • Mapa G4*

5 Village Saint-Paul
Este belo labirinto de galerias de arte, lojas de antiguidades e design fica atrás da Eglise Saint-Paul. *Entre a rue St-Paul e a rue des Jardins St-Paul, 75004 • Mapa R4*

6 L'Art du Bureau
Se a mesa de trabalho é o seu altar, aqui você encontra tudo de que pode precisar, com desenhos muito atuais. Na verdade, vale a pena visitar esta loja mesmo que seja apenas para apreciar as ideias de design. *Rue des Francs-Bourgeois 47, 75004 • Mapa R3*

7 L'Arbre à Lettres
Uma livraria muito bonita, dedicada principalmente às belas-artes, à literatura e às ciências humanas. *Rue du Faubourg-St.-Antoine 56, 75012 • Mapa H5*

8 A l'Olivier
Desde 1822 a loja se especializou em todo tipo de azeite, dos mais finos azeites de oliva a outras especialidades provençais. *Rue de Rivoli 23, 75004 • Mapa H5*

9 Papeterie Saint Sabin
As papelarias de Paris são um caso à parte, e aqui você encontra agendas, canetas e muitos outros artigos de bom gosto. *Rue St.-Sabin 16, 75011 • Mapa H4*

10 La Petite Fabrique
Este chocolatier descolado vende combinações únicas, assim como uma seleção dos melhores caramelos e balas de goma. *Rue de Turenne 133, 75003 • Mapa G3*

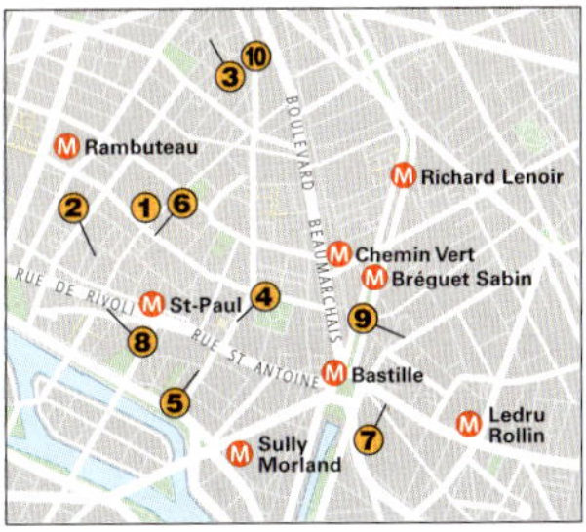

Hôtel de Sens; Hôtel de Soubise; Hôtel de Lamoignon

TOP 10 Mansões

1 Hôtel de Coulanges

Mansão com bela arquitetura do século XVIII. A ala direita data do início do século XVII. ✎ *Rue des Francs-Bourgeois 35, 75004 • Mapa Q2 • Abre apenas para concertos*

2 Hôtel Salé

Construída em 1656-59 para Aubert de Fontenay, um coletor de impostos sobre o sal, esta mansão hoje abriga o Musée Picasso *(p. 85)*.

3 Hôtel Guénégaud

Projetada pelo arquiteto François Mansart em meados do século XVII, esta esplêndida mansão abriga o Museu da Caça. ✎ *Rue des Archives 60, 75003 • Mapa P3 • Aberto 11h-18h ter-dom • Entrada paga*

4 Hôtel de Beauvais

O jovem Mozart se apresentou nesta mansão do século XVII. Note a sacada decorada com cabeças de bode. ✎ *Rue François--Miron 68, 75004 • Mapa P3 • Fechada ao público*

5 Hôtel de Béthune-Sully

Esta mansão do século XVII foi residência do Duc de Sully, principal ministro da época de Henrique IV. Hoje abriga a sede do Patrimônio Histórico da França. ✎ *Rue St.-Antoine 62, 75004 • Mapa R4 • Fechado ao público (exceto os jardins)*

6 Hôtel de Sens

Uma das poucas mansões medievais de Paris. A esposa de Henrique IV, Margarida de Valois *(p. 20)*, morou aqui após se divorciar. Hoje abriga uma biblioteca de belas-artes. ✎ *Rue Figuier 1, 75004 • Mapa Q4 • Fechado ao público*

7 Hôtel de St.-Aignan

A fachada básica esconde uma enorme mansão. Atualmente, é sede do Museu de Arte e História Judaica. ✎ *Rue du Temple 71, 75003 • Mapa P2 • Aberto 11h-18h seg-sex, 10h-18h dom • Entrada paga • www.mahj.org*

8 Hôtel de Soubise

Ao lado do Hôtel de Rohan, esta mansão abriga os arquivos nacionais. ✎ *Rue des Francs-Bourgeois 60, 75003 • Mapa Q2 • Aberto 10h-12h30, 14h-17h30 qua-sex, 14h-17h30 sáb-dom • Entrada paga*

9 Hôtel de Lamoignon

Construído em 1584 para a filha de Henrique II. ✎ *Rue Pavée 24, 75004 • Mapa Q3 • Fechado ao público*

10 Hôtel de Marle

O Centro Cultural Sueco ocupa esta mansão. ✎ *Rue Payenne 11, 75003 • Mapa G4 • Aberto 12h-18h ter-dom • Fechado meados jul-fim ago*

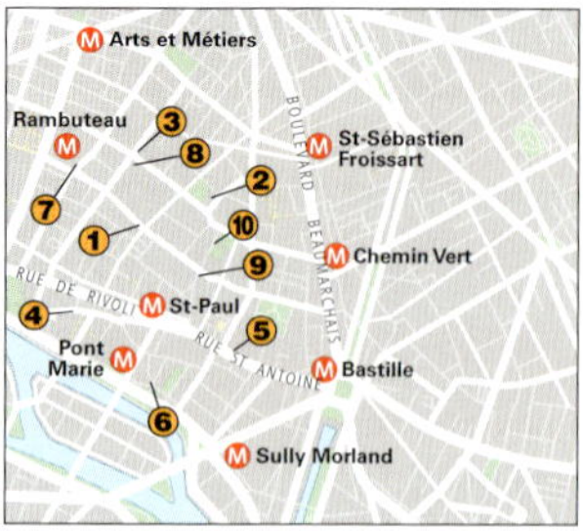

Veja mais sobre construções históricas de Paris nas **pp. 42-3**

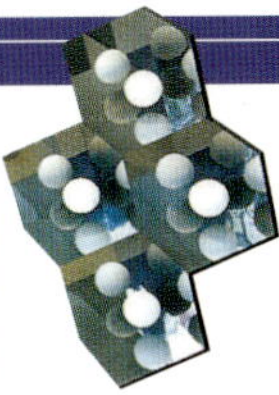

Galerie Patrick Seguin; Galerie Lavignes-Bastille; Galerie Nikki Diana Marquardt

TOP 10 Galerias

1 Galerie Marian Goodman
Alojada numa mansão do século XVII, esta galeria é um pedaço de Nova York em Paris. Artistas como Jeff Wall e o videomaker Steve McQueen expõem aqui. *Rue du Temple 79, 75003 • Mapa P2 • Aberto 11h-19h ter-sáb • Fechado ago*

2 Galerie Akié Arichi
Exposições ecléticas, de fotografia, escultura e pintura, muitas delas com influência asiática. *Rue Keller 26, 75011 • Mapa H5 • Aberto 15h-19h ter-sáb • www.galeriearichi.com*

3 Galerie Alain Gutharc
Alain Gutharc dedica o espaço a obras de artistas jovens contemporâneos. *Rue St. Claude 7, 75003 • Mapa H4 • Aberto 11h-13h, 14h-19h ter-sáb • www.alaingutharc.com*

4 Galerie Daniel Templon
Grandes nomes internacionais e novos talentos da arte contemporânea expõem aqui. *Rue Beaubourg 30, 75003 • Mapa P2 • Aberto 10h-19h seg-sáb • www.danieltemplon.com*

5 Galerie Karsten Greve
Galeria internacional de prestígio, expõe grandes nomes da arte e da fotografia contemporânea. *Rue Debelleyme 5, 75003 • Mapa R2 • Aberto 10h-19h ter-sáb*

6 Galerie Patrick Seguin
Expõe peças estilosas de mobília e arquitetura do século XX. *Rue des Taillandiers 5, 75011 • Mapa H4 • Aberto 10h-19h ter-sáb*

7 Galerie Lavignes-Bastille
O destaque aqui é a narrativa figurativa, além da Op Art e dos novos artistas. *Rue de Charonne 27, 75011 • Mapa H5 • Aberto 14h-19h ter-sáb • www.lavignesbastille.com*

8 Galerie Thaddeus Ropac
Grande galeria contemporânea, com destaque para novos artistas internacionais. *Rue Debelleyme 7, 75003 • Mapa Q1 • Aberto 10h-19h ter-sáb • www.ropac.net*

9 Galerie Yvon Lambert
Grande força da arte contemporânea em Paris, esta galeria abriga mostras temporárias e fotografia. *Rue Vieille du Temple 108, 75003 • Mapa Q1 • Aberto 10h-13h, 14h30-19h ter-sex, 10h-19h sáb • www.yvon-lambert.com*

10 Galerie Nikki Diana Marquardt
Esta galeria expõe obras de arte de inspiração política, executadas em todos os tipos de meios artísticos. *Pl des Vosges 9, 75004 • Mapa R3 • Aberto 11h-19h seg-sáb • www.galerienikkidianamarquardt.com*

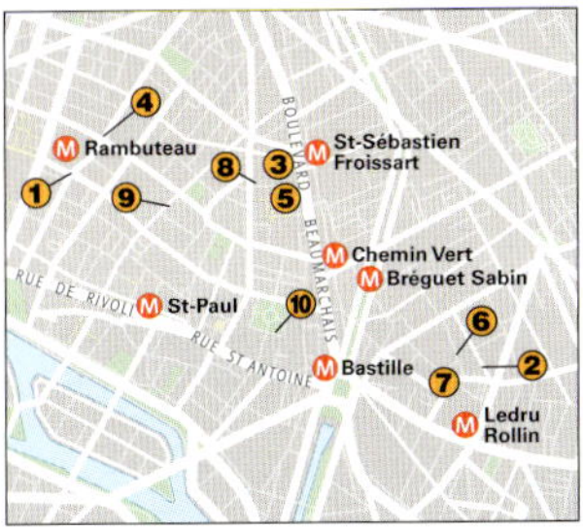

Le Square Trousseau; Pop In

TOP 10 Locais da Moda

1 Zéro Zéro
Um dos pontos de agito de Paris. É um bar estilo caverna com painéis de madeira e papel de parede florido. Embora não constem do cardápio, os coquetéis são ótimos. *Rue Amelot 89, 75011 • Mapa H4*

2 Andy Wahloo
Localizado numa das antigas mansões de Henrique IV, com decoração estilo pop art e oriental, promove algumas das mais badaladas soirées da cidade. *Rue des Gravilliers 69, 75003 • Mapa Q1*

3 La Perle
Este bistrô popular, um dos mais famosos da capital, atrai clientela sofisticada à noite. *Rue Vieille du Temple 78, 75003 • Mapa Q2 • 01 42 72 69 93*

4 Bataclan
Venerável sala de concertos, atrai artistas internacionais além de franceses. O bar anexo serve cerveja e refeições. *Blvd Voltaire 50, 75011 • Mapa H4*

5 Pop In
Lugar alternativo-chique e casa noturna, com drinques baratos, garçons atenciosos, clientela interessante e DJs divertidos. Abre aos domingos. *Rue Amelot 105, 75011 • Mapa H4*

6 Le café de l'Industrie
Café amplo e badalado, com três ambientes e paredes decoradas com pinturas e artefatos antigos. A comida é barata e boa, e quanto mais tarde, maior o agito *(p. 53)*. *Rue St.-Sabin 16, 75011 • Mapa H4*

7 Grazie
Esta pizzaria italiana com decoração em estilo de loft industrial atrai clientela moderna. *Blvd Beaumarchais 91, 75003 • Mapa H4 • 01 42 78 11 96*

8 Le Panic Room
Os melhores DJs de Paris dão o tom desta casa bizarra. Tem bar com coquetéis criativos, fumódromo e pista de dança no porão. *Rue Amelot 101, 75011 • Mapa H4*

9 Le Square Trousseau
Reduto do pessoal da mídia na Bastille, serve café da manhã, almoço e jantar e tem um terraço muito bonito, aquecido. *Rue Antoine-Vollon 1, 75012 • Mapa H5*

10 Le Progrès
O terraço na calçada deste café de esquina, localizado na parte norte do bairro do Marais, lota durante a Semana de Moda de Paris. *Rue de Bretagne 1, 75003 • Mapa R2 • 01 42 72 01 44*

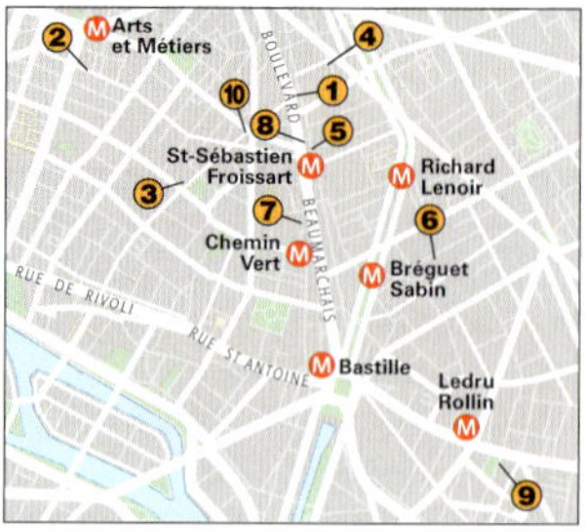

Veja mais sobre bares em Paris nas **pp. 52-3**

Categorias de Preço

Refeição para uma pessoa com três pratos, meia garrafa de vinho, impostos e serviço.		
	€	até €30
	€€	30-€40
	€€€	€40-€50
	€€€€	€50-€60
	€€€€€	mais de €60

La Gazzetta

TOP 10 Restaurantes

1 L'Ambroisie
O melhor serviço combinado com a melhor comida. A carta de vinhos é excelente e a torta de chocolate, do outro mundo. É bom reservar. *Pl des Vosges 9, 75004 • Mapa R3 • 01 42 78 51 45 • Fechado dom, seg • €€€€€*

2 Café des Musées
Bistrô tradicional, serve clássicos como steak tartare e crème brûlée. *Rue de Turenne 49, 75003 • Mapa R2 • 01 42 72 96 17 • Sem acesso para portadores de deficiência • €€*

3 Pâtisserie Carette
Esta pâtisserie e salão de chá na cinematográfica place des Vosges serve saladas e sanduíches, bem como bolos deliciosos. *Pl des Vosges 25, 75003 • Mapa G4 • 01 48 87 94 07 • €*

4 Au Vieux Chêne
Escondido numa rua tranquila, este bistrô é um achado. Prepara clássicos franceses atualizados, como pato pot-au-feu com foie gras. *Rue Dahomey 7, 75011 • 01 43 71 67 69 • Fechado sáb, dom, ago • €€€*

5 La Gazzetta
Pratos inventivos e atuais, como vitela com polenta, figos secos e folhas de dente-de-leão, servidos numa atmosfera neo-art déco. *Rue de Cotte 29, 75012 • Mapa H5 • 01 43 47 47 05 • Aberto ter-sáb • €€€€*

6 Breizh Café
Esta premiada creperia produz panquecas salgadas e doces ao estilo da Bretanha, mas com um toque contemporâneo. *Rue Vieille du Temple 109, 75003 • Mapa G4 • 01 42 72 13 77 • Fechado seg, ter • €€*

7 Le Baron Rouge
Travessas de frios, queijos e ostras servidas em ambiente autêntico junto ao Marché d'Aligre. *Rue Théophile-Roussel 1, 75012 • Mapa H5 • 01 43 43 14 32 • Fechado seg, dom jantar • €*

8 Chez Paul
Este bistrô antigo tem um cardápio bem simples e delicioso. Faça reserva. *Rue de Charonne 13, 75011 • Mapa H5 • 01 47 00 34 57 • €€*

9 Septime
Este restaurante moderno serve pratos como risoto de agrião e azedinha e tartare de vitela. Reserve. *Rue de Charonne 80, 75011 • Mapa H5 • 01 43 67 38 29 • €€*

10 L'As du Fallafel
O melhor falafel da cidade. O "especial" com berinjela frita e molho picante é glorioso. *Rue des Rosiers 34, 75004 • Mapa Q3 • 01 48 87 63 60 • Fechado sex jantar, sáb • €*

Todos os restaurantes aceitam cartões de crédito e servem pratos vegetarianos, exceto quando há indicação do contrário

Musée du Louvre; Café Marly, Louvre; Musée Nationale de la Mode et du Textile

Tuileries e Opéra

ESTES DOIS BAIRROS *já foram o reduto dos ricos e da realeza. Junto ao Jardin des Tuileries fica o maior museu do mundo, o Louvre, enquanto a grande casa de ópera Paris Garnier dá nome ao segundo bairro. A place de la Concorde é um dos locais históricos mais importantes da cidade.*

TOP 10 Destaques

1. Musée du Louvre
2. Rue de Rivoli
3. Place de la Concorde
4. Jardin des Tuileries
5. Musée des Arts Décoratifs
6. Musée Art Nouveau
7. Palais-Royal
8. Place Vendôme
9. Opéra National de Paris Garnier
10. Place de la Madeleine

Opéra de Paris Garnier

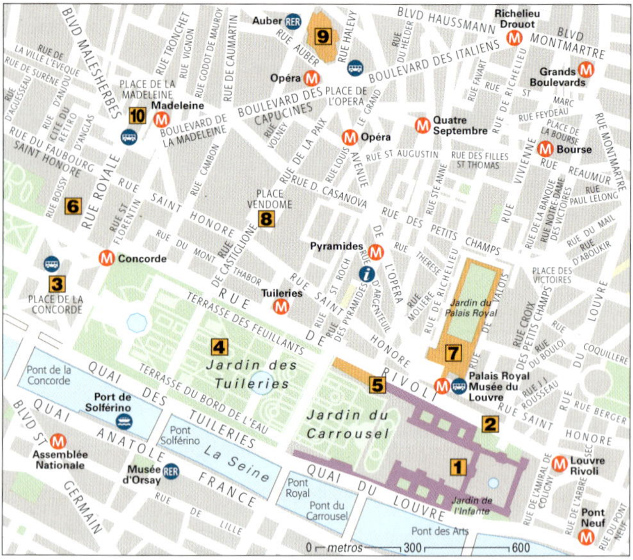

1 Musée du Louvre

pp. 8-10.

2 Rue de Rivoli

Encomendada por Napoleão e batizada com o nome da sua vitória sobre os austríacos em Rivoli em 1797, esta imponente rua liga o Louvre aos Champs-Élysées *(p. 103)*. A intenção era que servisse de cenário para marchas triunfais, mas ela só foi concluída na década de 1850, bem depois da morte do imperador. De um dos lados, grades substituíram os antigos muros, abrindo a visão para o jardim das Tuileries. Do outro lado, edifícios neoclássicos se estendem sobre as arcadas. Estas abrigam agora lojas de luxo e também de suvenires. *Mapa M2*

3 Place de la Concorde

Esta histórica praça octogonal, com mais de 8ha, limita-se em um dos seus lados com o jardim das Tuileries e do outro marca o início da Champs-Élysées. Foi construída entre 1755-75, segundo projeto do arquiteto Jacques Ange Gabriel, como um cenário imponente para uma estátua de Luís XV, mas em 1792 virou a praça da Revolução, cujo monumento central passou a ser a guilhotina. Luís XVI, Maria Antonieta e mais de mil outros foram executados aqui *(p. 70)*. Em 1795, dentro de um espírito de conciliação, ganhou seu nome atual. O obelisco central, de 23m de altura e coberto de hieróglifos, tem 3.300 anos e foi trazido do templo de Luxor, como um presente do governo egípcio, para ser erguido aqui em 1833. Depois foram colocadas duas fontes e oito estátuas que representam cidades francesas. No lado norte da praça ficam as mansões Hôtel de la Marine e Hôtel Crillon, também obra do arquiteto Gabriel. *Mapa D3*

Arcadas na rue de Rivoli

4 Jardin des Tuileries

Este jardim *(p. 38)* era parte do antigo Palácio das Tuileries, construído para Catarina de Medici em 1564 e incendiado em 1871 nos conflitos da Comuna de Paris. O jardim foi recriado por André Le Nôtre em 1664. Na extremidade junto ao Louvre fica o Arc de Triomphe du Carrousel, erigido por Napoleão em 1808. Aqui também está a entrada para o shopping subterrâneo Carrousel du Louvre. Perto há as sensuais esculturas de nus de Aristide Maillol (1861-1944), espalhadas entre os espelhos d'água e as alamedas. Na outra ponta fica o lago hexagonal, a galeria Jeu de Paume *(p. 36)* e o Musée de l'Orangerie *(p. 37)*, famoso pelas telas gigantes de ninfeias de Monet. *Mapa J2*

5 Musée des Arts Décoratifs

O imenso acervo deste museu abrange as artes decorativas desde a Idade Média até o século XX. Com mais de cem salas, entre os seus muitos destaques estão as dedicadas ao período medieval e ao Renascimento, as salas art déco e uma preciosa coleção de joalheria. No mesmo edifício fica o Musée Nationale de la Mode et du Textile, que oferece mostras sobre moda, tecidos, cartazes e objetos de propaganda, em exposições temporárias. *Rue de Rivoli 107, 75001 • Mapa M2 • Aberto 11h-18h ter-dom (21h qui) • Entrada paga • www.lesartsdecoratifs.fr*

Assalto às Tuileries

Quem vê o jardim das Tuileries hoje, onde crianças brincam e namorados passeiam, não imagina as cenas que ocorreram aqui em 20 de junho de 1792. O palácio e o jardim foram invadidos por cidadãos franceses que queriam derrubar a monarquia, o que de fato ocorreu em 10 de agosto, quando o Palácio das Tuileries foi saqueado e Luís XVI, destronado.

6 Musée Art Nouveau

Este pequeno museu (parte do famoso restaurante Maxim's) abriga a impressionante coleção art nouveau de Pierre Cardin. As 750 obras de arte, a cargo de nomes como Tiffany, Toulouse-Lautrec, Galle Massier e Marjorelle, ficam expostas em um apartamento recriado ao estilo da década de 1900. Pode-se combinar uma visita guiada com um jantar no luxuoso restaurante. *Rue Royale 3, 75008 • Mapa D3 • Aberto 14h-17h30 qua-dom, visitas guiadas 14h (em inglês), 15h15, 16h30 • Entrada paga • www.maxims-musee-artnouveau.com*

7 Palais Royal

No final do século XVIII este antigo palácio e jardim real passou por profundas reformas nas mãos dos duques de Orléans. Victor Louis, arquiteto, foi encarregado de criar 60 casas em estilo uniforme em volta dos três lados da praça e do teatro adjacente, que hoje abriga a Comédie Française, o teatro nacional da França *(p. 59)*. Hoje as arcadas têm muitas lojas especializadas, restaurantes e galerias, e o pátio e os jardins contêm obras de arte moderna *(p. 43)*. *Pl du Palais Royal, 75001 • Mapa L1 • Aberto out-mar: 7h-20h30 diariam; abr-mai: 7h30-22h15 diariam; set: 7h-21h30 diariam • O público tem acesso apenas aos jardins e às arcadas*

8 Place Vendôme

Jules Hardouin-Mansart, o arquiteto de Versailles *(p. 151)*, projetou as fachadas desta praça real para Luís XIV em 1698. Os edifícios originalmente destinavam-se a embaixadas estrangeiras, mas os banqueiros logo se mudaram para cá e os transformaram em mansões

Pátio do Palais Royal

Fachada da Opéra National de Paris Garnier

luxuosas. Hoje ainda abrigam financistas e joalheiros. O famoso Hôtel Ritz funcionava aqui no início do século XX. A coluna central, encimada por uma estátua de Napoleão, é uma réplica de outra destruída pela Comuna de Paris em 1871. *Mapa E3 • Fechado para reforma até 2016*

9 Opéra National de Paris Garnier

Projetada por Charles Garnier para Napoleão III em 1862, a luxuosa casa de ópera de Paris levou treze anos para ser concluída. Ela reúne estilos do Clássico ao Barroco, com frisos e colunas de pedra, estátuas e uma cúpula verde de cobre. O ornamentado interior tem uma grande escadaria, teto em abóbada com mosaico acima do Grand Foyer e um auditório com um teto de Marc Chagall. Há ainda um lago subterrâneo – a inspiração para o *Fantasma da Ópera* de Gaston Leroux –, infelizmente vedado a visitantes *(p. 58)*. *Pl de l'Opéra, 75009 • Mapa E2 • 01 71 25 24 23 • Aberto 10h-17h diariam (fechado às 13h em dias de audições vespertinas; fechado feriados) • Entrada paga • www.operadeparis.fr*

10 Place de la Madeleine

Rodeada por 52 colunas de estilo coríntio, a imensa igreja de La Madeleine *(p. 40)*, em estilo clássico, é o destaque desta elegante praça. No seu lado leste há um animado mercado de flores às terças e sábados. A praça tem em volta algumas requintadas épiceries (lojas de alimentos) e butiques especializadas que estão entre as mais refinadas da cidade *(p. 98)*. *Mapa D3*

Um dia nas Tuileries

Manhã

Visitar o Louvre *(pp. 8-11)* exige planejamento, e você deve chegar pelo menos 15 minutos antes que abra (a não ser que já tenha comprado ingresso). Reserve a manhã inteira e pegue um mapa logo ao entrar para garantir que não irá perder os principais destaques. Faça uma parada num dos seus elegantes cafés, o Richelieu, o Denon ou o Mollien, que ficam dentro do museu.

Do Louvre, você pode tanto visitar as lojas do Carrousel du Louvre no subsolo como andar pela **rue de Rivoli** em direção à **place de la Concorde** *(p. 95)*. Essa parte da rua é cheia de lojas de suvenires; evite os cafés, muito caros, e vire à direita na rue Mondovi para um bom almoço no Lescure, um pequeno bistrô rústico *(Rue de Mondovi 7 • 01 42 60 18 91 • Fechado sáb, dom)*.

Tarde

Depois de uma manhã em ambientes fechados, tome um pouco de ar fresco no **Jardin des Tuileries** *(p. 95)* e depois ande até a **place de la Madeleine** para passar a tarde comprando em suas muitas lojas de alimentos, ou faça uma visita ao **Musée Art Nouveau** para admirar sua coleção de arte decorativa. Depois, tome um chá no restaurante de uma das melhores lojas, a **Hédiard** *(p. 98)*.

Assista a um concerto de música clássica na **Église de La Madeleine** *(p. 40)* ou a um espetáculo na **Opéra Garnier**. Encerre o dia com um delicioso jantar gourmet no **Senderens** *(p. 99)*, premiado pelo guia Michelin.

Biscoitos da Fauchon; Mel da La Maison

TOP 10 Lojas de Alimentos

1 Hédiard

Criado em 1854, este empório de comida do mundo inteiro tem uma grande variedade de frutas e legumes, temperos e azeites exóticos e outras delícias gourmet. *Pl de la Madeleine 21, 75008 • Mapa D3*

2 Fauchon

O rei das épiceries (mercearias) de Paris. Uma vitrine de dar água na boca, com arranjos que são obras de arte, convida você a entrar e ver doces, frutas exóticas e mais de 3.500 outros itens. *Pl de la Madeleine 26-30, 75008 • Mapa D3*

3 Au Verger de la Madeleine

Vinhos clássicos raros são a especialidade desta loja. O dono irá ajudá-lo a encontrar o melhor rótulo para celebrar cada ocasião especial. *Blvd Malesherbes 4, 75008 • Mapa D3*

4 Caviar Kaspia

Você merece. Caviares do mundo todo, além de enguias e salmão defumados e outras delícias do mar. *Pl de la Madeleine 17, 75008 • Mapa D3*

5 La Maison de la Truffe

Vende as melhores trufas negras da França durante a estação de inverno das trufas. Você pode consumir aqui ou levar para casa trufas em conserva e outras delícias. *Pl de la Madeleine 19, 75008 • Mapa D3*

6 La Maison du Miel

Esta "casa do mel", da mesma família desde 1908, é o lugar para provar vários tipos de mel, para passar no pão ou no corpo, na forma de sabonetes e loções. *Rue Vignon 24, 75009 • Mapa D3*

7 Boutique Maille

Ponto de varejo de um dos melhores fabricantes de mostarda da França. Há mostardas frescas, servidas em lindos potes de cerâmica, e variedades sazonais de produção limitada. *Pl de la Madeleine 6, 75008 • Mapa D3*

8 La Maison du Chocolat

Magnífica chocolateria que oferece chocolates e doces finos como bombas, tortas e macarons. *Blvd Madeleine 8, 75009 • Mapa E3 • 01 47 42 86 52*

9 Betjeman and Barton

Esta loja de chás oferece cerca de 250 variedades do mundo todo, além de chaleiras exóticas. *Blvd Malesherbes 23, 75008 • Mapa D3*

10 Ladurée

Esplêndido salão de chá estilo belle époque que serve o melhor macaroon de Paris desde 1862. *Rue Royale, 16, 75008 • Mapa D3*

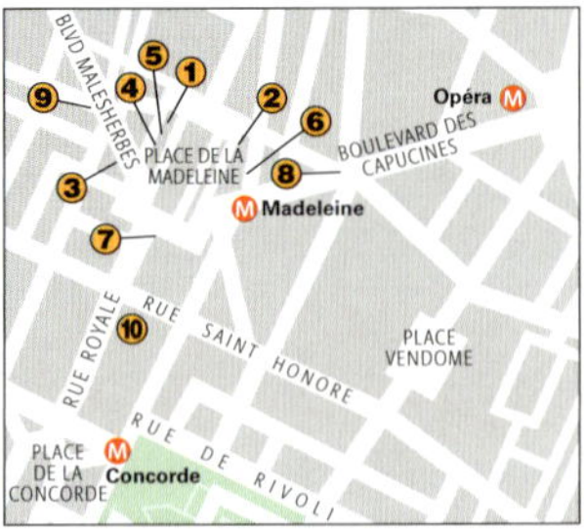

Veja mais sobre compras em Paris na p. 169

Senderens; Le Soufflé

Categorias de Preço

Refeição para uma pessoa com três pratos, meia garrafa de vinho, impostos e serviço.

€	até €30
€€	€30-€40
€€€	€40-€50
€€€€	€50-€60
€€€€€	mais de €60

TOP 10 Restaurantes

1 Le Soufflé
A casa oferece um amplo leque de suflês, desde o salgado de alho-poró até o doce de maracujá. *Rue du Mont Thabor 36, 75001 • Mapa E3 • 01 42 60 27 19 • Fechado dom • €€€*

2 Le Meurice
Experimente o cordeiro com ervas, limão e alcaparras neste restaurante com três estrelas Michelin. *Rue de Rivoli 228, 75001 • Mapa E3 • 01 44 58 10 55 • Fechado sáb-dom • €€€€€*

3 Le Grand Véfour
Restaurante do século XVIII com duas estrelas Michelin. *Rue de Beaujolais 17, 75001 • Mapa E3 • 01 42 96 56 27 • Fechado sáb, dom, ago, alguns dias dez • Sem acesso para portadores de deficiência • €€€€€*

4 Senderens
Alain Senderens, com duas estrelas Michelin, mantém a ótima qualidade da comida. *Pl de la Madeleine 9, 75008 • Mapa D3 • 01 42 65 22 90 • Fechado ago e feriados • Sem acesso para portadores de deficiência • €€€€€*

5 Le Zinc d'Honoré
Lota no almoço com pessoal de escritório e à noite com público dos teatros. Comida de bistrô, bom preço. *Pl du Marché St.-Honoré 36, 75001 • Mapa E3 • Aberto diariam • €€*

6 Higuma
Restaurante japonês. Decoração básica e ótimo custo-benefício. *Rue Sainte-Anne 32 bis, 75001 • Mapa E3 • 01 47 03 38 59 • €*

7 A Casaluna
Serve especialidades tradicionais da Córsega, como berinjela assada com queijo de cabra. *Rue Beaujolais 6, 75001 • Mapa E3 • 01 42 60 05 11 • Sem acesso para portadores de deficiência • €€€*

8 Willi's Wine Bar
Bar acolhedor com restaurante ao lado – Macéo –, é procurado pelos fãs da cozinha francesa moderna e dos vinhos de pequenos produtores. *Rue des Petits-Champs 13, 75001 • Mapa E3 • 01 42 61 05 09 • Fechado dom, 10 dias ago • €€€*

9 Restaurant du Palais Royal
Cozinha francesa contemporânea servida nos jardins do Palais Royal *(p. 39)*. *Galerie de Valois 110, 75001 • Mapa E3 • 01 40 20 00 27 • Sem acesso para portadores de deficiência • €€€€*

10 Verjus
Reserve mesa no salão intimista para o jantar gourmet com seis pratos. Ou peça apenas petiscos mais leves no wine-bar. *Rue de Richelieu 52, 75001 • Mapa E3 • 01 42 97 54 40 • Fechado sáb e dom • €€-€€€€€*

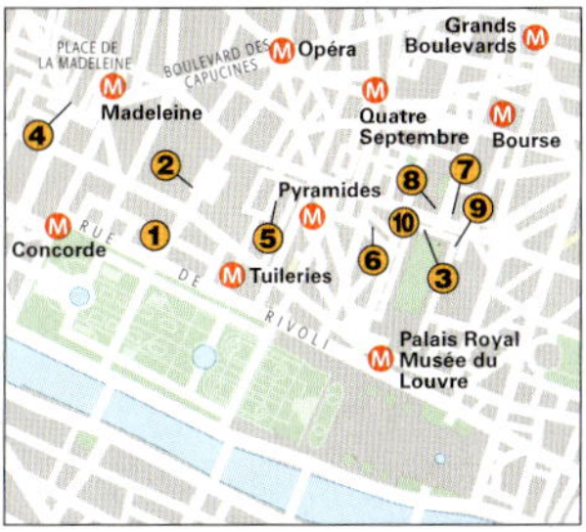

Todos os restaurantes aceitam cartões de crédito e servem pratos vegetarianos, exceto quando há indicação do contrário

BON
Bon
Bon
Bon

Arco do Triunfo; Palais de L'Élysée

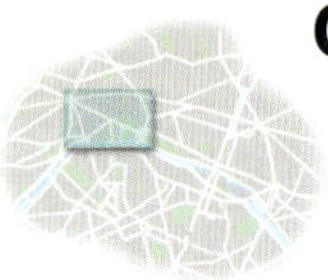

Champs-Élysées

A AVENIDA CHAMPS-ÉLYSÉES É SEM DÚVIDA *a via mais famosa de Paris, e o bairro em volta dela está cheio de símbolos de riqueza e poder. Aqui, ficam a residência do presidente da França, as casas de alta-costura famosas, as embaixadas e os consulados, os hotéis cinco-estrelas e os restaurantes chiques frequentados pela elite da França e do exterior. A avenida Champs-Élysées liga a place de la Concorde à place Charles de Gaulle, conhecida como L'Etoile (a estrela) devido às doze movimentadas avenidas que se irradiam dela. É o trecho mais majestoso da chamada Via Triunfal, construída por Napoleão, onde os parisienses costumam celebrar os eventos nacionais com desfiles ou presenciar os cortejos fúnebres dos cidadãos mais ilustres.*

TOP 10 Destaques

1. Arco do Triunfo
2. Avenue des Champs-Élysées
3. Grand Palais
4. Petit Palais
5. Pont Alexandre III
6. Palais de la Découverte
7. Rue du Faubourg-St.-Honoré
8. Avenue Montaigne
9. Palais de l'Élysée
10. Musée Jacquemart-André

O berço da Marseillaise

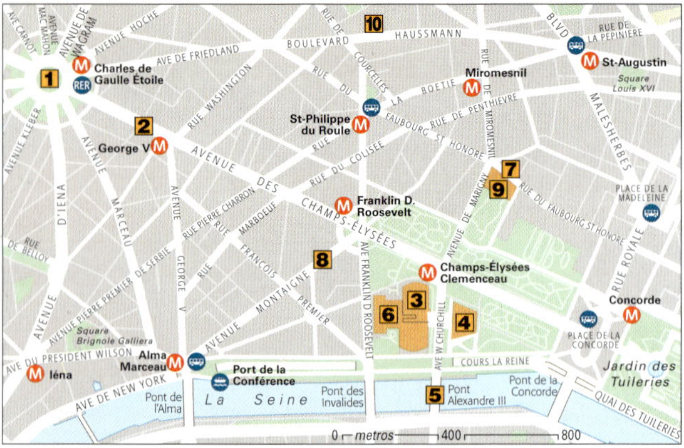

Nas páginas anteriores, **doces franceses**

1 Arco do Triunfo

pp. 24-5.

2 Avenue des Champs-Élysées

Uma das mais famosas avenidas do mundo, a Champs-Élysées nasceu quando o jardineiro real André Le Nôtre plantou uma fileira de árvores além dos limites do Jardin des Tuileries em 1667 *(p. 95)*. Chamada a princípio de Grand Cours (Grande Caminho), foi depois rebatizada como Champs-Élysées (Campos Elísios). Em meados do século XIX a avenida ganhou calçadas, fontes, iluminação a gás e cafés e se tornou o lugar da moda para encontros e diversões. Desde o funeral de Napoleão em 1840, esta ampla avenida também é o local escolhido para desfiles, paradas militares e outros eventos da cidade. A rotatória da Champs-Élysées é a sua parte mais bonita, com castanheiros e canteiros de flores. Áreas antes turísticas foram renovadas, mas lojas líderes de marcas internacionais tornaram o lugar menos interessante para compras. Um passeio por esta avenida ainda é etapa obrigatória de uma visita a Paris. ⓢ *Mapa C3*

3 Grand Palais

Esta imensa sala de exposições em estilo belle époque foi construída para a Exposição Universal de 1900. Sua esplêndida cobertura de vidro é uma das marcas da Champs-Élysées. A fachada, obra de três arquitetos, é uma combinação de ferro trabalhado art nouveau, colunas de pedra clássicas e frisos de mosaicos, com cavalos de bronze e carruagens nos quatro cantos do telhado. As Galleries du Grand Palais abrigam exposições temporárias. ⓢ *Ave du Général-Eisenhower 3, 75008 • Mapa D3 • 01 44 13 17 17 • Os horários de abertura dependem da exposição em cartaz • Fechado 1º mai • Entrada paga, conforme a exposição • www.grandpalais.fr*

4 Petit Palais

O "pequeno palácio" tem estilo similar ao do seu vizinho. Erguido em volta de um pátio semicircular, com colunas jônicas e uma cúpula, o edifício é hoje sede do Musée des Beaux-Arts de la Ville de Paris, que tem mostras de arte medieval e renascentista, mobília do século XVIII e pinturas do século XIX. ⓢ *Ave Winston- Churchill, 75008 • Mapa D3 • 01 53 43 40 00 • Aberto 10h-18h ter-dom (20h qui para exposições temporárias) • www.petitpalais.paris.fr*

Avenue des Champs-Élysées

La Marseillaise

O emocionante hino da França foi composto em 1792 pelo engenheiro do exército francês Claude Joseph Rouget de Lisle. Ele viveu por um tempo neste bairro, no nº 15 da rue du Faubourg-St.-Honoré. A cativante canção deve seu nome aos soldados de Marselha, que tiveram papel importante no assalto às Tuileries durante a Revolução Francesa *(p. 45)*.

5 Pont Alexandre III

Construída para a Exposição Universal de 1900 para permitir aos visitantes a travessia do Sena até o Grand e o Petit Palais, esta ponte é um ótimo exemplo do uso do aço na arquitetura e do estilo art nouveau de ornamentação, muito popular na época. Com o nome do czar Alexandre III da Rússia, que lançou a pedra fundamental, sua decoração mostra heráldica russa e francesa. A ponte constitui um acesso esplêndido dos Champs-Élysées para o complexo de Les Invalides *(p. 48)*. *Mapa D3*

6 Palais de la Découverte

Situado numa ala do Grand Palais, este museu sobre as descobertas científicas foi criado para a Feira Mundial de 1937 por um físico ganhador do prêmio Nobel. Ele dá ênfase à invenção e à inovação dentro das várias ciências, da biologia à química, da astronomia à física, com mostras interativas e demonstrações (a apresentação sobre magnetismo é espetacular). Tem ainda um planetário, além das salas Planète Terre (Planeta Terra), que tratam da questão do aquecimento global. *Ave Franklin-D.-Roosevelt, 75008 • Mapa D3 • Aberto 9h30-18h ter-sáb, 10h-19h dom • Fechado 1º jan, 1º mai, 14 jul, 22 jul, 25 dez • Entrada paga*

Pont Alexandre III

7 Rue du Faubourg-St.-Honoré

Correndo mais ou menos paralela à Champs-Élysées, esta é o equivalente parisiense da Fifth Avenue, da Bond Street ou da Rodeo Drive. As lojas vão de Christian Lacroix e Versace a Gucci e Hermès, num verdadeiro "quem é quem" da moda. Mesmo que os preços fiquem fora do alcance, olhar as vitrines é bem divertido. Também há por aqui lojas de antiguidades e galerias de arte. Andorinhas fazem ninho em muitas fachadas do século XIX. *Mapa D3*

8 Avenue Montaigne

No século XIX a avenue Montaigne era um movimentado ponto de vida noturna. Os parisienses dançavam a noite inteira no Bal Mabille, até ele fechar em 1870, e Adolphe Sax fazia música com seu recém-inventado saxofone no Jardin d'Hiver. Hoje esta avenida chique compete com a rue du Faubourg-St.-Honoré como núcleo das casas de alta-costura, abrigando Christian Dior e Valentino. Também ficam aqui vários hotéis de luxo, restaurantes finos e cafés populares, além da Comédie des Champs-Élysées e do Théâtre des Champs-Élysées. *Mapa C3*

Rue du Faubourg-St.-Honoré

9 Palais de l'Élysée

Construído em 1718, este elegante edifício foi transformado após a Revolução em salão de danças. No século XIX, virou a residência da irmã de Napoleão, Caroline Murat, e também abrigou a esposa do imperador, Josefina. Seu sobrinho, Napoleão III, também viveu aqui enquanto planejava o golpe de 1851. Desde 1873, é a residência oficial do presidente da França. Por isso, vale lembrar que os guardas do palácio não gostam que ninguém chegue muito perto do edifício *(p. 42)*. *Rue du Faubourg-St.-Honoré 55, 75008 • Mapa D3 • Fechado ao público*

10 Musée Jacquemart-André

Esta ótima mostra de arte e mobília, que já foi dos ávidos colecionadores de arte Edouard André e de sua mulher Nélie Jacquemart, fica numa mansão do final do século XIX. É mais conhecida por sua arte italiana do Renascimento, exemplificada nos afrescos de Tiepolo e no *São Jorge com o dragão*, de Paolo Uccello (*c.* 1435). As salas da recepção mostram a arte do século XVIII da "École Française", com pinturas de François Boucher e Jean-Honoré Fragonard. Na biblioteca, quadros de artistas flamengos. *Blvd Haussmann 158, 75008 • Mapa C2 • 01 45 62 11 59 • Aberto 10h-18h diariam (até 20h30 seg e sáb para exposições temporárias) • Entrada paga • www.musee-jacquemart-andre.com*

Um Dia de Compras

Manhã

A área dos **Champs-Élysées** *(p. 103)* é boa para passear sem pressa. Comece vendo vitrines num dos lados da **avenue Montaigne**, onde ficam as lojas Prada, Nina Ricci, Dior e muitas outras – circula muito dinheiro por aqui. Faça uma parada no Bar des Théâtres, que costuma receber nomes da moda e o pessoal de teatro da Comédie des Champs-Élysées, do outro lado da rua *(Ave Montaigne 6 • 01 47 23 34 63)*.

Volte pelo outro lado da avenue Montaigne até a Champs-Élysées, para o passeio até o Arco do Triunfo. Aqui você encontra várias lojas de marcas de renome mundial. Reserve com alguma antecedência uma mesa no **Le Cinq**, para um almoço farto *(p.109)*.

Tarde

Continue subindo a Champs-Élysées, passando pelos showrooms e pelas lojas de fast food, observando os edifícios interessantes onde eles estão alojados.

Pegue a passagem subterrânea que leva até o **Arco do Triunfo** *(pp. 24-5)* e suba ao topo para apreciar as vistas, que são exuberantes ao entardecer, quando as avenidas ficam iluminadas. Ande ou pegue o metrô até a **rue du Faubourg-St.-Honoré**, para compras em lojas de grife.

Para chá e bolos, o **Ladurée**, a curta caminhada, na Avenue des Champs-Élysées, nº 75, proporciona uma experiência muito elegante.

Avenue de Marigny; Avenue Franklin-D.-Roosevelt; O nº 25 da avenue Montaigne

TOP 10 Estrangeiros nos Champs-Élysées

1 Avenue de Marigny

O escritor americano John Steinbeck viveu aqui por cinco meses em 1954 e descreveu os parisienses como "as pessoas mais sortudas do mundo". *Mapa C3*

2 Rue Artois 8

Aqui, em setembro de 2001, o lendário François Vanverbergh – chefão belga da chamada conexão francesa de tráfico de drogas – foi morto por um atirador de dentro de um carro, enquanto tomava água mineral. *Mapa C2*

3 Avenue Montaigne 37

Ao escolher Paris para o seu retorno aos palcos, a atriz e cantora alemã Marlene Dietrich passou seus últimos anos num luxuoso apartamento neste endereço. *Mapa C3*

4 Pont de l'Alma

Diana, princesa de Gales, morreu num trágico acidente neste túnel em 1997. Seu monumento não oficial atrai milhares de visitantes o ano todo *(p. 48)*. *Mapa C3*

5 Avenue George V 31, Hôtel George V

Inúmeros músicos – dos Rolling Stones a Jim Morrison, de J-Lo a Ricky Martin – se hospedaram neste hotel. *Mapa C3*

6 Hôtel d'Élysée-Palace

Mata Hari, espiã holandesa e dançarina exótica, tinha seu esconderijo aqui no quarto 113 antes de ser finalmente presa em frente ao nº 25 da avenue Montaigne. *Mapa C3*

7 Avenue George V 37

Franklin D. Roosevelt e sua noiva visitaram o apartamento da tia dele aqui em 1905. Roosevelt deu seu nome a outra avenida nas imediações. *Mapa C3*

8 Avenue des Champs-Élysées 49

O escritor Charles Dickens pode muito bem ter tido "os melhores e os piores dias de sua vida" quando morou aqui em 1855-6. Dez anos antes ele havia morado também na rue de Courcelles 38. *Mapa C3*

9 Avenue des Champs-Élysées 114

O pioneiro brasileiro da aviação Alberto Santos-Dumont planejou muitos de seus impressionantes feitos aeronáuticos aqui – como circundar a Torre Eiffel num dirigível, em 1901. *Mapa C2*

10 Boulevard Haussmann 102

O hipocondríaco escritor francês Marcel Proust morou aqui, num quarto à prova de som, e fez de suas memórias uma obra-prima da literatura. *Mapa D2*

Manifestações estudantis em 1968; Celebrações do Dia da Bastilha

TOP 10 Eventos nos Champs-Élysées

1 **1616**
A majestosa avenida de Paris foi aberta quando Maria de Medici, esposa de Henrique IV, mandou abrir uma trilha para carruagens, o Cours-la-Reine (Caminho da Rainha), construída sobre os pântanos ao longo do Sena.

2 **1667**
O paisagista Le Nôtre ampliou o Jardin des Tuileries para uni-lo ao Cours-la-Reine e deu-lhe nova face ao plantar duas fileiras de castanheiros, criando o Grand Cours.

3 **1709**
A avenida foi rebatizada como Champs-Élysées (Campos Elísios). Na mitologia grega, os Campos Elísios eram o "lugar da felicidade ideal", a morada dos abençoados após a morte.

4 **1724**
O duque de Antin, supervisor dos jardins reais, estendeu a avenida até as colinas de Chaillot, onde atualmente fica o Arco do Triunfo *(pp. 24-5)*.

5 **1774**
O arquiteto Jacques-Germain Soufflot diminuiu em 5m a altura do morro da avenida Champs-Élysées para reduzir a ladeira íngreme, tornando assim mais fácil e segura a passagem dos cavalos e carruagens dos moradores.

6 **26 de agosto de 1944**
Os parisienses celebraram a libertação da cidade da ocupação pelos nazistas alemães na Segunda Guerra Mundial com desfiles triunfais e muita festa.

7 **30 de maio de 1968**
As célebres manifestações estudantis de maio de 1968, em protesto contra a opressão do Estado, transformaram-se em tumultos e movimentos de massa. De Gaulle e seus apoiadores fizeram aqui uma imensa manifestação contra o movimento, marcando uma mudança no rumo dos acontecimentos.

8 **12 de novembro de 1970**
A morte do presidente Charles de Gaulle foi um momento de grande comoção nacional, pois ele era uma figura política muito importante havia 30 anos. Foi homenageado por uma marcha silenciosa pela Champs-Élysées.

9 **14 de julho de 1989**
O desfile do Dia da Bastilha que marcou o bicentenário da Revolução Francesa foi uma incrível demonstração de cultura popular e teatro de vanguarda. Constituiu uma grande mudança em relação aos usuais desfiles militares e foi organizado pelo ministro da Cultura de Mitterand, Jack Lang.

10 **12 de julho de 1998**
Uma multidão extasiada celebrou nos Champs-Élysées a vitória da França na Copa do Mundo de futebol. Veio gente do país inteiro para festejar essa grande conquista esportiva.

Bolsa Christian Dior; Chanel; Boutique Prada

TOP 10 Lojas de Grife

1 Christian Dior
A decoração em cinza e branco, com laços de seda, é um cenário chique para uma moda que vai de lingerie a vestidos de noite. *Ave Montaigne 30 75008 • Mapa C3*

2 Chanel
Clássicos Chanel, de jaquetas de tweed debruadas a sapatos de duas cores, além dos desenhos mais arrojados de Lagerfeld, estão à mostra nesta filial da loja principal da rue Cambon. *Ave Montaigne 51, 75008 • Mapa C3*

3 Givenchy
Esta maison é sinônimo de moda parisiense desde a década de 1930. Compre aqui artigos de prêt-à-porter feminino e masculino. *Rue Faubourg St-Honoré 28, 75008 • Mapa C3 • 01 44 31 50 00*

4 Balenciaga
Grife mundialmente famosa, conhecida por suas criações modernas, hoje assinadas por Alexander Wang. *Ave George V 10, 75008 • Mapa C3 • 01 47 20 21 11*

5 Boutique Prada
Uma loja cheia de estilo onde se encontram roupas e acessórios da última coleção. *Ave Montaigne 10, 75008 • Mapa C3*

6 Joseph
Repaginada pelo arquiteto Raed Abilama, esta loja vende roupas da Joseph e de marcas de outros estilistas. *Ave Montaigne 14, 75008 • Mapa C3*

7 Jil Sander
Loja minimalista e moderna, como as roupas que ela vende. Terninhos, vestidos de cashmere e casacos de cores neutras de Jil Sander estão à mostra em dois andares. *Ave Montaigne 56, 75008 • Mapa C3*

8 Chloé
Roupas e acessórios de grife, simples, finos, prontos para usar, são vendidos neste templo minimalista da mulher chique. *Ave Montaigne 44, 75008 • Mapa C3*

9 Eres
Esta butique elegante apresenta com beleza uma linha de lingerie e moda praia de luxo, com cores sutis e imbuída de certa sensualidade parisiense. *Ave Montaigne 40, 75008 • Mapa C3 • 01 47 23 07 26*

10 Barbara Bui
A estilista parisiense Barbara Bui cria moda feminina elegante desde a década de 1980. Nesta loja são vendidas suas peças em lindas cores neutras e tecidos de luxo. *Ave Montaigne 50, 75008 • Mapa C3 • 01 42 25 05 25*

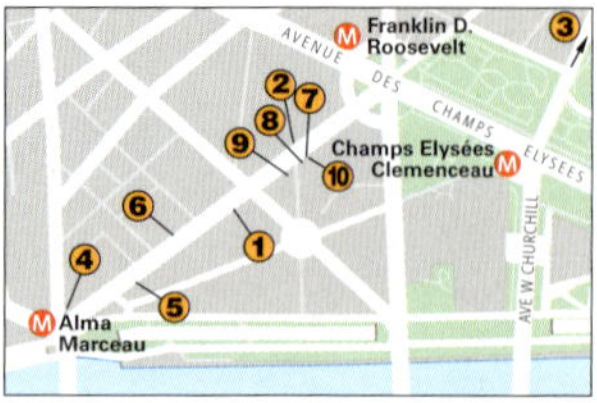

Veja mais sobre compras em Paris na **p. 169**

Plaza Athénée

Categorias de Preço

Refeição para uma pessoa com três pratos, meia garrafa de vinho, impostos e serviço.

€	até €30
€€	€30-€40
€€€	€40-€50
€€€€	€50-€60
€€€€€	mais de €60

TOP 10 Restaurantes

1 Alain Ducasse au Plaza Athénée

Restaurante-vitrine do superchef Alain Ducasse, com delícias como lagostins com caviar *(p. 64)*. *Hôtel Plaza Athénée, ave Montaigne 25, 75008 • Mapa C3 • 01 53 67 65 00 • Fechado seg-qua almoço, sáb, dom, ago, alguns dias dez • €€€€€*

2 Le Mini Palais

Restaurante francês moderno com belo terraço. Experimente o filé de pato e o hambúrguer de foie gras ao molho de trufas. *Grand Palais, ave Winston Churchill, 75008 • Mapa D3 • 01 42 56 42 42 • €€€€€*

3 Le Café Artcurial

Sopas e sanduíches gostosos, em uma casa de leilão grandiosa. *Rond-point des Champs-Elysées 7, 75008 • Mapa C3 • 01 53 75 15 22 • €*

4 Epicure

No elegante Hotel Le Bristol, jantares escolhidos em um cardápio com muitas estrelas do Michelin. *Rue Faubourg St-Honoré 112, 75008 • Mapa D2 • 01 53 43 43 40 • €€€€€*

5 Taillevent

Uma das melhores experiências gastronômicas em Paris. O menu muda com frequência e é sempre preparado com ingredientes frescos, da estação *(p. 64)* *Rue Lamennais 15, 75008 • Mapa C3 • 01 44 95 15 01 • Fechado sáb, dom, ago • €€€€€*

6 Gagnaire

O chef Pierre Gagnaire é famoso por combinar sabores, como fatias de cordeiro com trufas. *Rue Balzac, 6, 75008 • Mapa C3 • 01 58 36 12 50 • Fechado sáb, dom, ago, 1 semana dez-jan • Sem acesso para portadores de deficiência • €€€€€*

7 Tokyo Eat

Situado em um museu de arte contemporânea, serve culinária fusion. *Palais de Tokyo, Ave du Président-Wilson 13, 75016 • Mapa B3 • 01 47 20 00 29 • Fechado ter • €€€*

8 Bread and Roses

Fabuloso salão de chá e padaria. Ótimo para o café da manhã ou o almoço. *Rue Boissy d'Anglas 25, 75008 • Mapa D3 • 01 47 42 40 00 • Fechado dom • €€€*

9 L'Atelier des Chefs

Escola de culinária, tem aulas em francês a partir de €15. Depois você come a refeição que preparou. *Rue de Penthièvre 10, 75008 • Mapa D2 • 01 53 30 05 82 • Fechado dom • www.atelierdeschefs.fr*

10 Le Cinq

O restaurante do George V *(p. 106)*, com duas estrelas Michelin, serve cozinha francesa com um toque atual. *Ave George V 31, 75008 • Mapa C3 • 01 49 52 70 00 • €€€€€*

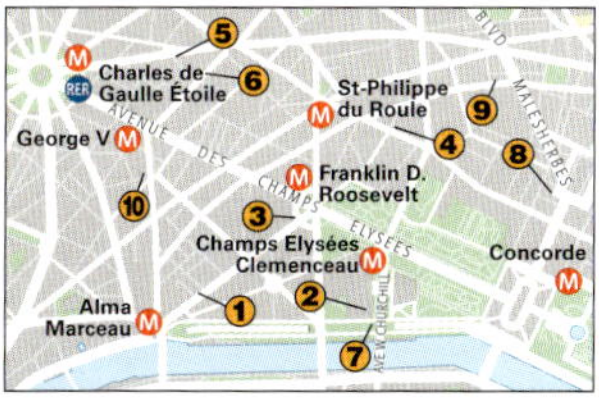

Todos os restaurantes aceitam cartões de crédito e servem pratos vegetarianos, exceto quando há indicação do contrário

Église du Dôme; Pont Alexandre III; Champs-de-Mars

Invalides e Torre Eiffel

DOIS DOS MARCOS MAIS CONHECIDOS *de Paris – o Hôtel des Invalides, com sua cúpula dourada, e a Torre Eiffel – ficam nestes dois bairros. Grandes trechos desta área foram criados no século XIX, quando ainda havia espaço para abrir amplas avenidas e esplanadas gramadas. A leste dos Invalides há muitas mansões majestosas hoje convertidas em embaixadas, além do Parlamento francês. O musée du Quai Branly, de Jean Nouvel, é uma grande atração junto ao Sena.*

TOP 10 Destaques

1. Hôtel des Invalides
2. Torre Eiffel
3. Les Égouts
4. Musée de l'Armée
5. Musée Rodin
6. musée du Quai Branly
7. Rue Cler
8. École Militaire
9. UNESCO
10. Assemblée Nationale

O pensador, Musée Rodin

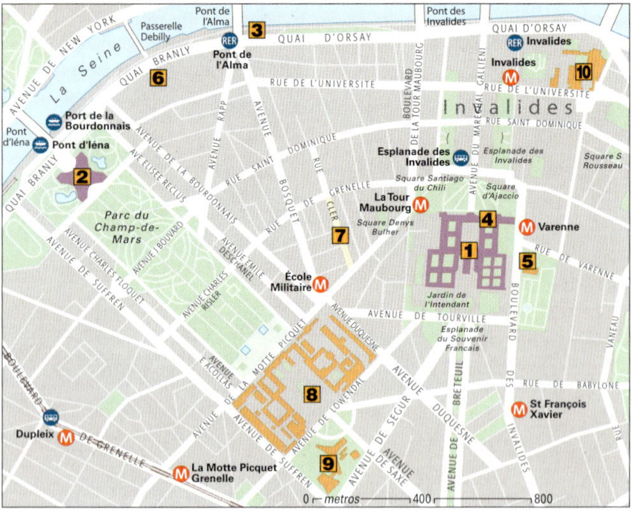

1 Hôtel des Invalides

pp. 32-3.

2 Torre Eiffel

pp. 16-7.

3 Les Égouts

Numa cidade tão charmosa e imponente como Paris, seus esgotos *(égouts)* são paradoxalmente uma atração popular. Eles datam do Segundo Império (1851-70), quando o barão Haussmann remodelou a cidade *(p. 45)*. Por ajudar no saneamento e na ventilação de Paris, são considerados uma das melhores realizações do planejador. A maior parte do trabalho foi feita por um engenheiro chamado Belgrand. Os 2.100km da rede cobrem a área que vai de Les Halles a La Villette – em linha reta, é a distância de Paris a Istambul. O passeio de uma hora consiste em uma caminhada por alguns dos túneis, onde você verá tubulações de água e vários cabos. O Museu dos Esgotos de Paris, que fica nos esgotos sob o Quai d'Orsay, na Rive Gauche, conta a história da água e dos esgotos da cidade, desde os primórdios até os dias atuais. É apresentado também um audiovisual. *Quai d'Orsay, em frente ao 93, 75007 • Mapa C4 • Aberto mai-set: 11h-17h sáb-qua; out-abr: 11h-16h sáb-qua • Fechado 1º jan, 2 semanas meados jan, 25 dez • Entrada paga*

General Foch, Musée de l'Armée

4 Musée de l'Armée

O Museu do Exército contém um dos maiores e mais abrangentes acervos mundiais de armas, armaduras e mostras sobre a história militar. Ele exibe armas que cobrem desde o período pré-histórico até o final da Segunda Guerra Mundial, de vários países ao redor do mundo. Abrigadas no Hôtel des Invalides, as galerias ocupam os antigos refeitórios em duas alas, de cada lado do pátio. O preço do ingresso para o museu dá direito também a visitar o Musée des Plans-Reliefs, o Historial Charles de Gaulle, o Musée de L'Ordre de la Liberation e o Túmulo de Napoleão *(p. 114)*. *Hôtel des Invalides, 75007 • Mapa C4 • Aberto 10h-18h qua-seg (até 21h ter e até 17h no inverno) • Fechado 1º jan, 1 mai, 25 dez • Entrada paga*

5 Musée Rodin

Uma impressionante coleção de obras do escultor e pintor Auguste Rodin (1840-1917) está abrigada nesta esplêndida mansão do século XVIII, o Hôtel Biron *(p. 116)*, onde o artista passou os últimos nove anos de sua vida. As salas do museu exibem suas obras segundo uma organização mais ou menos cronológica e incluem muitos de seus esboços e aquarelas. Aqui você poderá apreciar obras-primas desse grande mestre da escultura, como *O beijo* e *Eva*, expostas em arejadas rotundas. Uma das salas é dedicada a obras de sua talentosa modelo e musa, Camille Claudel, e há também nas paredes pinturas de Van Gogh, Monet e outros mestres, da coleção particular de Rodin. Outro destaque deste museu é o jardim, o terceiro maior jardim

O Jovem Napoleão

O aluno mais famoso da École Militaire foi Napoleão Bonaparte, admitido como cadete aos 15 anos de idade em 1784 e considerado "apto a virar um excelente marinheiro". Ele se formou como lugar-tenente na artilharia, e seu relatório de aprovação declarava que "podia ir longe se as circunstâncias fossem favoráveis". O resto, como se diz, é história.

particular de Paris, onde obras famosas como *Balzac*, *O pensador* e *Os portões do Inferno* podem ser apreciadas entre as limeiras e os roseirais. *Rue de Varenne 79, 75007 • Mapa C4 • Aberto 10h-17h45 ter-dom (até 20h45 qua) • Entrada paga • www.musee-rodin.fr*

6 musée du quai Branly

O objetivo deste museu é mostrar as artes da África, Ásia, Oceania e Américas. O acervo tem perto de 300 mil artefatos, dos quais 3.500 estão expostos, entre eles uma fantástica gama de instrumentos africanos, máscaras do Gabão e estátuas astecas, além de peles de animais pintadas da América do Norte do século XVII (que foram o orgulho da família real francesa). Desenhado por Jean Nouvel, o edifício é uma obra de arte: o vidro foi engenhosamente utilizado para permitir que o verde circundante funcione como cenário natural para o acervo. *Quai Branly 37, 75007 • Mapa B4 • Aberto 11h-19h ter-dom (21h qui-sáb) • Fechado 1º mai, 25 dez • Entrada paga*

7 Rue Cler

A via com pavimento de pedra, só para pedestres, que se estende ao sul da rue de Grenelle até a avenue de La Motte-Picquet, é o mais exclusivo mercado de rua de Paris. Aqui, verdureiros, peixeiros, açougueiros e comerciantes de vinhos vendem produtos de alta qualidade produzidos para os moradores classe A da área. Se você tirar um pouco os olhos dos queijos e doces de dar água na boca, poderá apreciar também os edifícios art nouveau dos nºs 33 e 151. *Mapa C4*

8 École Militaire

Por insistência de sua amante Madame Pompadour, Luís XV aprovou a construção do edifício da Real Academia Militar em 1751. Embora seu objetivo fosse dar instrução aos filhos de oficiais empobrecidos, um majestoso edifício foi projetado por Jacques-Ange Gabriel, arquiteto da place de la Concorde *(p. 95)* e do Petit Tria-

musée du quai Branly

non, em Versailles. A construção da academia só foi concluída em 1773, e o pavilhão central, com seu domo quadrangular e pilares coríntios, é um esplêndido exemplo do estilo clássico francês.
Pl Joffre 1, 75007 • Mapa C5 • Aberto ao público apenas com autorização especial (solicitação por escrito)

9 UNESCO

A sede da Organização Educacional, Científica e Cultural das Nações Unidas (UNESCO) foi construída em 1958 por uma equipe internacional de arquitetos da França (Zehrfuss), Itália (Nervi) e Estados Unidos (Breuer). Seu edifício de concreto e vidro em forma de Y pode não ter muito impacto, mas vale a pena visitar o interior para ver a mostra de arte do século XX, com obras de renomados artistas. Há um grande mural de Picasso, cerâmica de Joan Miró e um mosaico do século II proveniente de El Djem, na Tunísia. Do lado de fora destacam-se um móbile gigante de Alexander Calder e um tranquilo jardim japonês. *Pl de Fontenoy 7, 75007 • Mapa C5 • 01 45 68 10 00 • Apenas com agendamento • Gratuito*

10 Assemblée Nationale

Construído para a filha de Luís XIV em 1722, o Palais Bourbon abriga a câmara dos deputados do Parlamento francês desde 1827. Foi aqui que o Conselho dos Quinhentos se reuniu durante a Revolução Francesa e que os nazistas montaram seu quartel-general na ocupação alemã durante a Segunda Guerra Mundial. Napoleão acrescentou a clássica fachada em frente ao rio em 1806 como complemento a La Madeleine *(p. 97)*, na margem oposta. *Quai d'Orsay 33, 75007 • Mapa D4 • Aberto apenas para visitas (obrigatório apresentar identidade); exige-se reserva, veja www.assemblee-nationale.fr• Gratuito*

Um Dia nos Invalides e na Torre Eiffel

Manhã

Comece o dia com uma visita no início da manhã ao **Musée Rodin** *(p. 111)*. Uma magnífica coleção de obras do artista está exposta tanto na parte interna como ao ar livre, no belo jardim. Também há ótimas exposições temporárias. Tome um café no jardim, no meio de um terraço rodeado de verde.

Agora siga até o **Hôtel des Invalides** *(pp. 32-3)*, vizinho, para ver o Túmulo de Napoleão e o **Musée de l'Armée** *(p. 111)*. Daqui, ande pela esplanada em direção ao Sena e à **Pont Alexandre III** *(p. 104)*, virando à esquerda antes do rio na rue Saint-Dominique. Pare para almoçar no **Les Cocottes de Constant** *(p. 117)*, que serve ótimas refeições frescas.

Tarde

Depois do almoço, siga pela rue de l'Université até o **musée du quai Branly**, onde poderá apreciar as fascinantes coleções de arte tribal e a arquitetura moderna do próprio edifício. O Café Branly, localizado nos tranquilos jardins do museu, é o lugar perfeito para uma pausa e uma xícara de chá.

Faça reserva por telefone ou pela internet e visite a Torre Eiffel no final da tarde *(pp. 16-7)*. A vista é espetacular ao entardecer. Esbalde-se no jantar no famoso restaurante **Le Jules Verne**, no segundo nível, ou volte para o museu Branly e coma no restaurante da cobertura, **Les Ombres** *(p. 117)*.

A abdicação de Napoleão (1814), François Pigeot; Armadura

TOP 10 Acervo do Musée de l'Armée

1 Seção Moderna (1648-1792)
O exército real moderno, desde sua origem sob Luís XIV até o treinamento de soldados revolucionários, é apresentado por meio de objetos, como alguns rifles antigos.

2 Seção Moderna (1792-1871)
Aqui as mostras abrangem desde o início da Revolução até a Comuna de Paris, incluindo pertences pessoais de Napoleão I.

3 Seção de Arsenais Antigos
A terceira maior coleção do mundo de arsenais fica exposta no refeitório nordeste. Reunidas durante um período de 40 anos a partir da década de 1960, essas peças estavam extraviadas desde a Revolução.

4 Murais do Século XVII
Na Seção de Arsenais Antigos, murais do século XVII restaurados, de Joseph Parrocel, celebram as conquistas militares de Luís XIV.

5 As Guerras Mundiais
Duas salas do segundo andar são dedicadas à Primeira e à Segunda Guerras Mundiais. Documentos, uniformes, mapas, fotografias e objetos relembram os conflitos – e muitas vezes provocam fortes emoções nos visitantes.

6 Estandartes e Troféus
Uma pequena coleção de estandartes militares do século XVII ao XX está exposta na ala leste.

7 Historial de Charles de Gaulle
Esta mostra sobre a vida do ex-presidente francês e líder no exílio das Forças Francesas na Segunda Guerra Mundial fica no Cour d'Honneur, na ala leste.

8 Musée des Plans Reliefs
No quarto andar da ala leste há uma coleção de maquetes em relevo de cidades francesas, mostrando a evolução das fortificações a partir do século XVII.

9 Artilharia
Mais de 800 canhões estão expostos neste museu.

10 Salle Orientale
Esta coleção de armas e armaduras reflete os estilos militares de diferentes nações.

Verdun (1917), Felix Vallotton

Veja mais sobre o Musée de l'Armée na p. 111

Vista a partir da Torre Eiffel; Pont Alexandre III e Hôtel des Invalides

TOP 10 Vistas

1 Alto da Torre Eiffel
Nada em Paris se compara à vista que se tem do alto da famosa torre, por isso, torça para fazer bom tempo. O panorama da cidade e as águas cintilantes do Sena são uma visão inesquecível *(pp. 16-7)*. *Mapa B4*

2 Pont d'Iéna
Não há caminho feio para se chegar à Torre Eiffel, mas o melhor é vindo do lado do Trocadéro, andando diretamente para a torre ao cruzar a Pont d'Iéna. *Mapa B4*

3 Base da Torre Eiffel
Todo mundo quer ir até o topo, mas não deixe de apreciar também as vistas a partir do chão. Olhar daqui para o alto da magnífica estrutura permite apreciar melhor o feito de engenharia *(pp. 16-7)*. *Mapa B4*

4 Torre Eiffel à Noite
Para ingressar no milênio, a torre foi "vestida" de luzes, e desde então já houve diversos tipos de iluminação. A cada hora, do anoitecer até meia-noite, ela fica piscando durante cinco minutos. *Mapa B4*

5 Mercado Saxe-Breteuil
Este velho mercado de rua na avenue de Saxe fica um pouco fora da rota turística habitual, mas a vista da Torre Eiffel por cima das bancas de frutas e legumes é bem parisiense e exerce apelo especial nos fotógrafos. *Mapa D5*
- *7h-14h30 qui, 7h-15h sáb*

6 Pont Alexandre III
Flanqueada por impressionantes estátuas douradas, esta ponte oferece vistas magníficas da cidade *(p. 48)*. *Mapa D4*

7 Jardins do Musée Rodin
A dourada Église du Dôme cintila por entre as árvores que margeiam estes lindos jardins. *Mapa D5*

8 Hôtel des Invalides
O majestoso domo dourado sobre o Túmulo de Napoleão domina o horizonte, oferecendo uma visão particularmente encantadora quando visto do rio numa manhã de sol *(pp. 32-3)*. *Mapa D4*

9 Pont de la Concorde
O obelisco egípcio no centro da place de la Concorde *(p. 95)* fica ainda mais impressionante ao ser visto da ponte. *Mapa D4*

10 musée du quai Branly
Este edifício robusto e colorido de Jean Nouvel oferece uma bela visão a partir da margem do rio. Note o magnífico "Muro Verde" na ponta oeste *(p. 112)*. *Mapa B4*

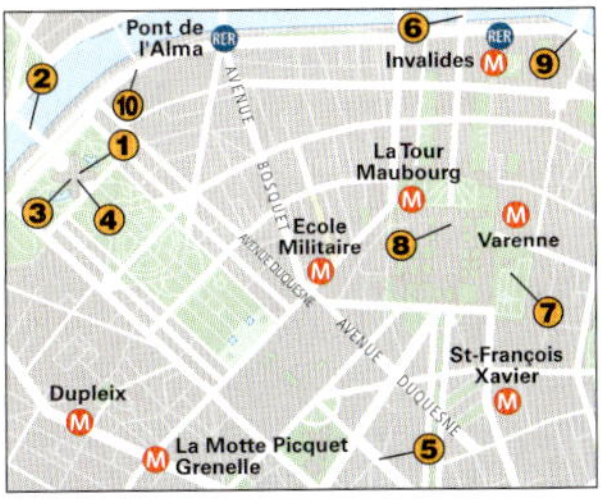

Hôtel de Biron; Hôtel de Villeroy

TOP 10 Mansões

1 Hôtel Biron
Construída em 1730, esta fina mansão era a residência do duque de Biron. A partir de 1904 foi transformada em ateliês do governo para artistas. Um de seus residentes foi Auguste Rodin (1840-1917). Após a morte do escultor, a mansão foi transformada no Musée Rodin *(p. 111)*.

2 Hôtel de Villeroy
Construído em 1724 para a atriz Charlotte Desmarnes, atualmente abriga a sede do Ministério da Agricultura. *Rue de Varenne 78-80, 75007 • Mapa D4 • Fechado ao público*

3 Hôtel Matignon
Uma das mais bonitas mansões da área, é hoje a residência oficial do primeiro-ministro francês. *Rue de Varenne 57, 75007 • Mapa D4 • Fechado ao público*

4 Hôtel de Boisgelin
Mansão de 1732, de Jean Sylvain Cartaud, abriga a embaixada da Itália desde 1938. *Rue de Varenne 47, 75007 • Mapa D4 • Ligue 01 49 54 03 00 para marcar visita*

5 Hôtel de Gallifet
Esta atraente mansão foi construída entre 1776 e 1792 em estilo clássico. Hoje sedia o Instituto Italiano. *Rue de Varenne 50, 75007 • Mapa D4 • Galerias abertas 10h-18h diariam*

6 Hôtel d'Estrées
Três andares de pilastras são o destaque desta mansão de 1713. Já foi a embaixada da Rússia, e o czar Nicolau II morou aqui em 1896. Hoje é uma repartição do governo francês. *Rue de Grenelle 79, 75007 • Mapa B5 • Fechado ao público*

7 Hôtel d'Avaray
Esta mansão de 1728 pertenceu à família Avaray por cerca de 200 anos. Passou a ser a embaixada da Holanda em 1920. *Rue de Grenelle 85, 75007 • Mapa B5 • Fechado ao público*

8 Hôtel de Brienne
O Ministério da Defesa ocupa hoje esta casa, onde a mãe de Napoleão viveu entre 1806 e 1817. *Rue St.-Dominique 14-16, 75007 • Mapa D4 • Fechado ao público*

9 Hôtel de Noirmoutiers
De 1724, foi quartel-general do exército. Hoje abriga escritórios ministeriais. *Rue de Grenelle 138-140, 75007 • Mapa B5 • Fechado ao público*

10 Hôtel de Monaco de Sagan
Atual embaixada da Polônia, esta mansão de 1784 foi sede da embaixada britânica até 1825. *Rue St.-Dominique 57, 75007 • Mapa D4 • Fechado ao público*

Veja mais sobre construções históricas em Paris nas **pp. 42-3**

Le Jules Verne

Categorias de Preço

Refeição para uma pessoa com três pratos, meia garrafa de vinho, impostos e serviço.		
	€	até €30
	€€	€30-€40
	€€€	€40-€50
	€€€€	€50-€60
	€€€€€	mais de €60

TOP 10 Restaurantes

1 Le Jules Verne

Reserve uma mesa junto à janela, acomode-se bem e desfrute da ótima comida de Alain Ducasse. Exige-se reserva para o jantar. *Torre Eiffel, 2º nível, Champ-de-Mars, 75007 • Mapa B4 • 01 45 55 61 44 • Sem acesso para portadores de deficiência • €€€€€*

2 Le Casse-Noix

Restaurante charmoso, serve sobremesas como a île flottante (merengue mergulhado em um leve pudim de baunilha). *Rue de la Fédération 56, 75015 • Mapa B5 • 01 45 66 09 01 • Fechado sáb-dom • Sem acesso para portadores de deficiência • €€€*

3 L'Arpège

Alain Passard serve sua comida refinada em um dos melhores restaurantes de Paris. *Rue de Varenne 84, 75007 • Mapa D4 • 01 47 05 09 06 • Fechado sáb, dom • Sem acesso para portadores de deficiência • €€€€€*

4 Le Violin d'Ingres

O menu sazonal de Stéphane Schmidt oferece culinária francesa clássica com um toque moderno. *Rue St.-Dominique 135, 75007 • Mapa C4 • 01 45 55 15 05 • €€€€€*

5 Café Constant

O chef Christian Constant serve culinária francesa moderna que muda sazonalmente. *Rue Saint-Dominique 139, 75007 • Mapa C4 • 01 47 53 73 34 • Fechado seg • Sem acesso para portadores de deficiência • €€*

6 Thoumieux

Cozinha inventiva assinada pelo ex-chef do Crillon, Jean-François Piège, em um local histórico. *Rue Saint-Dominique 79, 75007 • Mapa C4 • 01 47 05 49 75 • €€€€*

7 L'Ami Jean

Pratos criativos, como vieiras marinadas com queijo de ovelha. *Rue Malar 27, 75007 • Mapa C4 • 01 47 05 86 89 • Fechado dom, seg • Sem acesso para portadores de deficiência • €€€€*

8 Les Cocottes de Constant

O estrelado chef Christian Constant oferece excelente culinária francesa. Há assentos de bar. *Rue Saint-Dominique 135, 75007 • Mapa C4 • 01 45 50 10 31 • €€*

9 Les Ombres

Requintada comida do chef em ascensão Sebastien Tasset. Peça uma mesa com vista para a Torre Eiffel. *Quai Branly, 27, 75007 • Mapa B4 • 01 47 53 68 00 • €€€€€*

10 La Fontaine de Mars

Neste restaurante francês típico são servidos pratos clássicos como o foie gras. *Rue Saint-Dominique 129, 75007 • Mapa C4 • 01 47 05 46 44 • €€€€€*

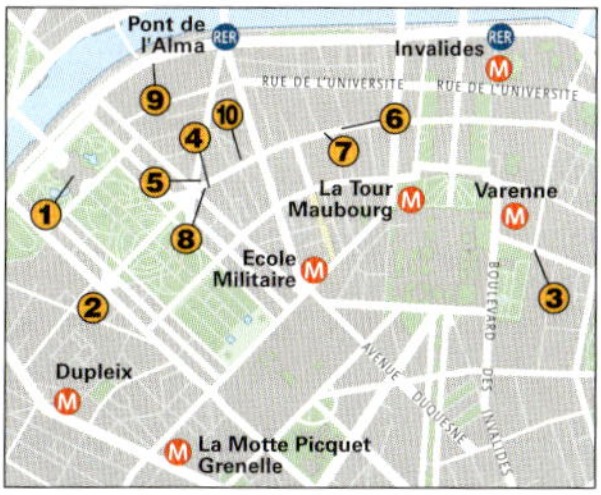

Todos os restaurantes aceitam cartões de crédito e servem pratos vegetarianos, exceto quando há indicação do contrário

Musée d'Orsay; Panthéon; St.-Sulpice

St.-Germain, Quartier Latin e Luxembourg

ESTA ÁREA DA RIVE GAUCHE É TALVEZ *a mais estimulante de Paris. St.-Germain-des-Prés, que fica em torno da igreja mais antiga da cidade, é sinônimo da café society parisiense, que ficou famosa devido aos escritores e intelectuais que aqui se reuniam na primeira metade do século XX. Embora hoje a área seja mais turística, um passeio por ruas menores revela casas antigas muito interessantes, com placas que indicam quais foram seus residentes famosos. O Quartier Latin tem esse nome devido ao latim, que era falado pelos estudantes da Sorbonne até a época da Revolução Francesa. Centro acadêmico de Paris por mais de 700 anos, este bairro continua muito agitado, com livrarias para estudantes, cafés e clubes de jazz. Foi também o local de um assentamento romano, e podem-se ver vestígios dessa era no Musée du Moyen Age. O limite oeste da área é o agitado boulevard Saint-Michel. Ao sul, fica a tranquila área verde do Luxembourg.*

Jardin du Luxembourg

TOP 10 Destaques

1. Musée d'Orsay
2. Panthéon
3. Jardin du Luxembourg
4. St.-Sulpice
5. La Sorbonne
6. Musée du Moyen Age
7. Boulevard St.-Germain
8. Boulevard St.-Michel
9. Quai de la Tournelle
10. Musée Maillol

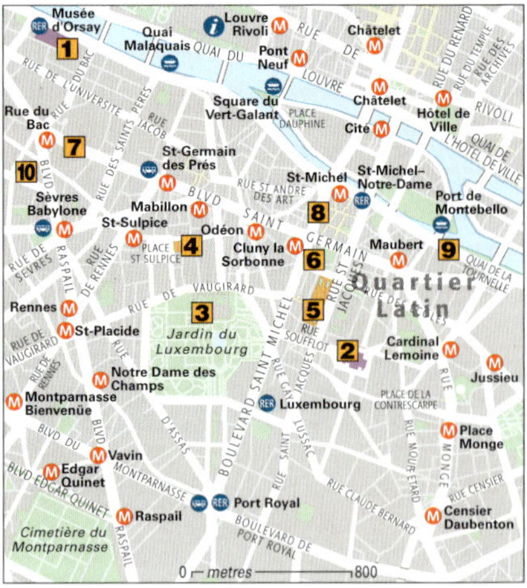

1 Musée d'Orsay
pp. 12-5.

2 Panthéon
pp. 28-9.

3 Jardin du Luxembourg
Este parque de 25ha é um paraíso na tão urbanizada área da Rive Gauche. Os jardins ficam em volta do Palais du Luxembourg *(p. 43)* e são formados por amplos terraços que circundam o lago central octogonal. Um dos destaques do jardim é a linda Fonte Medici *(p. 39)*. Muitas das estátuas que o enfeitam foram colocadas aqui no século XIX, entre elas o monumento ao pintor Eugène Delacroix e a estátua de Ste.-Geneviève, a padroeira de Paris. Os jardins têm ainda um parque infantil, um café ao ar livre, um coreto, quadras de tênis, um teatro de marionetes e até uma escola que oferece cursos de apicultura *(p. 38)*. ⊗ *Mapa L6*

4 St.-Sulpice
Iniciada em 1646, esta igreja levou 134 anos para ser concluída, o que parece justificado por suas proporções. A fachada clássica, do arquiteto florentino Giovanni Servandoni, tem duas fileiras de colunas e duas torres incongruentes. Note as duas fontes de água benta junto à porta de entrada, feitas com imensas conchas presenteadas a Francisco I pela República Veneziana.

Fonte Medici, Jardin du Luxembourg

Relógio, La Sorbonne

Jacó lutando com um anjo e outros esplêndidos murais de Delacroix (1798-1863) enfeitam a capela à direita da porta principal. ⊗ *Rue Palatine 2, Pl St.-Sulpice, 75006 • Mapa L5 • Aberto 7h30-19h30 diariam • Gratuito*

5 La Sorbonne
A mundialmente famosa universidade de Paris *(p. 43)* foi fundada em 1253 e pretendia ser uma escola de teologia para estudantes pobres. Logo se tornou o principal centro do país para estudos teológicos. Seu nome deriva de Robert de Sorbon, confessor de Luís IX. Os filósofos São Tomás de Aquino (*c.* 1226-74) e Roger Bacon (1214-92) lecionaram aqui; entre seus alunos estiveram o poeta italiano Dante Alighieri (1265-1321), Santo Inácio de Loyola (1491-1556), fundador da Ordem dos Jesuítas, e o reformador João Calvino (1509-64). Por sua fama de conservadora, foi fechada pela Revolução Francesa (seria reaberta por Napoleão em 1806) e foi também alvo dos protestos estudantis de 1968 *(p. 45)*. ⊗ *Rue des Écoles 47, 75005 • Mapa M5 • 01 40 46 21 11 • Visitas em grupo apenas, seg-sex e 1 sáb por mês (reservar) • Entrada paga*

Jazz na Rive Gauche

Toca-se jazz em Paris, especialmente na Rive Gauche, desde a década de 1920. Muitos músicos negros vieram dos Estados Unidos para cá, onde o preconceito racial contra os negros era menor, e Paris se tornou o segundo lar de vários jazzistas, como Sidney Bechet *(p. 63)*. A cidade nunca perdeu seu amor pelo jazz, e nem o jazz seu amor por Paris.

6 Musée National du Moyen Age

Esta mansão impressionante foi construída pelos monges de Cluny no fim do século XV e agora abriga um magnífico acervo de arte, da antiguidade galo-romana ao século XV. Fica ao lado das ruínas dos banhos romanos do século II *(thermes)*, com seu imenso e abobadado *frigidarium* (banho frio). Perto estão as 21 cabeças esculpidas dos reis da Judeia, arrancadas da Catedral de Notre-Dame durante a Revolução Francesa. O destaque do museu é a bizarra série de tapeçarias *A senhora com o unicórnio*, representando os cinco sentidos *(p. 34)*.

Pl Paul-Painlevé 6, 75005 • Mapa N5 • Aberto 9h15-17h45 qua-seg • Fechado 1º jan, 1º mai, 25 dez • Entrada paga • www.musee-moyenage.fr

7 Boulevard St.-Germain

Este famoso boulevard da Rive Gauche tem mais de 3km de extensão e é limitado pelas pontes do Sena em suas duas extremidades. Mais ou menos na metade de seu percurso fica a igreja de St.-Germain-des-Prés, fundada em 542, embora a construção atual date do século XI. Depois dos dois famosos cafés, o Flore e o Les Deux Magots *(p. 125)*, o bulevar segue para oeste, com várias galerias de arte, livrarias e butiques de grife, até a Pont de la Concorde. A leste, ele atravessa o Quartier Latin pelo agradável mercado de rua na place Maubert, até chegar à Pont de Sully, que faz a travessia até a Île St.-Louis *(p. 69)*. *Mapa J3*

8 Boulevard St.-Michel

A principal rua do Quartier Latin foi criada no final da década de 1860 como parte da grande reformulação urbana promovida pelo barão Haussmann *(p. 45)* e tem o nome de uma capela que antes ficava perto da sua extremidade norte. Hoje ela é cheia de cafés, lojas de roupas e restaurantes baratos. Para leste saem as ruas de la Harpe e de la Huchette, que datam dos tempos medievais.

Boulevard St.-Germain

Quai de la Tournelle

A última é um enclave da comunidade grega de Paris, com bancas de *souvlaki* e vários restaurantes gregos. Na place St.-Michel há uma enorme fonte de bronze com São Miguel matando um dragão. *Mapa M4*

9 Quai de la Tournelle

Desta margem do rio, um pouco antes de chegar à Pont de l'Archevêché, podem-se apreciar vistas magníficas da Catedral de Notre-Dame. Mas a principal atração deste e do adjacente Quai de Montebello são as bancas de cor verde-escuro dos *bouquinistes* *(p. 122)*. A Pont de la Tournelle também oferece vistas esplêndidas do rio Sena. *Mapa P5*

10 Musée Maillol

Dina Vierny, que foi modelo de Aristide Maillol (1861-1944) dos 15 aos 25 anos de idade, acabou criando esta fundação dedicada principalmente às obras desse artista. Sediado numa mansão do século XVIII, o museu destaca suas esculturas, pinturas, desenhos, gravuras e obras em terracota. São realizadas duas exposições temporárias por ano, e também há desenhos de mestres da arte naive francesa, além de obras de Degas, Matisse e Picasso. *Rue de Grenelle 59-61, 75007 • Mapa J4 • Aberto 10h30-19h diariam (21h30 sex) • Fechado 1º jan, 25 dez • Entrada paga • www.museemaillol.com*

Um Dia na Rive Gauche

Manhã

O forte desta área não são apenas as atrações, mas a sua atmosfera, por isso passeie com calma para captar melhor o clima da Rive Gauche. Comece no **Quai de la Tournelle**, vendo as bancas de livros daqui e do vizinho Quai de Montebello, que corre paralelo à rue de la Bûcherie, onde fica a livraria **Shakespeare and Company** *(p. 122)*.

Daqui, siga rumo ao sul por qualquer rua e afastando-se do rio em direção ao agitado **boulevard St.-Germain**. Vire à direita para achar os dois famosos cafés, o **Flore** e o **Les Deux Magots**, e faça uma pausa *(p. 125)*, passando a manhã em meio aos parisienses.

Continue para o sul pela rue de Grenelle, até o **Musée Maillol**, pouco conhecido mas muito agradável. Depois almoce no **L'Épi Dupin** *(p. 127)*, um bistrô muito procurado tanto por turistas como por parisienses.

Tarde

Quanto mais tarde você chegar ao **Musée d'Orsay** *(pp. 12-5)*, menos lotado ele estará. Passe uma hora ou duas explorando seu acervo. As mostras mais visitadas são as dos impressionistas, no andar superior.

Após a visita ao museu, tome um chá com bolo no **Christian Constant** *(p. 123)*, um dos melhores chocolatiers de Paris • *01 53 63 15 15)*. Ou, se já for hora do jantar, continue no Musée d'Orsay e desfrute do seu cardápio fixo (apenas às quintas).

Bouquinistes; San Francisco Book Co.

TOP 10 Livrarias

1 Shakespeare and Company
Os bibliófilos passam horas pelas salas desta famosa livraria de títulos em inglês de Paris. Também promove regularmente leituras e palestras em inglês e francês. *Rue de la Bûcherie 37, 75005 • Mapa N5*

2 Bouquinistes
As bancas verdes dos vendedores de livros *(bouquinistes)* nos cais da Rive Gauche são um marco de Paris. Você encontra pôsteres, postais antigos, revistas, livros, quadrinhos e partituras. *Mapa N5*

3 Livraria do Musée d'Orsay
Além do maravilhoso acervo, o museu tem uma livraria de arte impressionante, grande e muito movimentada *(pp. 12-5).*

4 La Hune
Um ponto literário tradicional. Oferece boas coleções de arte, fotografia e literatura. *Blvd St.-Germain 170, 75006 • Mapa K4*

5 Gibert Jeune
Uma rede de livrarias que vendem de tudo, desde guias de viagem e literatura francesa até livros de culinária e histórias infantis. *Pl St.-Michel 3 e 5, Quai St.-Michel 27, blvd St.-Michel 30-34, 75006*

6 Album
Especializado em publicações de histórias em quadrinhos, que são um sucesso na França, de Tintin a enredos eróticos. *Rue Dante 8, 75005 • Mapa L4*

7 Librairie Présence Africaine
Como o nome indica, a especialidade são os livros sobre a África. É também um bom ponto para se informar sobre comida ou música africana. *Rue des Écoles 25 bis, 75005 • Mapa P6 • Fechado ago*

8 San Francisco Book Co.
Só livros usados em inglês, de gêneros diversos e a preços razoáveis. *Rue Monsieur le Price 17, 75006 • Mapa M5*

9 Librairie Maeght
Anexa à galeria de arte Maeght, especializada em livros de arte, com boa coleção de pôsteres, postais e outros itens. *Rue du Bac 42, 75007 • Mapa N5*

10 Abbey Bookshop
Essa loja canadense de livros em francês e inglês serve café com xarope de bordo. *Rue de la Parcheminerie Paris 29, 75005 • Mapa N5*

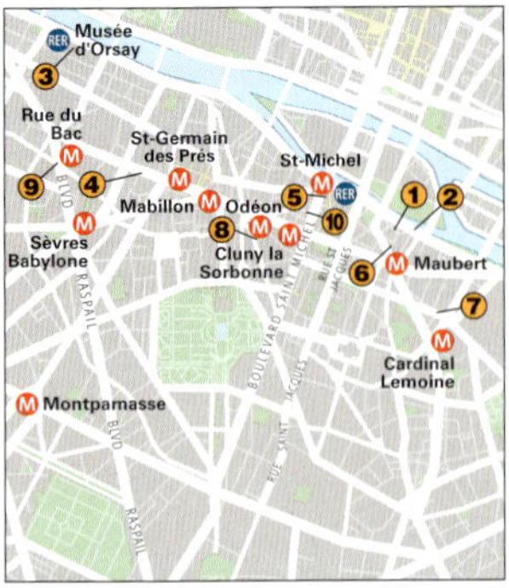

Veja mais sobre compras em Paris na **p. 169**

Chocolatier de Paris; Pâtisserie

TOP 10 Lojas de Alimentos

1 Patrick Roger
Da nova geração de chocolatiers, Patrick Roger já tem legiões de fãs graças às suas esculturas em tamanho natural e chocolates recheados. *Blvd St.-Germain 108, 75006 • Mapa F5 • Fechado dom*

2 Christian Constant
A chocolateria do famoso chef francês Christian Constant tem ganache, trufas e chocolates recheados de diversos sabores. *Rue d'Assas 37, 75006 • Mapa E5 • 01 53 63 15 15*

3 Jean-Paul Hévin
Outro chocolatier de destaque. Apresentação elegante, minimalista, e combinações de sabores excelentes. *Rue Vavin 3, 75006 • Mapa E6 • Fechado dom, seg, ago*

4 Poilâne
Fundada na década de 1930, esta pequena padaria produz pães rústicos, com fermento natural, em forno a lenha. *Rue du Cherche-Midi 8, 75006 • Mapa E5 • Fechado dom*

5 La Dernière Goutte
Os donos desta vinheria onde se fala inglês têm uma boa seleção de vinhos de pequenos produtores e também dirigem a vinheria Fish, perto daqui. *Rue Bourbon Le Château 6, 75006 • Mapa E5*

6 Debauve & Gallais
Esta loja é de 1800, quando o chocolate era vendido por suas propriedades medicinais. *Rue des Sts.-Pères 30, 75007 • Mapa K4 • Fechado dom*

7 Pierre Hermé Paris
Aqui você encontra alguns dos melhores bolos e doces de Paris, incluindo macarons com sabores criativos. *Rue Bonaparte 72, 75006 • Mapa L5*

8 Ryst Dupeyron
Vinheria especializada em Bordeaux, bebidas raras e champanhe. *Rue du Bac 79, 75007 • Mapa N5 • Fechado dom, seg manhã*

9 Sadaharu Aoki
Aoki sabe incluir sabores japoneses como yuzu, chá verde e gergelim preto em doces franceses clássicos, tão bons de ver como de comer. *Rue de Vaugirard 35, 75006 • Mapa E5 • Fechado seg*

10 Gérard Mulot
Nesta pâtisserie encontram-se alguns dos melhores doces de Paris. Entre eles, há macarons verdadeiramente fenomenais. *Rue de Seine 76, 75006 • Mapa L4 • Fechado qua*

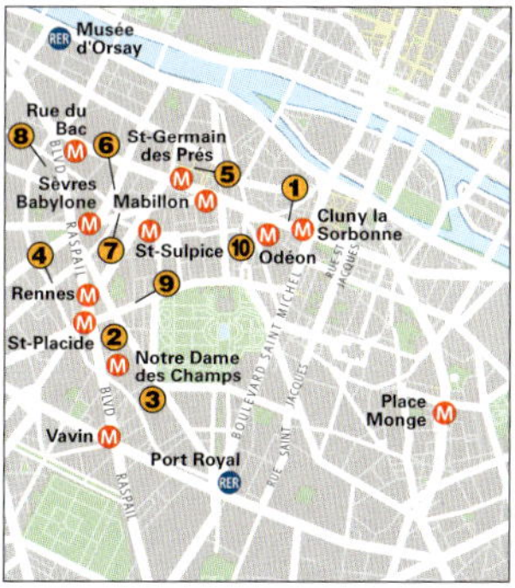

Le 10 Bar; Pub Saint Germain

TOP 10 Bares à Noite

1 Le 10 Bar
Em funcionamento desde 1955, este animado bar de sangria já virou uma instituição do bairro. Happy hour das 18h às 20h. *Rue de l'Odéon 10, 75006 • Mapa L5*

2 Café de la Mairie
Café parisiense à moda antiga, com bela vista da igreja de St. Sulpice a partir de seu terraço na calçada. Aberto até 2h diariam, exceto aos domingos. *Pl St-Sulpice 8, 75006 • Mapa K5*

3 Prescription Cocktail Club
Parisienses descolados vêm a este bar chique para saborear os petiscos e os drinques, preparados por experientes barmen. *Rue Mazarine 23, 75006 • Mapa L4*

4 Pub Saint Germain
Tome drinques até o amanhecer neste pub à moda francesa, com mesas e salas espalhadas em três pisos. *Rue Ancienne Comédie 17, 75006 • Mapa L4*

5 L'Assignat
Bar agradável, animado, dirigido por uma família, cheio de clientes no balcão pedindo uma cerveja ou um copo de vinho. *Rue Guénégaud, 7, 75006 • Mapa L3 • Fechado dom*

6 Mezzanine
O bar do lendário Alcazar *(p. 127)* é o lugar para ver e ser visto. Os drinques não são caros, considerando o agito e a localização maravilhosa. *Alcazar, rue Mazarine 62 75006 • Mapa L3*

7 Curio Parlor
Nichos reservados e luz suave tornam este lugar perfeito para relaxar. *Rue des Bernardins 16, 75005 • Mapa P5 • Fechado dom e seg*

8 Le Bob Cool
Bar decadente chique perto de St.-Michel, com notívagos parisienses e festeiros modernos que vêm tomar o último drinque. *Rue des Grands Augustins 15, 75006 • Mapa M4 • Fechado dom*

9 Coolin
Bar irlandês que agrada pessoas de todas as idades que gostam de tomar Guinness e jogar conversa fora. *Rue Clément 15, 75006 • Mapa L4*

10 Playtime Cocktails
Dentro do Hotel Artus, este bar aconchegante serve uma seleção de coquetéis divertidos, ou então peça ao bartender para personalizar um para você. *Rue de Buci 34, 75006 • Mapa L4*

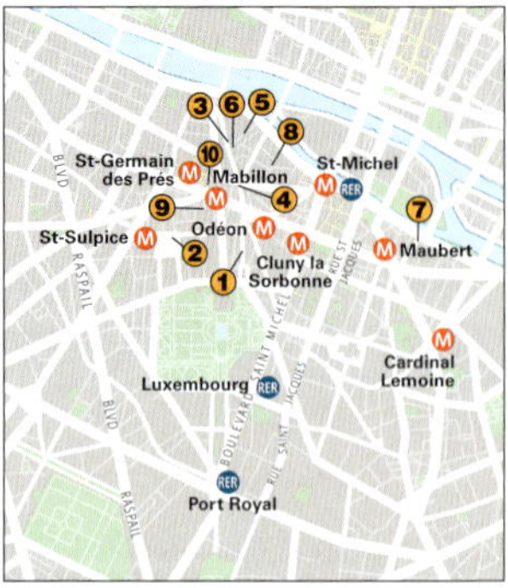

Veja mais sobre cafés e bares em Paris nas **pp. 52-3**

Café de Flore; Shakespeare and Company

TOP 10 Locais Preferidos dos Escritores

1 La Palette
Este café já teve clientes como Henry Miller, Apollinaire e Jacques Prévert. *Rue de Seine 43, 75006 • Mapa L4 • Aberto 8h-2h diariam*

2 Les Deux Magots
Era o lar da elite literária e artística de Paris, assim como reduto habitual de surrealistas como François Mauriac *(p. 52)*. *Pl St.-Germain-des-Prés 6, 75006 • Mapa K4 • Aberto 7h30-1h diariam*

3 Café de Flore
Guillaume Apollinaire fundou aqui, em 1913, sua revista literária *Les Soirées de Paris (p. 52)*. *Blvd St.-Germain 172, 75006 • Mapa K4 • Aberto 7h-2h diariam*

4 Le Procope
O café mais antigo de Paris. Já foi ponto de encontro de escritores como Voltaire, Balzac e Zola. *Rue de l' Ancienne-Comédie 13, 75006 • Mapa L4 • Aberto 11h30-24h dom-qua, 11h30-1h qui-sáb*

5 Brasserie Lipp
Ernest Hemingway presta homenagem a este café em *Paris é uma festa*. Também era frequentado por André Gide. *Blvd St.-Germain 151, 75006 • Mapa L4 • Aberto 9h-1h diariam*

6 Hotel Pont Royal
Henry Miller costumava beber aqui ao escrever seus livros *Trópico de Capricórnio* e *Trópico de Câncer*. *Rue de Montalembert 5-7, 75007 • Mapa J3 • Aberto 7h-24h diariam*

7 Shakespeare and Company
Esta famosa livraria foi descrita por Henry Miller como a "maravilhosa terra dos livros" *(p. 122)*.

8 Le Sélect
Scott Fitzgerald e Truman Capote estavam entre os escritores americanos que bebiam neste café. *Blvd du Montparnasse 99, 75006 • Mapa E6 • Aberto 7h-2h seg-sex (3h sáb-dom)*

9 La Coupole
Inaugurado em 1927, este antigo depósito de carvão foi transformado por artistas numa luxuosa brasserie art déco. Atraiu escritores como Louis Aragon e Françoise Sagan *(p. 157)*.

10 Le Petit St.-Benoît
Camus, Simone de Beauvoir e James Joyce são alguns dos muitos escritores que costumavam tomar café todos os dias aqui. *Rue St.-Benoît 4, 75006 • Mapa K3 • Aberto 12h-14h30, 19h-22h30 ter-sáb*

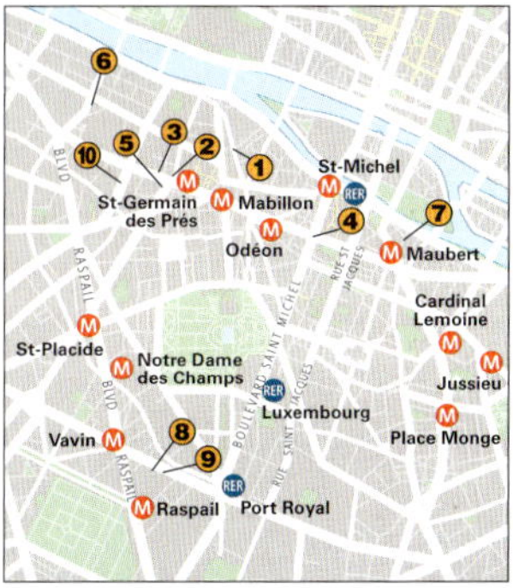

Veja mais sobre escritores em Paris na **p. 47**

Mercado da rue de Buci; Pâtisserie parisiense

TOP 10 Compras para Piqueniques

1 Mercado da Rue de Buci
Visite esta feira chique, que acontece todos os dias, com os melhores produtos regionais, vinhos e doces *(p. 54)*. *Mapa L4*

2 Poilâne
O melhor pão, feito com as receitas do falecido rei dos padeiros, Lionel Poilâne. *Rue du Cherche-Midi 8, 75006 • Mapa J5*

3 Maubert Market
Pequena feira especializada em produtos orgânicos, todas as manhãs de ter, qui e dom. Boa para azeitonas, queijos, tomates e frutas. *Pl Maubert, 75006 • Mapa N5*

4 Fromagerie Quatrehomme
Uma das queijarias mais antigas de Paris, onde o queijo é envelhecido no local. *Rue Mouffetard 134, 75005 • Mapa D5 • Fechado dom tarde e seg*

5 Naturalia
Se quiser um piquenique orgânico, o lugar é este: pães, vinhos, queijos, frios, frutas e sobremesas de alta qualidade. *Rue Monge 36, 75005 • Mapa N6 • Fechado dom*

6 Marché Raspail
Essa feira livre acontece nas manhãs de terça, sexta e domingo (produtos orgânicos). *Blvd Raspail, 75006 • Mapa J4*

7 Bon
Pâtisserie e chocolatier especial, com uma boa linha de tortinhas de frutas e chocolates no formato da Torre Eiffel. *Rue St.-Jacques 159, 75005 • Mapa N5 • Fechada seg*

8 La Grande Epicerie de Paris
Raridades como manteiga de algas da Bretanha e coucou de Rennes na seção de alimentos do Le Bon Marché *(p. 55)*. *Le Bon Marché, rue de Sèvres 38, 75007 • Mapa D5*

9 Le Pirée
Tem especialidades armênias deliciosas, sempre frescas, como legumes recheados e doces com muito mel. *Blvd St.-Germain 47, 75005 • Mapa N5*

10 Kayser
Se não quiser se dar ao trabalho de montar seu piquenique, compre sanduíches prontos nesta padaria. Há combinações incríveis, como queijo de cabra com pera. *Rue Monge 14, 75005 • Mapa P6*

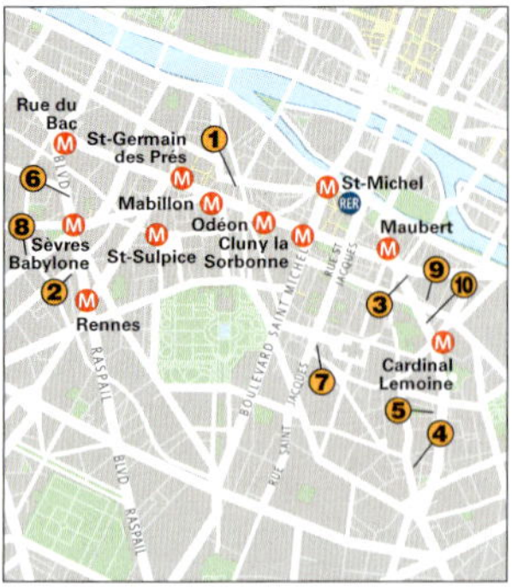

Veja mais sobre lojas e mercados em Paris nas **pp. 54-5**

Alcazar

Categorias de Preço

Refeição para uma pessoa com três pratos, meia garrafa de vinho, impostos e serviço.		
	€	até €30
	€€	€30-€40
	€€€	€40-€50
	€€€€	€50-€60
	€€€€€	mais de €60

TOP 10 Restaurantes

1 L'Épi Dupin
Pratos sublimes, como risoto com vieiras. Não vá sem reserva. *Rue Dupin 11, 75006 • Mapa J5 • 01 42 22 64 56 • Fechado sáb, dom, seg almoço, ago • €€€*

2 La Tour d'Argent
Histórico, com lindas vistas da Notre-Dame, tem o pato novo como especialidade. *Quai de la Tournelle 15, 75005 • Mapa P5 • 01 43 54 23 31 • Fechado dom, seg, ago • €€€€€*

3 Les Bouquinistes
Bistrô de cozinha criativa, de propriedade de Guy Savoy, às margens do Sena. *Quai des Grands-Augustins 53, 75006 • Mapa M4 • 01 43 25 45 94 • Fechado sáb almoço, dom, ago • Sem acesso para portadores de deficiência • €€€€*

4 Alcazar
Brasserie com muito estilo, que mistura comida francesa, asiática e britânica. *Rue Mazarine, 62, 75006 • Mapa L3 • 01 53 10 19 99 • €€€€*

5 Lapérouse
Francês clássico, em ambiente que não muda desde 1766. *Quai des Grands-Augustins 51, 75006 • Mapa M4 • 01 43 26 68 04 • Fechado sáb almoço, dom, ago • €€€€€*

6 L'Atelier Maître Albert
Carnes assadas no espeto e pratos do grande chef Guy Savoy. Procure uma mesa diante da imensa lareira. *Rue Maître Albert 1, 75005 • Mapa F5 • 01 56 81 30 01 • Fechado sáb almoço, dom almoço no Natal • €€€€*

7 La Bastide Odéon
Sabor da Provença em local elegante. Prove o risoto com vieiras. *Rue Corneille 7, 75006 • Mapa L5 • 01 43 26 03 65 • Sem acesso para portadores de deficiência • €€€*

8 Le Pré Verre
Cozinha clássica francesa com floreios asiáticos. *Rue Thénard 8, 75005 • Mapa F5 • 01 43 54 59 47 • Fechado dom, seg, ago, 25 dez-1º jan • €€*

9 Les Papilles
Escolha o vinho diretamente das prateleiras para acompanhar o menu impressionante *(p. 64)*. *Rue Gay Lussac 30, 75005 • Mapa F6 • 01 43 25 20 79 • Fechado dom, seg, ago, 25 dez-1º jan • Sem acesso para portadores de deficiência • €€€*

10 Au Moulin à Vent
Um dos melhores bistrôs de Paris, com pernas de rã no menu. *Rue des Fossés-St.-Bernard 20, 75005 • Mapa P6 • 01 43 54 99 37 • Fechado sáb almoço, dom, seg, ago • €€€€*

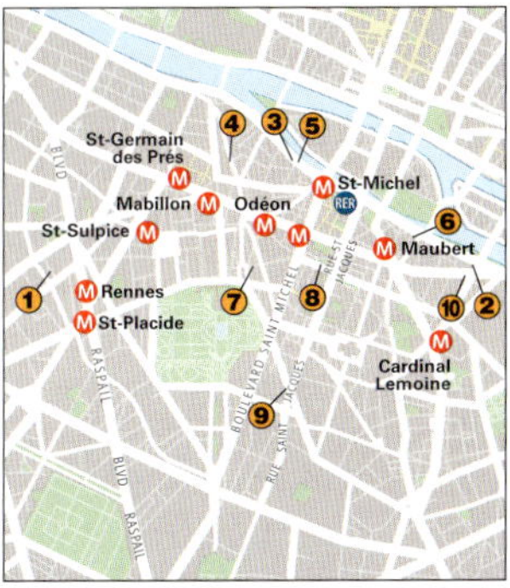

Todos os restaurantes aceitam cartões de crédito e servem pratos vegetarianos, exceto quando há indicação do contrário

Jardin des Plantes; Muséum National d'Histoire Naturelle; Institut du Monde Arabe

Jardin des Plantes

TRADICIONALMENTE UMA DAS ÁREAS *mais tranquilas de Paris, este bairro surgiu em torno dos jardins de ervas medicinais que lhe dão nome, criados em 1626. Até o século XIX, sua atmosfera era rural, mas a partir daí a população se expandiu muito e foram abertas as ruas dos arredores. Perto do jardim fica o Arènes de Lutèce, um anfiteatro romano bem preservado. A rue Mouffetard, que desce sinuosa pelo morro a partir da agitada place de la Contrescarpe, data dos tempos medievais e tem um dos melhores mercados de Paris. A área abriga uma comunidade muçulmana relativamente numerosa, além do centro cultural Institut du Monde Arabe e da Mosquée de Paris. Em contraste com a impressionante arquitetura islâmica, erguem-se os edifícios cinzentos da década de 1960 do Campus Jussieu da Universidade de Paris.*

Hipopótamo de pedra na Ménagerie

Destaques

1. Jardin des Plantes
2. Muséum National d'Histoire Naturelle
3. Ménagerie
4. Institut du Monde Arabe
5. Mosquée de Paris
6. Rue Mouffetard
7. Arènes de Lutèce
8. Place de la Contrescarpe
9. St.-Médard
10. Manufacture des Gobelins

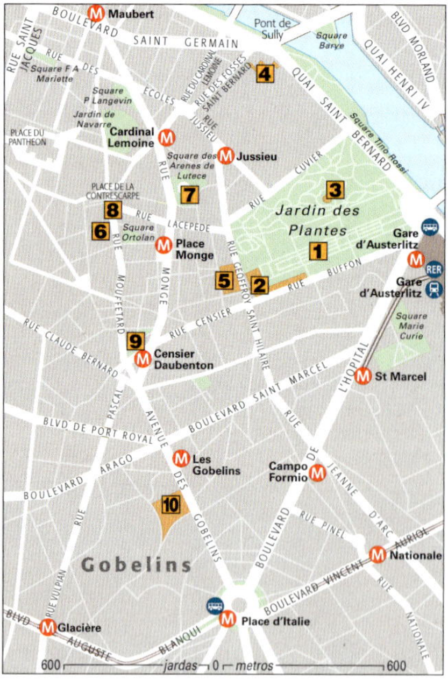

1 Jardin des Plantes

Este jardim real de plantas medicinais, do século XVII, foi criado por Jean Hérouard e Guy de la Brosse, médicos de Luís XIII. Aberto ao público a partir de 1640, ele floresceu sob a curadoria do conde de Buffon. Contém cerca de 6.500 espécies e 10 mil plantas. Aqui pode-se ver também um cedro-do-líbano que foi plantado em 1734, um labirinto na encosta do morro e jardins alpinos e roseirais *(p. 132)*. *Rue Cuvier 57, 75005 • Mapa G6 • 01 40 79 30 00 • Aberto 8h-17h30 diariam, 7h30-20h no verão*

2 Muséum National d'Histoire Naturelle

Pavilhões separados no Jardin des Plantes abrigam exposições sobre anatomia, fósseis, geologia, mineralogia e insetos. A Grande Galerie de l'Evolution *(p. 60)* tem uma magnífica coleção de mamíferos africanos empalhados, um esqueleto gigante de baleia e uma exposição sobre espécies ameaçadas *(p. 34)*. *Rue Cuvier 57, 75005 • Mapa G6 • Pavilhões: abertos 10h-17h qua-seg; Galeria da Evolução: aberta 10h-18h qua-seg • Fechado 1º mai • Entrada paga • www.mnhn.fr*

3 Ménagerie

O zoológico público mais antigo do país foi fundado durante a Revolução Francesa para abrigar os sobreviventes da coleção de animais selvagens de Versailles. Outros animais vieram de circos e do exterior, mas durante o Cerco de Paris de 1870-71 *(p. 45)* as criaturas foram devoradas por cidadãos famintos. Programa muito apreciado pelas crianças *(p. 60)*, o zoo foi desde então recomposto. *Jardin des Plantes, 75005 • Mapa G6 • Aberto 9h-17h diariam • Entrada paga*

4 Institut du Monde Arabe

Este centro cultural foi criado em 1980 para promover as relações entre a França e o mundo árabe. O impressionante edifício (1987) é do arquiteto Jean Nouvel *(veja musée du quai Branly, p. 112)* e tem uma parede sul com 240 placas de metal fotossensível que abrem e fecham como obturadores de câmera para regular a entrada de luz no edifício. O design se baseia nos painéis de treliça em madeira da arquitetura islâmica. No interior, o museu apresenta obras de arte islâmicas, desde cerâmica do século IX até arte contemporânea, além de um salão de chá e um restaurante. *Rue des Fossés-St.-Bernard 1, Place Mohammed V, 75005 • Mapa G5 • 01 40 51 38 11 • Aberto 10h-18h ter-dom (até 21h30 sex e 19h dom) • Entrada paga • www.imarabe.org*

5 Mosquée de Paris

Construído em 1922-26, o complexo da mesquita é o centro espiritual dos muçulmanos de Paris *(p. 41)*. A belíssima decoração hispano-mourisca, particularmente o majestoso pátio, inspirou-se na do castelo de Alhambra, da Espanha. O minarete tem 33m de altura. Aqui há ainda uma escola islâmica, um salão de chá e banhos turcos, para homens e mulheres em dias separados. *Pl du Puits-de-l'Ermité 2 bis, 75005 • Mapa G6 • Visitas: 9h-12h, 14h-18h sáb-qui; fecha nos feriados islâmicos • Entrada paga*

Minarete, Mosquée de Paris

Norte da África Francês

A França sempre teve forte ligação, nem sempre harmoniosa, com o Norte da África. A anexação da Argélia em 1834 levou a uma longa e sangrenta guerra de Libertação (1954-62). As relações com a Tunísia, que a França governou de 1883 a 1956, e com o Marrocos, que ficou independente também em 1956, foram melhores. Hoje vivem em Paris muitos norte-africanos.

6 Rue Mouffetard

Embora esta rua seja famosa hoje por sua animada feira livre, realizada de terça a domingo *(p. 55)*, ela tem um passado também muito interessante. Na época romana, era a principal estrada de Paris a Roma. Alguns dizem que seu nome deriva do termo francês *mouffette* (gambá), uma referência ao mau cheiro do rio Bièvre (atualmente canalizado), onde eram atirados dejetos das tinturarias e teares da vizinha fábrica de tapeçarias Gobelin. Embora tenha deixado de ser pobre ou boêmio, o bairro ainda preserva alguns aspectos bem característicos, como os telhados com mansarda do século XVII, as placas de lojas à moda antiga e os restaurantes baratos. Na feira livre local, você pode comprar de tudo – desde linguiças do tipo Auvergne e carne de cavalo até os mais diversos tipos de queijo. *Mapa F6*

7 Arènes de Lutèce

As ruínas do anfiteatro romano do século II que fazia parte do assentamento de Lutetia *(p. 44)* ficaram enterradas durante séculos e foram descobertas apenas em 1869, quando se iniciou a construção da rue Monge. O escritor Victor Hugo, preocupado com a preservação dos edifícios históricos da sua cidade, incluindo a Notre-Dame *(p. 21)*, liderou a campanha em favor da restauração. A arena original teria 35 fileiras de assentos e poderia acomodar 15 mil pessoas nos espetáculos de teatro e lutas de gladiadores. *Rue Monge 47, 75005 • Mapa G6 • Aberto 9h-21h30 diariam (verão), 8h-17h30 diariam (inverno) • Gratuito*

8 Place de la Contrescarpe

Esta movimentada praça tem um ar de cidade de interior, com seus cafés e restaurantes cheios de gente e grupos de estudantes da universidade vizinha passeando por aqui depois que escurece. Nos

Arènes de Lutèce

tempos medievais, ela ficava fora dos muros da cidade, dos quais ainda se veem vestígios. Note a placa memorial no nº 1, sobre a porta do açougue, que indica o lugar do velho Pine Cone Club, um café onde François Rabelais e outros escritores se reuniam no século XVI. *Mapa F5*

9 St.-Médard

A igreja no começo da rue Mouffetard data do século IX, quando era a igreja paroquial dedicada a São Medardo, que foi conselheiro dos reis merovíngios. A edificação atual, concluída em 1655, combina os estilos renascentista e gótico flamejante. Entre as ótimas pinturas que enfeitam o seu interior está *São José caminhando com o Menino Jesus*, do pintor espanhol Francisco de Zurbarán, do século XVII. O pátio da igreja foi cenário de acessos de histeria durante o século XVIII, quando um culto de *"convulsionnaires"* procurava curas milagrosas junto ao túmulo de um diácono jansenista. *Rue Mouffetard 141, 75005 • Mapa G6 • Aberto 8h-12h, 14h30-19h ter-sáb; 8h-14h30, 16h-20h30 dom • Gratuito*

10 Manufacture des Gobelins

Esta fábrica de tapeçarias de renome internacional era originalmente uma tinturaria, fundada pelos irmãos Gobelin em meados do século XV. Em 1662, Colbert, ministro de Luís XIV, montou uma fábrica real aqui e reuniu os maiores artesãos da época para executar tapeçarias para o Palácio de Versailles *(p. 151)*. Visitas guiadas mostram o tradicional processo de tecelagem. *Ave des Gobelins 42, 75013 • Metrô Gobelins • Visitas guiadas: 15h30 qua e dom, 16h qui, 14h30 e 16h sáb; abre para exposições temporárias apenas de 11h-18h ter-dom • Ingressos comprados com antecedência em alguma loja da FNAC*

Um Dia no Jardim

Manhã

Se fizer tempo bom de manhã, procure chegar bem cedo para um passeio pelo **Jardin des Plantes** *(p. 129)*, antes que a cidade fique agitada demais. O **Muséum National d'Histoire Naturelle** *(p. 129)* só abre às 10h, mas o jardim é perto da **rue Mouffetard** e você pode apreciar o fabuloso mercado, que começa a funcionar de verdade por volta das 8h. Não esqueça de tirar os olhos das bancas de vez em quando para admirar os magníficos edifícios antigos desta rua medieval. Depois volte para o museu e sua Galeria da Evolução.

Os jardins não ficam muito distantes da **place de la Contrescarpe**. Desfrute deste bonita local antes de descer a pé pela rue Mouffetard para uma pausa num de seus muitos cafés. Depois de se refazer, desça até o começo da rua para ver a igreja de **St.-Médard**, à sua esquerda.

Vire à esquerda na rue Monge até chegar às **Arènes de Lutèce**. A dois minutos daqui há um bistrô, **Le Buisson Ardent** *(p. 133)*, ideal para almoçar.

Tarde

Você pode passar parte da tarde no **Institut du Monde Arabe** *(p. 129)*, vendo as belíssimas obras de arte islâmicas, antes de admirar a arquitetura mourisca da **Mosquée de Paris** *(p. 129)*. Uma boa sugestão é terminar o dia tomando um chá de hortelã no Café de la Mosquée *(Pl du Puits-de--l'Ermité • 01 43 31 18 14)*.

Flores no Jardin des Plantes; Réplica de dinossauro

TOP 10 Destaques no Jardin des Plantes

1 Árvore dinossauro
Entre as árvores deste jardim botânico destaca-se uma *Ginkgo biloba* plantada em 1795, de uma espécie que já existia no tempo dos dinossauros, há 125 milhões de anos.

2 Cedro-do-Líbano
Esta magnífica árvore foi plantada em 1734, vinda do Jardim Botânico de Kew, em Londres, embora alguns contem a história de que sua semente teria chegado diretamente da Síria, carregada o caminho inteiro dentro do chapéu de um cientista.

3 Roseiral
Aberto em 1990 e relativamente moderno em comparação com outros jardins, o *roseraie* tem cerca de 170 espécies de rosas e 180 roseiras para visitação. É espetacular quando as flores desabrocham, na primavera e no verão.

4 Jardins de Pedra
São um dos destaques dos jardim botânico, com mais de 3 mil plantas das diversas regiões montanhosas do mundo. Há amostras da Córsega, do Cáucaso, do Marrocos e do Himalaia.

5 Le Sophora du Japan
Enviada a Paris com o rótulo "sementes desconhecidas da China" por um naturalista jesuíta que morava no Oriente, esta árvore foi plantada em 1747, floresceu pela primeira vez em 1777 e ainda floresce hoje em dia.

6 Jardim de Íris
Uma atração especial é este jardim que reúne mais de 400 variedades diferentes de íris.

7 Réplica de Dinossauro
Do lado de fora da Galeria de Paleontologia, repleta de esqueletos de dinossauros, há uma imensa réplica de um estegossauro *(p. 60)*.

8 Crocodilo-do-Nilo
Agora o crocodilo da Casa dos Répteis tem uma moradia melhor que a anterior. Ele foi encontrado em 1998, quando tinha seis meses de idade, dentro da banheira de um hotel de Paris, deixado ali como um bicho de estimação rejeitado!

9 Estufas
Também conhecidas como Les Grandes Serres, estas estufas do século XIX já foram em sua época as maiores do mundo. Hoje abrigam um espinhudo jardim de cactos mexicanos e um jardim de inverno tropical mantido à temperatura constante de 22°C, com umidade de 80%.

10 Abrigo para Animais Jovens
Uma das atrações que as crianças mais adoram neste zoológico é esta casa de filhotes, onde crescem as crias que por alguma razão não podem ser cuidadas por seus pais naturais. Assim que atingem a idade adulta, eles são devolvidos ao seu habitat natural.

Veja mais sobre o Jardin des Plantes na **p. 129**

L'Avant-Goût

Categorias de Preço

Refeição para uma pessoa com três pratos, meia garrafa de vinho, impostos e serviço.	€	até €30
	€€	€30-€40
	€€€	€40-€50
	€€€€	€50-€60
	€€€€€	mais de €60

TOP 10 Restaurantes

1 Le Petit Pascal

Bistrô estilo provinciano, de direção familiar, popular no jantar entre os parisienses. Cardápio de pratos regionais que muda todo dia. *Rue Pascal 33, 75013 • Metrô Gobelins • 01 44 35 33 87 • Fechado sáb, dom, ago • €€*

2 Léna et Mimile

Evite os restaurantes para turistas na área da Mouffetard e saboreie uma refeição neste ambicioso bistrô com terraço tranquilo. *Rue Tournefort 32, 75005 • 01 47 07 72 47 • €€€*

3 Au Petit Marguery

É para quem gosta de carne, com muito filé, vitela e carne de caça no cardápio. Ambiente bem animado. *Blvd de Port-Royal 9, 75013 • Mapa F6 • 01 43 31 58 59 • €€€€*

4 Le Buisson Ardent

Bistrô criativo e local romântico à noite. Serve pratos clássicos franceses com um toque diferente. Menus de preço fixo com bom custo-benefício. *Rue Jussieu 25, 75005 • Mapa G6 • 01 43 54 93 02 • Fechado dom jantar (brunch somente dom) • €€€*

5 La Truffière

O edifício do século XVII, a lareira e o atendimento atencioso fazem deste pequeno bistrô uma excelente opção. O cardápio, naturalmente, dá destaque às trufas. *Rue Blainville 4, 75005 • Mapa F6 • 01 46 33 29 82 • Fechado dom, seg • €€€€€*

6 L'Agrume

Restaurante apreciado por seu menu fixo de cinco pratos com preço acessível. *Rue des Fossés Saint-Marcel 15, 75005 • Mapa G6 • 01 43 31 86 48 • Sem acesso para portadores de deficiência • Fechado dom-ter • €€€€*

7 Chez Paul

Não é o melhor lugar para os vegetarianos, com pot au feu, língua e outras delícias da carne, mas também serve peixe. *Rue de la Butte-aux-Cailles 22, 75013 • Metrô Place d'Italie • 01 45 89 22 11 • €€€*

8 Au Coco de Mer

A temperada cozinha das Seychelles, com um terraço tipo quiosque de praia com areia macia. Vegetarianos devem agendar com antecedência. *Blvd St.-Marcel 34, 75005 • Mapa G6 • 06 81 57 29 29 • Fechado dom, seg almoço, ago • €€*

9 L'Avant-Goût

Pequeno e ruidoso, com as mesas bem próximas. Prove o pot au feu ou o flã de maçã, se houver, pois o menu muda todo dia. *Rue Bobillot 26, 75013 • Metrô Place d'Italie • 01 53 80 24 00 • Fechado dom, seg • €€€*

10 Chez Gladines

Lugar animado com garçons a mil, servindo imensas porções da cozinha basca. Chegue cedo. *Rue des Cinq Diamants 30, 75013 • 01 45 80 70 10 • Fechado jul • Não aceita cartões de crédito • €*

Todos os restaurantes aceitam cartões de crédito e servem pratos vegetarianos, exceto quando há indicação do contrário

Jardins du Trocadéro; Cinéaqua; Café Carette

Chaillot

CHAILLOT ERA UM MUNICÍPIO À PARTE *até o século XIX, quando foi anexado pelo crescimento de Paris e ganhou avenidas amplas e mansões luxuosas durante a grande expansão das construções no Segundo Império* (p. 45). *Seu ponto central é o majestoso Palais de Chaillot, que se ergue no alto da pequena colina de Chaillot, com suas amplas alas de pedra branca em volta dos Jardins du Trocadéro e seu terraço voltado para o Sena e a Torre Eiffel. Atrás do palácio fica a place du Trocadéro, construída em 1858 e originalmente chamada de place du Roi-de-Rome (do Rei de Roma), título do filho de Napoleão. Em volta da praça há muitos cafés interessantes, e no seu centro fica a estátua equestre do marechal Ferdinand Foch, herói da Primeira Guerra Mundial. Muitas das elegantes mansões desta área abrigam hoje embaixadas, e há também vários restaurantes requintados. Na parte oeste ficam os bairros residenciais exclusivos da burguesia parisiense.*

TOP 10 Destaques

1. Palais de Chaillot
2. Cinéaqua
3. Musée de la Marine
4. Cité de l'Architecture et du Patrimoine
5. Musée d'Art Moderne de la Ville de Paris
6. Cimetière de Passy
7. Jardins du Trocadéro
8. Musée du Vin
9. Maison de Balzac
10. Musée National des Arts Asiatiques-Guimet

Exposição no Musée du Vin

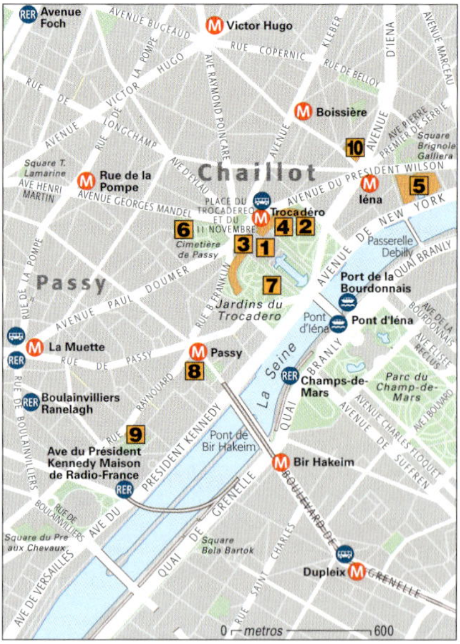

1 Palais de Chaillot

A queda do império veio atrapalhar os planos de Napoleão de erguer um luxuoso palácio para o seu filho na colina de Chaillot, mas o local foi depois usado para construir o palácio do Trocadéro, por ocasião da Exposição Universal de 1878. Este palácio foi mais tarde substituído pelo atual edifício neoclássico, com suas imensas alas com colunas, por ocasião de outra exposição, a de 1937, pouco antes da guerra. Os dois pavilhões abrigam três museus, entre eles o Musée de la Marine *(veja abaixo)*. Durante o dia, o amplo terraço fica cheio de vendedores de suvenires e de skatistas, e à noite inúmeros turistas vêm admirar a esplêndida vista da Torre Eiffel, do outro lado do Sena. Dois bronzes, *Apolo*, de Henri Bouchard, e *Hércules*, de Pommier, enfeitam a frente do terraço. Atrás dele fica o Théâtre National de Chaillot, para 1.200 pessoas. *Pl du Trocadéro 17, 75016 • Mapa B4*

2 Cinéaqua

Construído originalmente em 1878 para a Exposição Universal, o aquário de Paris abriga mais de 10 mil espécies, como cavalos-marinhos, o venenosíssimo peixe-pedra australiano e alguns tubarões e arraias espetaculares. Construído no local de uma antiga pedreira, foi projetado para se fundir com a encosta da colina de Chaillot. Há também um complexo futurístico de cinema, com sessões de filmes sobre a natureza e um restaurante japonês. *Ave Albert de Mun, 75016 • Mapa B4 • Aberto 10h-19h diariam • Fechado 14 jul • Entrada paga • www.cineaqua.com*

3 Musée de la Marine

Trezentos anos de história naval francesa são o foco deste museu, que abrange a marinha de

Palais de Chaillot

guerra, a mercante e a de pesca industrial. As mostras tratam da arte e da ciência da navegação, de aventuras marítimas e de lendas e tradições populares. Entre os destaques está uma coleção de maquetes de navios, que abrange de falucas do Egito Antigo a galés medievais e submarinos nucleares. Também é possível ver artesãos trabalhando nas maquetes. O iate real de Napoleão também está exposto *(p. 35)*. *Palais de Chaillot, Pl du Trocadero 17, 75016 • Mapa B4 • Aberto 11h-18h qua-seg (19h sáb-dom) • Fechado 1º jan, 1º mai, 25 dez • Entrada paga • www.musee-marine.fr*

4 Cité de l'Architecture et du Patrimoine

Ocupando a ala leste do Palais de Chaillot, este museu é uma ode à herança arquitetônica francesa, mostrando seu desenvolvimento no tempo, e também à arquitetura contemporânea. A Galerie des Moulages (da Idade Média ao Renascimento) contém porções moldadas de igrejas e de grandes catedrais da França, como Chartres. Dentro da Galerie Moderne et Contemporain há a reconstrução de

General Foch

O general Ferdinand Foch (1851-1929), cuja estátua equestre ocupa o centro da place du Trocadéro, era o comandante-chefe das forças aliadas ao final da Primeira Guerra Mundial. Sua liderança competente acabou levando à vitória sobre os alemães em 1918, o que lhe valeu o posto de marechal da França e a eleição para a Academia Francesa.

um apartamento projetado por Le Corbusier e desenhos arquitetônicos de 1990 em diante. A galeria no Pavillon de Tête tem uma impressionante coleção de murais copiados de afrescos medievais. *Palais de Chaillot, 75116 • Mapa B4 • Aberto 11h-19h qua-dom (21h qui) • Fechado 1º jan, 1º mai, 14 jul, 25 dez • 01 58 51 52 00 • Entrada paga • www.citechaillot.fr*

5 Musée d'Art Moderne de la Ville de Paris

Este museu de arte moderna fica na ala leste do Palais de Tokyo, construído para a Feira Mundial de 1937. Seu acervo permanente reúne obras de mestres como Chagall, Picasso, Modigliani e Léger; outros destaques são o enorme mural *O espírito da eletricidade* (1937), de Raoul Dufy, e o quadro *Amantes (depois da chuva)* (1925), de Francis Picabia. O museu também dá espaço a novos artistas na ala oeste. *Ave du Président-Wilson 11, 75016 • Mapa B4 • Aberto 10h-18h ter-dom (até 22h qui durante as exposições temporárias) • Fechado feriados • 01 53 67 40 00 • Acervo permanente: gratuito; exposições temporárias: entrada paga • www.mam.paris.fr*

6 Cimetière de Passy

Este pequeno cemitério tem apenas 1ha, mas muitas pessoas famosas foram enterradas no local, tendo a Torre Eiffel como sua vista eterna *(p. 138)*. Vale a pena visitá-lo para admirar as incríveis esculturas dos túmulos. *Pl du Trocadéro (entrada pela rue du Commandant Schloessing), 75016 • Mapa A4*

7 Jardins du Trocadéro

Criados em 1937, os jardins em terraços do Trocadéro descem suavemente pela colina de Chaillot a partir do palácio até o Sena e a Pont d'Iéna. O ponto focal deste parque de 10ha é o longo espelho d'água retangular ladeado por estátuas de pedra e bronze, como a *Mulher*, de Georges Braque (1882-1963). As fontes iluminadas são uma visão espetacular à noite. Com suas árvores floridas, trilhas e pontes sobre pequenas correntes d'água, os jardins são ideais para um passeio romântico *(p. 39)*. *Mapa B4*

Cimetière de Passy

8 Musée du Vin

As adegas com arcadas do século XIV, onde os monges de Passy antes faziam seu vinho, são um cenário envolvente para este museu do vinho. Figuras de cera retratam a história do processo de produção do vinho, e há mostras da parafernália ligada ao vinho e também sessões de degustação, vinhos à venda e um restaurante. *Square Charles--Dickens 5, rue des Eaux, 75016 • Mapa A4 • Aberto 10h-18h ter-dom • Entrada paga • www.museeduvinparis.com*

9 Maison de Balzac

O escritor Honoré de Balzac *(p. 46)* alugou um apartamento aqui de 1840 a 1844 e adotou um nome falso para fugir dos seus muitos credores. Foi aqui que escreveu muitas de suas obras famosas, como *A prima Bette* e *A comédia humana*. A casa é hoje um museu, com exposição de suas primeiras edições e manuscritos, objetos pessoais e cartas, além de pinturas e desenhos de amigos e familiares. Também tem mostras temporárias. *Rue Raynouard 47, 75016 • Mapa A4 • Aberto 10h-18h ter-dom • Fechado feriados • Entrada paga para exposições temporárias • www.balzac.paris.fr*

10 Musée National des Arts Asiatiques-Guimet

Fundado em 1889, este é um dos principais museus de arte asiática e oriental em todo o mundo. As esculturas do templo budista Khmer de Angkor Wat são o grande destaque de uma bela coleção de arte cambojana. Também está exposta a coleção original de Guimet, sobre as religiões chinesas e japonesas, do século IV ao XIX, assim como artefatos da Índia, Indonésia e Vietnã. *Pl d'Iéna 6, 75016 • Mapa B3 • Aberto 10h-18h qua-seg • Fechado 1º jan, 1º mai, 14 jul, 25 dez • Entrada paga • www.guimet.fr*

Um Dia em Chaillot

Manhã

Difícil imaginar um começo de dia em Paris melhor do que ir até o **Palais de Chaillot** *(p. 135)* e apreciar a vista perfeita que ele oferece do Sena e da Torre Eiffel *(pp. 16-7)*. Depois você pode visitar as fascinantes coleções da **Cité de l'Architecture** *(pp. 135-6)* e, se o assunto for do seu interesse, o **Musée de la Marine** *(p. 135)*, ambos no palácio. Na parte externa, você pode fazer uma parada no Café du Trocadéro *(Pl du Trocadéro 8 • 01 44 05 37 00)* e apreciar o movimento na praça.

Depois disso, siga pela rue Benjamin Franklin e pela rue Raynouard, onde encontrará primeiro o **Musée du Vin** e depois a **Maison de Balzac**. Ande até o lado mais distante do edifício da Maison de Radio France e desfrute de um brunch ou um almoço no **Zebra Square** *(p. 139)*.

Tarde

Revigorado, volte ao Sena em direção ao Palais de Chaillot e vá para a place d'Iéna até o renovado **Musée National des Arts Asiatiques-Guimet** para ver as suas esplêndidas obras de arte oriental.

A esta altura você estará precisando muito de um descanso, por isso volte à place du Trocadéro para beber ou comer algo no Café Kléber No. 4 *(01 47 27 86 65)*. Para terminar o dia, visite o tranquilo **Cimetière de Passy**, antes de um inesquecível jantar apreciando as luzes da cidade no elegante **Le Jules Verne** *(p. 117)*, de Alain Ducasse.

Busto de Manet; Túmulo de Debussy; Túmulo de Fernandel

TOP 10 Túmulos no Cimetière de Passy

1 Edouard Manet
Nascido em Paris em 1832, Manet tornou-se o pintor mais famoso da cidade quando obras como *Olympia* e *Almoço na relva* *(p. 12)* foram expostas. Morreu em Paris em 1883.

2 Claude Debussy
O compositor francês (1862-1918) ficou famoso com obras como *Prélude à l'après-midi d'un faune* e *La mer*. Era visto como o equivalente musical dos pintores impressionistas.

3 Berthe Morisot
A artista francesa impressionista nasceu em Paris em 1841, posou para Edouard Manet e depois se casou com Eugène, advogado, irmão dele. Nunca alcançou a fama dos pintores impressionistas homens e morreu em Paris em 1895.

4 Fernandel
O ator, cômico e cantor de revistas musicais francês nasceu em Marselha em 1903 e fez mais de cem filmes, numa carreira que durou de 1930 até sua morte em Paris em 1971.

5 Marie Bashkirtseff
Esta escritora russa ficou mais famosa pelos diários publicados após sua morte, por tuberculose, em 1884. Apesar de viver apenas 24 anos, produziu 84 volumes de diários, e sua publicação póstuma criou uma grande sensação, devido principalmente à natureza íntima dos relatos que ela expunha.

6 Henri Farman
Este aviador francês nasceu em Paris em 1874 e morreu também aqui, em 1958. Foi o primeiro homem a fazer um voo de 1km, em 1907, e o primeiro a cruzar o país de avião. Sua lápide mostra-o no comando de uma aeronave primitiva.

7 Antoine Cierplikowski
O túmulo deste artista quase desconhecido da década de 1920 chama a atenção devido à sua comovente e imensa escultura de um homem e uma mulher unidos e parecendo se elevar do túmulo para os céus.

8 Conde Emanuel de las Cases
Nascido em 1766, este historiador e amigo de Napoleão compartilhou com ele o exílio na ilha de Santa Helena e registrou suas memórias. Morreu em Paris em 1842.

9 Gabriel Fauré
Este compositor francês, mais conhecido hoje pelo seu famoso *Réquiem*, teve uma grande influência na música da sua época. Morreu em Paris em 1924, aos 79 anos de idade.

10 Octave Mirbeau
Este dramaturgo e escritor francês satírico também foi um jornalista muito atuante e combativo. Nascido em 1848, faleceu em Cheverchemont em 1917, e seu corpo foi trazido de lá para ser enterrado neste cemitério.

Veja mais sobre o Cimetière de Passy na **p. 136**

Categorias de Preço

Refeição para uma pessoa com três pratos, meia garrafa de vinho, impostos e serviço.	€	até €30
	€€	€30-€40
	€€€	€40-€50
	€€€€	€50-€60
	€€€€€	mais de €60

Maison Prunier; Le Relais du Parc

TOP 10 Restaurantes

1 Le Relais du Parc
O cardápio fixo do almoço, com pratos sazonais, é uma pechincha *Ave Raymond Poincaré 55-57, 75016 • Mapa B3 • 01 44 05 66 10 • Fechado sáb almoço, dom, ago • €€€€€*

2 Le Jamin
Ex-aluno de Guy Savoy, o chef Alain Pras dirige este restaurante elegante, e oferece uma criativa abordagem de clássicos franceses, além de opções vegetarianas. *Rue de Longchamp 32, 75016 • Mapa A3 • 01 45 53 00 07 • Fechado sáb almoço, dom, ago • Sem acesso para portadores de deficiência • €€€€€*

3 Le Bistrot du Chineur
Este pequeno bistrô com ambiente amigável serve comida de bom custo-benefício. Reserve. *Impasse des Carrières 5, 75016 • Mapa A4 • 01 42 88 17 73 • Fechado jantar, sáb, dom, seg • €*

4 L'Astrance
Pascal Barbot serve o melhor da cozinha fusion. Reserve um mês antes. *Rue Beethoven 4, 75116 • Mapa B4 • 01 40 50 84 40 • Fechado sáb, dom, seg • Sem acesso para portadores de deficiência • €€€€€*

5 Maison Prunier
Decoração anos 1930 e pratos de peixe excelentes. *Ave Victor-Hugo 16, 75016 • Mapa B3 • 01 44 17 35 85 • Fechado dom, ago • Sem acesso para portadores de deficiência • €€€€€*

6 Comme des Poissons
Este pequeno restaurante japonês de sushi serve boa comida a preços razoáveis. Reserve. *Rue de la Tour 22, 75016 • Mapa A4 • 01 45 20 70 37 • Fechado seg, ago • €*

7 Le Petit Rétro
Atmosfera agradável neste bistrô do início do século XX, com bom preço. A blanquette de veau é ótima. *Rue Mesnil 5, 75016 • Mapa B3 • 01 44 05 06 05 • Fechado sáb, dom, ago • Sem acesso para portadores de deficiência • €€€*

8 Le Bistrot des Vignes
Bistrô despretensioso e pequeno, do tipo que se espera encontrar em Paris. *Rue Jean-Bologne 1, 75016 • Mapa B4 • 01 45 27 76 64 • Sem acesso para portadores de deficiência • €€€*

9 La Table Lauriston
Serge Barbey aposta nos melhores ingredientes, preparados de modo simples. Sucesso entre os parisienses, que devoram seus imensos filés e o babá ao rum no salão colorido. *Rue Lauriston 129, 75116 • Mapa A3 • 01 47 27 00 07 • Fechado dom, sáb almoço, ago, 1 sem no Natal • €€€€*

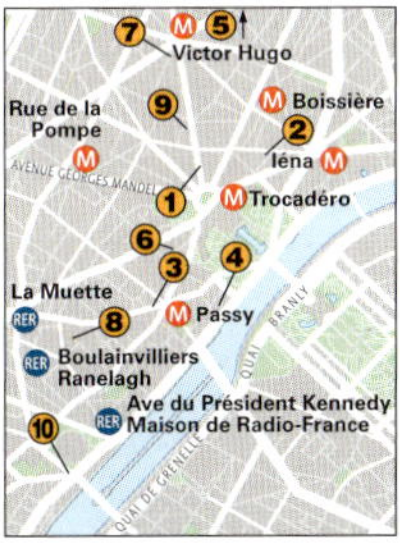

10 Zebra Square
Um reduto de pessoal da mídia, perto da rede estatal de rádio francesa. Os brunches de domingo são muito populares. *Pl Clément-Ader 3 75016 • Mapa A4 • 01 44 14 91 91 • €€€€€*

Todos os restaurantes aceitam cartões de crédito e servem pratos vegetarianos, exceto quando há indicação do contrário

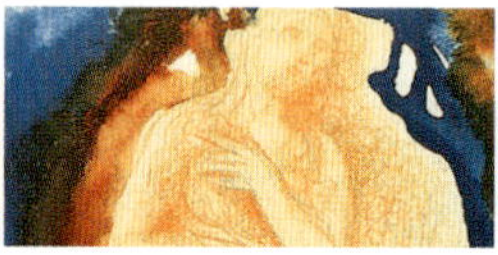

Sacré-Coeur; Espace Montmartre Salvador Dalí; Place Pigalle

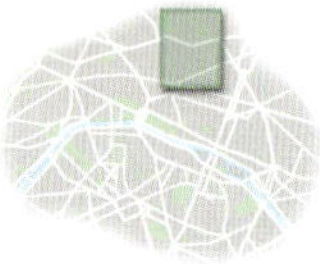

Montmartre e Pigalle

PINTORES E POETAS, *de Picasso a Apollinaire, produziram arte em Montmartre, e o bairro ficou para sempre associado ao estilo de vida boêmio dos artistas do final do século XIX e início do XX. Hoje ainda há muitos artistas por aqui, como os que pintam retratos rápidos de turistas na place du Tertre. O nome da área significa "monte dos mártires", uma homenagem ao primeiro bispo de Paris, St. Denis, que foi decapitado aqui pelos romanos no ano 250 d.C. Mas os parisienses o chamam de "Butte" (colina), por ser o ponto mais elevado da cidade. Hordas de turistas sobem as ladeiras para apreciar as magníficas vistas a partir da esplanada da Sacré-Coeur, lotando a praça principal do bairro, mas você também pode descobrir os encantos de Montmartre ao subir as tortuosas ruas e andar pelas pequenas praças e terraços. Ao pé do morro, Pigalle, antes o reduto de salões de dança e cabarés, foi em grande parte tomado por casas de espetáculos eróticos baratos ao longo do boulevard de Clichy.*

Pintor de rua, Montmartre

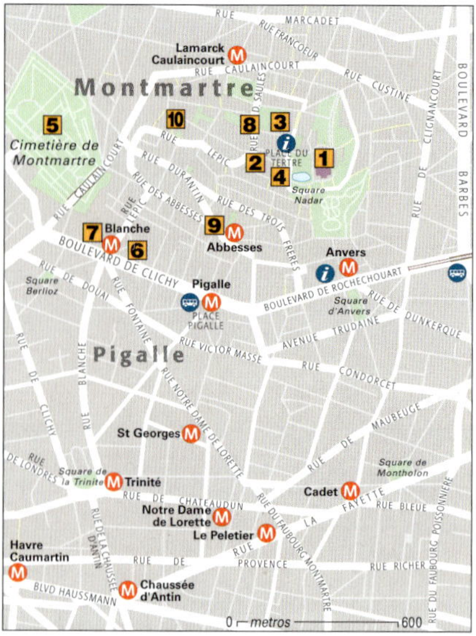

TOP 10 Destaques

1. Sacré-Coeur
2. Espace Montmartre Salvador Dalí
3. Musée de Montmartre
4. Place du Tertre
5. Cimetière de Montmartre
6. Musée de l'Erotisme
7. Moulin Rouge
8. Au Lapin Agile
9. Place des Abbesses
10. Moulin de la Galette

1 Sacré-Coeur
pp. 22-3.

2 Espace Montmartre Salvador Dalí
As obras de Dalí neste museu podem não ser as mais famosas ou as melhores, mas ainda assim ele é visita obrigatória para qualquer admirador do surrealista espanhol *(p. 144)*. Mais de 300 desenhos e esculturas estão expostos sob luzes e efeitos sonoros high-tech, que incluem a própria voz de Dalí, criando uma atmosfera "surreal". Também há bronzes de seus memoráveis relógios "fluidos" *(p. 37)*.
Rue Poulbot 11, 75018 • Mapa F1 • Aberto 10h-18h diariam (20h jul-ago) • Entrada paga • www.daliparis.com

3 Musée de Montmartre
Este museu fica na melhor mansão de Montmartre, também conhecida como Le Manoir de Rose de Rosimond devido ao ator do século XVII que foi dono dela. A partir de 1875, foi moradia e ateliê de vários artistas. Por meio de desenhos, fotos e objetos, o museu apresenta a história da área de Montmartre, desde seus dias de convento no século XII até o presente, com ênfase no estilo de vida boêmio da Belle Époque. Há um bistrô do século XIX que foi reformado e jardins encantadores, onde Renoir costumava pintar. *Rue Cortot 12, 75018 • Aberto 10h-18h diariam • Fechado 1º jan, 25 dez • Entrada paga • www.museedemontmartre.fr*

4 Place du Tertre
Com 130m de altitude, a antiga praça da vila de Montmartre, cujo nome significa "outeiro", é o ponto mais alto da cidade. Se ela teve algum encanto pitoresco, hoje infelizmente ele está oculto sob a armadilha para turistas de seus restaurantes caríssimos e da horda de pintores retratistas que vendem seus serviços pela rua, embora as luzes mágicas à noite ainda criem um clima envolvente. No nº 21 fica o velho escritório de informações de Montmartre, que dá detalhes sobre a área. Perto daqui, a igreja de St.-Pierre de Montmartre é tudo o que restou da abadia beneditina que houve no local desde 1133 até a Revolução Francesa. *Mapa F1*

5 Cimetière de Montmartre
O principal cemitério do bairro fica abaixo de uma movimentada rua, numa antiga pedreira de gesso, mas é mais tranquilo do que parece à primeira vista assim que você desce abaixo do nível da rua. Os túmulos de pessoas ilustres, muitos deles com monumentos esculpidos, ficam apertados no espaço reduzido deste cemitério e refletem a inclinação artística dos antigos residentes da área, como os compositores Hector Berlioz e Jacques Offenbach, os escritores Stendhal e Alexandre Dumas, o dançarino russo Nijinsky e o diretor de cinema François Truffaut.
Ave Rachel 20, 75018 • Mapa E1

Escultura retratando o escritor Marcel Aymé

Vinhedos de Montmartre

É difícil imaginar isso hoje, mas Montmartre já foi uma região vinícola francesa de qualidade, no nível de Bordeaux e da Borgonha. Havia 20 mil ha de vinhedos em Paris em meados do século XVIII, mas hoje são produzidas apenas mil garrafas de vinho por ano, das 2 mil videiras que restaram em Montmartre. O dinheiro da venda é destinado à caridade.

6 Musée de l'Erotisme

Com mais de 2 mil itens do mundo todo, este museu apresenta formas de arte erótica expressas na pintura, escultura, fotografia e em desenhos, e também objetos cujo único objetivo parece ser a estimulação sexual. Tudo é apresentado com bom gosto, refletindo o interesse sincero dos três colecionadores que fundaram o museu em 1997 – explorar os aspectos culturais do erotismo. As mostras abrangem desde objetos espirituais de culturas primitivas até obras de arte extravagantes. *Blvd de Clichy 72, 75018 • Mapa E1 • Aberto 10h-2h diariam • Entrada paga • www.musee-erotisme.com*

7 Moulin Rouge

O Moulin Rouge ("moinho vermelho") é o mais famoso dos salões de dança da Belle Époque que escandalizavam os mais moralistas e atraíam artistas e boêmios de Montmartre. Henri de Toulouse-Lautrec imortalizou essa era com seus esboços e pôsteres de dançarinas como Jane Avril, alguns deles hoje expostos no Musée d'Orsay *(p. 13)*. A casa ainda apresenta espetáculos de cabaré *(p. 58)*. *Blvd de Clichy 82, 75018 • Mapa E1 • Shows diariam às 21h e 23h (jantar às 19h) • www.moulinrouge.fr*

8 Au Lapin Agile

Este restaurante e cabaré da Belle Époque era frequentado por Picasso, Renoir e pelos poetas Apollinaire e Paul Verlaine. Seu nome vem de uma pintura bem-humorada de André Gill, na qual um coelho *(lapin)* saltava sobre um pote de comida, e cujo título era "Lapin à Gill". Com o tempo, ficou conhecido por seu nome atual ("coelho ágil") *(p. 58)*. *Rue des Saules 22, 75018 • Mapa F1 • Aberto 21h-1h ter-dom • www.au-lapin-agile.com*

Au Lapin Agile

Moulin de la Galette

9 **Place des Abbesses**
Esta bonita praça fica ao pé da *butte*, entre Pigalle e a place du Tertre. Se você chegar nela pela estação de metrô de mesmo nome, poderá apreciar uma das poucas estações art nouveau originais que restaram na cidade. Desenhada pelo arquiteto Hector Guimard, ela ostenta arcos ornamentais verdes de ferro trabalhado, luminárias âmbar e, no teto, um escudo de navio, o símbolo de Paris. Junto com a de Porte Dauphine, é a única estação que preserva seu teto de vidro original. Um mural pintado por artistas locais enfeita a escada em espiral na entrada. Mas não desça a pé até a plataforma, pegue o elevador – é a estação mais profunda de Paris, com 285 degraus. *Mapa E1*

10 **Moulin de la Galette**
Montmartre tinha antes mais de 30 moinhos, usados para prensar uvas e moer trigo; este é um dos dois que ainda restaram. Durante o Cerco de Paris em 1814, seu dono, Pierre--Charles Debray, foi crucificado nas pás por soldados russos. Virou um salão de dança no século XIX e inspirou quadros de Renoir e Van Gogh *(p. 144)*. Hoje é um restaurante, mas pode ser apreciado desde fora, e a rue Lepic vale uma visita, por suas lojas e restaurantes. *Rue Lepic 83, 75018 • Mapa E1*

Um Dia em Montmartre

Manhã

Como em todas as atrações muito concorridas, é bom chegar o mais cedo possível à **Sacré-Coeur** *(pp. 22-3)*, para poder apreciá-la bem – ela abre às 8h. Mais no meio da manhã, você pode se entreter vendo o agito de Montmartre, com turistas tendo seus retratos pintados pelos artistas de rua na **Place du Tertre** *(p. 141)*. Há muitos lugares a escolher para tomar um café, mas o que os artistas mais frequentam é o Clairon des Chasseurs *(Pl du Tertre 3 • 01 42 62 40 08)*.

Para arte surrealista, visite o **Espace Montmartre Salvador Dalí** *(p. 141)*. Siga pela rue des Saules para prosseguir com a temática artística e almoce no La Maison Rose *(Rue de l'Abreuvoir 2 • 01 42 57 66 75)*. Maurice Utrillo pintou esse lindo restaurante cor-de-rosa.

Tarde

Depois de almoçar, você pode ir ao **Musée de Montmartre** *(p. 141)*, aos vinhedos da região e ao pequeno Cimetière St.-Vincent, onde está o túmulo de Utrillo. Todos eles ficam mais ou menos perto.

Volte à rue Lepic para ver o **Moulin de la Galette** e depois siga até o boulevard de Clichy. Aqui fica o lado mais obsceno de Pigalle, embora o **Musée de l'Erotisme** seja uma interpretação bem interessante desse tema.

A leste há um ótimo bar para um aperitivo, o La Fourmi *(Rue des Martyrs 74 • 01 42 64 70 35)*. Termine o dia assistindo a um espetáculo no famoso **Moulin Rouge**.

Escultura de Dalí; Pablo Picasso; *Moulin de la Galette*, de Renoir (detalhe)

TOP 10 Pintores em Montmartre

1 Pablo Picasso

Picasso (1881-1973) pintou *Les demoiselles d'Avignon* em 1907 quando morava no Bateau--Lavoir. Esta foi a pintura que inaugurou o movimento cubista, lançado por Picasso e seus amigos Georges Braque e Juan Gris, também residentes aqui, .

2 Salvador Dalí

O pintor catalão (1904-89) veio a Paris em 1929 e fez sua primeira exposição surrealista naquele ano. Tinha um ateliê em Montmartre, e sua arte é celebrada agora no Espace Montmartre Salvador Dalí *(p. 141)*.

3 Vincent Van Gogh

O gênio holandês (1853-90) viveu um tempo no terceiro andar da rue Lepic 54. Pintou vários quadros inspirado pelo moinho do Moulin de la Galette *(p. 143)*.

4 Pierre-Auguste Renoir

Renoir (1841-1919) foi outro artista que encontrou inspiração no Moulin de la Galette, quando morava na rue Cortot 12. Foi por um tempo garçom no Au Lapin Agile *(p. 142)*.

5 Edouard Manet

Manet (1832-83) costumava frequentar os redutos de artistas de Montmartre e escandalizou o mundo da arte com as pinturas de nus, como a sua famosa *Olympia (p. 13)*.

6 Maurice Utrillo

Utrillo (1883-1955) pintou vários quadros desde o Auberge de la Bonne-Franquette, retratando bem o ambiente da velha Montmartre. Sua mãe era a pintora Suzanne Valadon, e ambos viveram na rue Cortot 12, hoje sede do Musée de Montmartre *(p. 141)*.

7 Henri de Toulouse-Lautrec

Toulouse-Lautrec (1864-1901) está mais associado a Montmartre do que qualquer outro artista. Seus esboços e pôsteres de dançarinas do Moulin Rouge e de outros salões de baile são hoje o grande ícone daquela época *(p. 13)*.

Toulouse-Lautrec

8 Raoul Dufy

O pintor Dufy (1877-1953) morou na Villa Guelma, no boulevard de Clichy, de 1911 a 1953, quando estava no auge de sua carreira.

9 Amedeo Modigliani

Este pintor e escultor italiano (1884-1920) chegou a Paris em 1906, quando tinha 22 anos de idade, e sofreu forte influência de Toulouse--Lautrec e de outros artistas da cena de Montmartre.

10 Edgar Degas

Degas nasceu em Paris em 1834 e morou na cidade a vida inteira, a maior parte do tempo em Montmartre. Morreu aqui em 1917 e está enterrado no cemitério de Montmartre *(p. 141)*.

Art Brut, Halle Saint Pierre; Mercado da rue de Poteau

TOP 10 Longe da Multidão

1 St.-Jean l'Evangéliste de Montmartre

Esta igreja de 1904 tem vários estilos conflitantes, do mourisco ao art nouveau. *Rue des Abbesses 21, 75018 • Mapa E1 • Aberto diariam • Gratuito*

2 Prefeitura de Montmartre

Neste belo edifício há dois quadros de Utrillo. *Pl Jules-Joffrin 1, 75018 • Metrô Jules Joffrin*

3 Hameau des Artistes

Este pequeno reduto de ateliês de artistas é particular, mas ninguém vai se importar muito se você quiser dar uma olhada em silêncio. *Ave Junot 11, 75018 • Mapa E1*

4 Musée de la Vie Romantique

A escritora George Sand era frequentadora desta casa, que hoje é dedicada à sua obra. *Rue Chaptal 16, 75009 • Mapa E1 • Aberto 10h-18h ter-dom • Entrada paga para exposições temporárias*

5 Musée Gustave Moreau

A antiga casa deste pintor simbolista hoje expõe uma grande coleção de suas obras. *Rue de La Rochefoucauld 14, 75009 • Mapa E2 • Aberto 10h-12h45, 14h-17h15 qua-seg (dia todo sex-dom) • Entrada paga • www.musee-moreau.fr*

6 Halle Saint Pierre

Este centro cultural expõe arte primitiva folclórica, bem como a chamada Art Brut. *Rue Ronsard 2, 75018 • Mapa F1 • 01 42 58 72 89 • Aberto 10h-18h diariam (até 19h sáb, a partir das 11h dom) • Fechado ago e feriados • Entrada paga*

7 Cité Véron

Neste beco sem saída está instalada a Académie des Arts Chorégraphiques, uma escola de dança. *Blvd de Clichy 92, 75018 • Mapa E1*

8 Square Suzanne-Buisson

A praça homenageia a combatente da Resistência durante a Segunda Guerra Mundial. É um local bem romântico. *Mapa E1*

9 Mercado da Rue de Poteau

Ótimo mercado de alimentos, bem afastado da rota turística. *Metrô Jules Joffrin*

10 Crypte du Martyrium

Uma capela simples, tranquila, do século XIX. Dizem que fica no local onde St. Denis, padroeiro de Paris, foi decapitado pelos romanos em 250 d.C. *Rue Yvonne-Le-Tac 11, 75018 • Mapa E1 • 01 42 23 48 94 • Aberto 15h-18h sex*

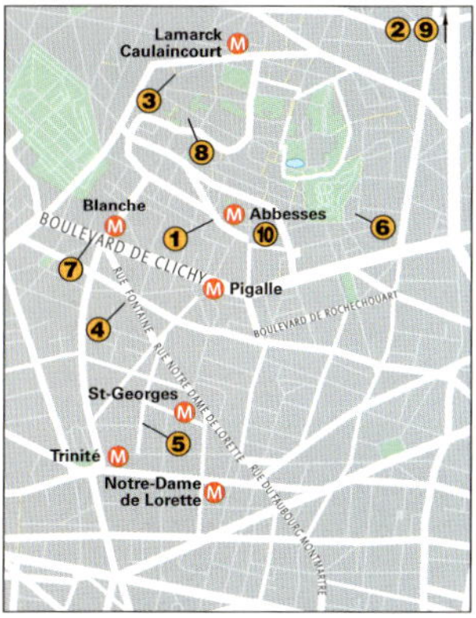

Au Lapin Agile; Moulin Rouge

TOP 10 Cabarés e Clubes

1 Au Lapin Agile

Poetas e pintores não apenas bebiam neste cabaré – alguns, como Renoir e Verlaine, também serviam as mesas. Picasso pagou uma conta aqui com uma tela sua da série Arlequins *(p. 142).*

2 Moulin Rouge

Tão antigo quanto a Torre Eiffel (1889) e igualmente parte da imagem de Paris. Sua trupe atual de 60 coristas é a versão moderna de Jane Avril e La Goulue *(p. 142).* ✆ *Blvd de Clichy 82, 75018 • Mapa E1*

3 Autour de Midi et Minuit

Saboreie a deliciosa comida de bistrô e depois desça até o porão com arcadas para ouvir um concerto de jazz. ✆ *Rue Lepic 11, 75018 • Mapa E1 • Fechado dom, seg, fim fev, ago*

4 Le Carmen

Excelentes drinques e noites temáticas com música ao vivo. ✆ *Rue Duperré 34, 75009 • Mapa E1 • 01 45 26 50 00 • Fechado dom-qua, ago*

5 La Nouvelle Eve

Um dos cabarés menos conhecidos. O enfoque é intimista, mas os espetáculos são altamente profissionais. ✆ *Rue Fontaine 25, 75009 • Mapa E1*

6 Le Bus Palladium

Esta casa dos anos 1960 é palco de shows de rock alternativo. ✆ *Rue Pierre Fontaine 6, 75009 • Mapa E1 • 01 45 26 80 35 • Fechado dom, seg*

7 Cabaret Michou

Um atrevido show de drags e um lendário apresentador, de comportamento imprevisível, recriam o espírito original dos cabarés de Montmartre. ✆ *Rue des Martyrs 80, 75018 • Mapa E1*

8 Folies Pigalle

Este antigo clube de strip-tease é agora um dos mais agitados locais de dança, bem popular entre o público gay. ✆ *Pl Pigalle 11, 75018 • Mapa E1*

9 La Machine du Moulin Rouge

Perto do Moulin Rouge, este local oferece noites dançantes e shows. ✆ *Blvd de Clichy 90, 75018 • Mapa E1*

10 Le Divan du Monde

Tem world music, DJ e música ao vivo, além de eventos de dança. ✆ *Rue des Martyrs 75, 75018 • Mapa E1*

Veja mais sobre clubes de jazz em Paris nas **pp. 62-3**

Café Burq

Categorias de Preço

Refeição para uma pessoa com três pratos, meia garrafa de vinho, impostos e serviço.	€	até €30
	€€	€30-€40
	€€€	€40-€50
	€€€€	€50-€60
	€€€€€	mais de €60

TOP 10 Restaurantes

1 Café Burq
Autêntico bistrô de Montmartre, com clientela moderna. A especialidade é o camembert assado com mel. *Rue Burq 6, 75018 • Mapa E1 • 01 42 52 81 27 • Fechado almoço, dom, 1 sem no Natal • Sem acesso para portadores de deficiência • €€*

2 Le Miroir
Culinária francesa clássica, com menu sazonal. *Rue des Martyrs 94, 75018 • Map E1 • 01 46 06 50 73 • Sem acesso para portadores de deficiência • Fechado almoço dom, seg • €€€*

3 Table d'Eugène
Este restaurante chique serve cozinha fina por preço bem razoável. *Rue Eugène Sue 18, 75018 • 01 42 55 61 64 • Fechado dom, seg, ago • €€*

4 Restaurant Jean
Esta brasserie oferece ótima comida contemporânea e tem uma estrela Michelin. *Rue St.-Lazare 8, 75009 • Mapa E1 • 01 48 78 62 73 • Aberto diariam (brunch somente sáb e dom) • €€€€*

5 Le Pétrelle
Restaurante com decoração excêntrica, atmosfera intimista e um cardápio fixo criativo à base de produtos locais. *Rue Pétrelle 34, 75009 • Mapa F1 • 01 42 82 11 02 • Fechado dom, seg, 1ª sem mai, ago • €€€*

6 Rose Bakery
Quiches quadradas, bolos de cenoura e doces deliciosos têm feito a fama deste lugar. *Rue des Martyrs 46, 75009 • Mapa F2 • 01 42 82 12 80 • Fechado jantar, seg • €*

7 Charlot "Roi des Coquillages"
Brasserie art déco especializada em frutos do mar. *Blvd de Clichy 81, 75009 • Mapa E1 • 01 53 20 48 00 • Sem acesso para portadores de deficiência • €€€€*

8 Le Cul de Poule
Bistrô com pratos franceses modernos e uma boa carta de vinhos. *Rue des Martyrs 53, 75009 • Mapa F2 • 01 53 16 13 07 • Fechado almoço dom, algumas semanas dez-jan • €€*

9 Hotel Amour
O aconchegante restaurante deste hotel serve culinária inglesa. *Rue de Navarin 8, 75009 • Mapa F2 • 01 48 78 31 80 • €€*

10 Chamarré de Montmartre
A criativa culinária fusion mauritana-francesa é servida no terraço. *Rue Lamarck 52, 75018 • Mapa E1 • 01 42 55 05 42 • Sem acesso para portadores de deficiência • €€€€*

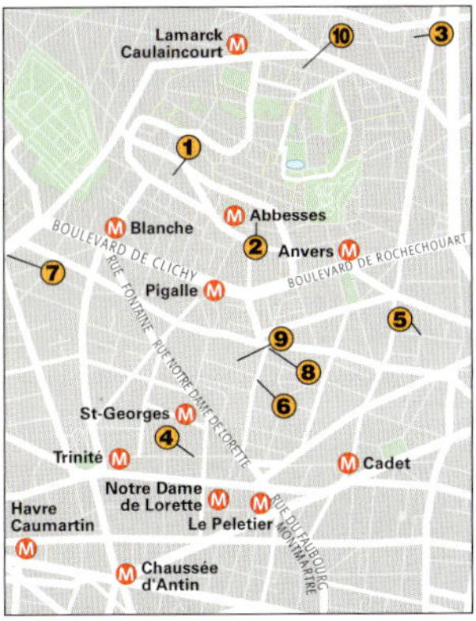

Todos os restaurantes aceitam cartões de crédito e servem pratos vegetarianos, exceto quando há indicação do contrário

Bois de Boulogne; Cimetière Père-Lachaise; Parc Monceau

Grande Paris

O CENTRO DE PARIS TEM ATRAÇÕES SUFICIENTES *para manter qualquer visitante ocupado, mas vale a pena fazer pelo menos uma incursão fora do centro, não importa se a intenção é ir até o luxuoso Palace de Versailles, antiga residência do "rei Sol", Luís XIV, ou até o reino encantado da Disneyland Paris. O excelente sistema de metrô permite acesso fácil à área desses dois parques, assim como ao Bois de Boulogne e ao Bois de Vincennes, onde há inúmeras opções de atividades ao ar livre, como andar de barco ou a cavalo, patinar ou simplesmente passear no meio do agradável espaço verde. Em contraste com esses prazeres bucólicos, pode-se apreciar a moderna arquitetura de La Défense. Com seu visual impressionante, esta área abriga a Paris dos negócios, a oeste da cidade, com várias atrações em seus centros de exposições. Há ainda dois grandes cemitérios fora do centro que merecem uma visita por seus túmulos ornamentados.*

TOP 10 Destaques

1. Versailles
2. Disneyland Resort Paris
3. La Défense
4. Bois de Vincennes
5. Bois de Boulogne
6. Parc de la Villette
7. Montparnasse
8. Cimetière du Père-Lachaise
9. Parc Monceau
10. Musée Marmottan--Claude Monet

Sculptures, Versailles

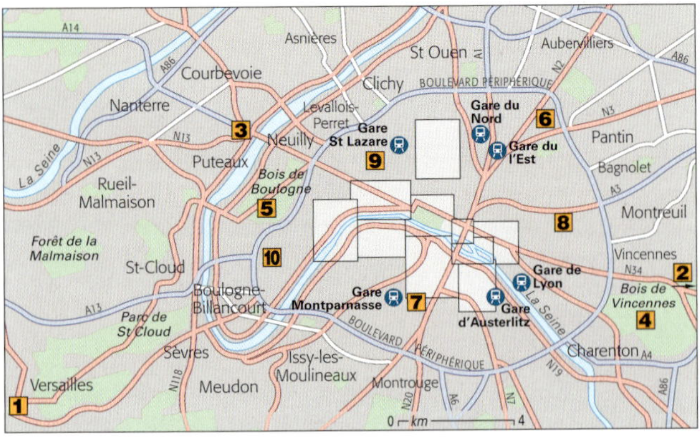

Nas páginas anteriores, **jardins de Versailles**

1 Versailles

O principal passeio de um dia fora de Paris tem que ser Versailles. Esse impressionante castelo, cuja construção foi iniciada por Luís XIV em 1664, causa forte impacto por seu luxo e dimensões. Planeje o que você quer ver e procure chegar cedo, pois mesmo um dia inteiro pode não ser suficiente. Grande parte do palácio só é acessível em visitas guiadas *(p. 154)*. Para evitar filas, compre um passaporte Versailles on-line. *Versailles 78000 • RER linha C para Versailles-Rive Gauche • Château aberto abr-out: 9h-18h30 ter-dom; nov-mar: 9h-17h30 ter-dom; jardins abertos 8h-20h30 diariam (até 18h inverno) • Fechado feriados • Entrada paga • www.chateauversailles.fr*

2 Disneyland® Paris

Provavelmente quem vem a Paris com crianças não terá outra opção a não ser visitar a filial de Paris da Disney. No entanto, até os pais vão gostar dos brinquedos de alta tecnologia e da imaginação por trás de atrações como Piratas do Caribe e A Casa Mal-Assombrada *(p. 60)*. O parque Walt Disney Studios® envolve as pessoas de modo interativo nos filmes, no final dos espetáculos com dublês profissionais e em atrações com efeitos especiais. *Marne-la-Vallée • RER linha A até Marne-la--Vallée Chessy/Disneyland • Aberto set-jun: 9h-20h diariam; jul-ago: 9h-23h diariam (Studios set-jun: 9h-18h diariam; jul-ago: 9h-20h diariam); horários variam no parque Walt Disney Studios • Entrada paga • www.disneylandparis.com*

3 La Défense

A competência e a visão francesas, junto com a elegância do estilo parisiense, ficam claramente visíveis nessa área de desenvolvimento urbano. Esse complexo de negócios e da administração pública foi criado intencionalmente a oeste da cidade para permitir que o centro continue livre de arranha-céus. Mas, apesar de ser uma área de escritórios, oferece um visual de grande impacto, com o seu Grande Arche, uma estrutura similar a um cubo, com um centro largo o suficiente para conter a Notre-Dame, rodeado por obras de arte, uma fonte e vários cafés e restaurantes. *Metrô Esplanade de la Défense ou RER linha A até Grande-Arche-de-la-Défense*

4 Bois de Vincennes

A sudeste da cidade fica o Bois de Vincennes, que tem vários lagos, barcos para alugar, lindos jardins, um centro budista, um zoológico e um parque de diversões. O Château de Vincennes era uma residência real antes de Versailles e tem a muralha mais alta da Europa. Quem estiver em boa forma pode andar até aqui a partir da Bastille, pela Promenade Plantée, um antigo viaduto para trens. *Vincennes, 94300 • Metrô Château de Vincennes/RER Vincennes • Parque aberto amanhecer-anoitecer diariam; château set-abr: 10h-17h; mai-ago: 10h-18h • Fechado feriados • www.chateau-vincennes.fr*

Grande Arche, La Défense

O Tratado de Versalhes

França, Grã-Bretanha, Estados Unidos, Itália e Alemanha negociaram em Versailles esse acordo após a Primeira Guerra Mundial, o que exigiu da Alemanha desmilitarizar parte de seu território, reduzir o porte do exército, abolir o alistamento, parar de comercializar equipamentos militares e pagar indenizações. O tratado foi assinado em 28 de junho de 1919.

5 Bois de Boulogne

Este imenso parque é o retiro verde preferido dos parisienses, em especial nos fins de semana de verão, quando seus 865ha chegam a ficar lotados. Há muita coisa para se fazer aqui. Além de passear e fazer piquenique, pode-se andar de bicicleta, a cavalo, de barco ou visitar atrações. Existem vários parques dentro deste parque, duas pistas de corrida *(p. 51)* e um museu de arte e folclore. O Bois de Boulogne fica aberto 24 horas, mas é bom evitá-lo à noite. *Mapa A2*

6 Parc de la Villette

Mais que um parque, esta área foi criada em 1993 segundo um projeto futurista. Ela tem os aspectos usuais de um parque, como alamedas e jardins, mas as modernas esculturas, os seus bancos bizarros e várias atrações de alta tecnologia criam outro ambiente. Aqui fica, por exemplo, o museu de ciência interativo, Cité des Sciences et de l'Industrie, um cinema móvel hidráulico com 60 assentos, um cinema Omnimax, áreas com brinquedos para crianças menores e um instituto de música *(p. 60)*.

Ave Corentin-Cariou 30, 75019 • Metrô Porte de Pantin • 01 40 03 75 75 • Horários dependem de cada atração • Entrada paga para algumas atrações • www.villette.com

7 Montparnasse

É fácil localizar Montparnasse visualmente, devido à sua Tour du Montparnasse, de 209m de altura, que oferece vistas muito bonitas. Saindo dela, anda-se cinco minutos e chega-se à principal atração da área, o Cimetière du Montparnasse, onde estão enterrados escritores como Maupassant, Sartre, Simone de Beauvoir, Baudelaire e Beckett *(p. 156)*. Aprecie belíssimas vistas de Paris à noite indo ao restaurante de cobertura Le Ciel de Paris.

Metrô Gare Montparnasse • Tour du Montparnasse aberto 9h30-23h30 diariam (inverno até 22h30, 23h sáb e dom); entrada paga • Cemitério aberto 8h30-17h30 diariam; gratuito • www.tourmontparnasse56.com

Cimetière du Montparnasse

8 Cimetière du Père-Lachaise

Este é o cemitério mais visitado do mundo, em grande parte devido aos fãs de rock que vêm de vários países para ver o túmulo do lendário cantor Jim Morrison, da banda The Doors. Há cerca de 1 milhão de sepulturas e quase 70 mil túmulos, entre eles os de Chopin, Oscar Wilde, Balzac, Edith Piaf, Colette, Molière e Delacroix *(p. 156)*. Há mapas afixados por todo o cemitério para permitir localizar os túmulos das celebridades, mas pode-se pegar uma versão mais detalhada nos quiosques em volta do cemitério. *Rue du Repos 16 • Metrô Père-Lachaise • 01 55 25 82 10 • Aberto 8h-17h30 seg-sex, 8h30-17h30 sáb, 9h-17h30 dom (mar-nov até 18h) • Gratuito*

9 Parc Monceau

Este pequeno parque não fica mais longe do centro da cidade do que Montmartre e, no entanto, passa despercebido para muitos visitantes. Foi criado em 1778 pelo duque de Chartres e ainda é frequentado pelos residentes ricos. É um lugar cheio de estátuas e muito agradável para um passeio *(p. 38)*. *Blvd de Courcelles, 75008 • Metrô Monceau*

10 Musée Marmottan-Claude Monet

Paul Marmottan foi um historiador de arte, e sua mansão do século XIX agora abriga a maior coleção do mundo de obras de Claude Monet *(p. 13)*, incluindo seu quadro *Impressão: sol nascente*, que acabou dando nome ao movimento impressionista. A coleção foi doada pelo filho do pintor em 1966, e dela fazem parte também vários quadros de Renoir e Gauguin que o artista reuniu. *Rue Louis-Boilly 2, 75016 • Metrô Muette • Aberto 10h-18h ter-dom (até 20h qui) • Entrada paga • www.marmottan.com*

Uma Amostra da Grande Paris

Manhã

Não é possível cobrir a Grande Paris num dia, já que tanto a **Disneyland Resort Paris** como **Versailles** *(p. 151)* exigem pelo menos um dia inteiro.

Para quem gosta de ver coisas variadas, a sugestão é ir até **Montparnasse** de metrô. Em frente à estação fica a Tour Montparnasse – vá até o alto dela e admire a vista. Depois tome um cafezinho no seu Panoramic Bar.

Ao sair, pegue o boulevard Edgar Quinet. À sua direita fica a entrada do **Cimetière du Montparnasse**. Passear uma hora por aqui deve ser o suficiente.

Ande em direção à estação de metrô Vavin até chegar ao histórico café-brasserie **La Coupole** *(p. 157)* para almoçar.

Tarde

Pegue o metrô na estação Vavin, faça baldeação em Réaumur-Sébastopol para o **Cimetière du Père-Lachaise** e explore o outro grande cemitério da cidade. Passe uma ou duas horas vendo os túmulos das celebridades e apreciando a arquitetura dos monumentos. Depois faça uma parada para comer e beber algo num café dos arredores, como o Le Saint Amour *(Ave Gambetta 2 • 01 47 97 20 15 • Metrô Père-Lachaise)*. Do Père-Lachaise, é preciso fazer de novo apenas uma mudança de metrô, na estação Nation, para o **Bois de Vincennes**, onde você pode passar o final da tarde no parque, passeando e admirando seu castelo.

Pátio de mármore; Jardins do palácio

TOP 10 Versailles

1 A Sala dos Espelhos

A espetacular Galerie des Glaces, com 70m de comprimento, foi magnificamente restaurada. Esta é a sala em que, em 1919, foi assinado o Tratado de Versalhes, que formalmente pôs fim à Primeira Guerra Mundial.

2 Chapelle Royale

Esta capela real é considerada uma das principais construções barrocas do país. Concluída em 1710, com suas elegantes colunas coríntias de mármore branco e numerosos murais, é um lugar muito inspirador para orações.

3 Salon de Venus

Nesta requintada sala, decorada principalmente com mármore, há uma estátua de Luís XIV, o criador de Versailles, bem no centro, difundindo seu esplendor sob o teto com elaboradas pinturas.

4 Quarto da Rainha

Este luxuoso quarto, onde nasceram dezenove infantes reais, foi meticulosamente restaurado para ficar como era na época em que foi usado pela última vez, por Maria Antonieta, em 1789.

5 Pátio de Mármore

Ao se aproximar da frente do palácio atravessando o amplo pátio aberto, os visitantes finalmente têm pela frente o esplendor do pátio de mármore preto e branco, a parte mais antiga do palácio. As alas norte e sul são acréscimos posteriores.

6 L'Opéra

A luxuosa casa de ópera foi construída em 1770 para o casamento de Delfim, o futuro Luís XVI, com Maria Antonieta. O piso foi projetado de modo que pudesse ser erguido e funcionasse como palco em festividades especiais.

7 Le Trianon

No canto sudeste dos jardins, Luís XIV e Luís XV mandaram construir o Grand e o Petit Trianon, pequenos palácios usados como retiros "particulares". Maria Antonieta recebeu o Petit Trianon como um presente de Luís XVI.

8 Jardins do Palácio

Os jardins do palácio têm inúmeras alamedas, topiaria, fontes, lagos, estátuas e a Orangerie, uma estufa onde eram mantidas plantas exóticas durante o inverno. A magnífica fonte de Netuno fica situada ao norte da ala norte.

9 Salon d'Apollon

A sala do trono de Luís XIV é naturalmente um dos destaques do palácio e ostenta um retrato magnífico do "rei Sol". Dedicada ao deus Apolo, ela reflete muito bem a autoimagem divina propalada pelos monarcas franceses.

10 Os Estábulos do Rei

Os magníficos estábulos reais foram muito bem restaurados e hoje abrigam a famosa academia de equitação Bartabas.

As atrações não abrem no mesmo horário; cheque ao chegar

Passeio de barco pelo lago; Passeio de bicicleta

TOP 10 Bois de Boulogne

1 Parc de Bagatelle
Há vários estilos de parque aqui – de jardins ingleses a jardins japoneses –, mas a principal atração é o imenso roseiral, que fica esplêndido em junho.

2 Parc Pré Catelan
Este parque dentro do parque fica no centro do Bois. No meio de seus gramados e bosques há uma magnífica faia de 200 anos de idade, além de um restaurante com o nome do parque *(p. 157)*.

3 Jardin d'Acclimatation
A principal área para crianças do Bois tem um pequeno parque de diversões, uma fazendinha de animais e um Museu de Ervas voltado também ao público infantil *(p. 60)*.

4 Lagos
Há dois lagos bem estreitos, um ao lado do outro. O maior, chamado de Lac Inférieur (o outro, obviamente, é o Lac Supérieur), tem barcos para alugar e um barco a motor que faz o transporte até as ilhas.

5 La Grande Cascade
Esta cachoeira artificial constituiu um grande empreendimento quando o parque foi construído e exigiu o transporte de concreto pelo Sena.

Jardim de Shakespeare

6 Stade Roland Garros
O lendário estádio de tênis com quadras de saibro é a sede do Aberto da França, torneio do Grand Slam realizado todos os anos em junho.

7 Château de Longchamp
Ao mesmo tempo em que redesenhava o centro de Paris *(p. 45)*, o barão Haussmann reformou o Bois de Boulogne. Este castelinho foi um presente de agradecimento de Napoleão III ao arquiteto.

8 Jardim de Shakespeare
Dentro do parque Pré Catelan, este pequeno jardim abriga todas as árvores, flores e ervas citadas em peças de Shakespeare. Há um lindo teatro ao ar livre aqui.

9 Jardin des Serres d'Auteuil
Este jardim do século XIX tem uma série de estufas onde são criadas plantas ornamentais. No centro há uma estufa com palmeiras e plantas tropicais.

10 Corrida de Cavalos
Há duas pistas de corrida no Bois. A oeste fica o Hippodrome de Longchamp, que abriga provas como o Prix de l'Arc de Triomphe *(p. 57)*; a leste está o Hippodrome d'Auteuil, onde são realizadas provas de equitação.

Veja mais sobre o Bois de Boulogne na **p. 152**

Cimetière du Père-Lachaise; Túmulo de Jim Morrison; Túmulo de Edith Piaf

TOP 10 Túmulos

1 Jim Morrison, Cimetière du Père-Lachaise
O vocalista americano da banda de rock The Doors passou os últimos meses de sua vida em Paris e morreu aqui em 1971. Fãs ainda fazem vigílias no seu túmulo, todo coberto com mensagens de pessoas do mundo inteiro.

2 Oscar Wilde, Cimetière du Père-Lachaise
O escritor dublinense morreu em 1900, depois de dizer suas últimas palavras no quarto de um hotel de Paris: "Ou esse papel de parede horrível vai embora, ou vou eu". Não deixe de ver seu túmulo com o imenso monumento de Jacob Epstein.

3 Fredéric Chopin, Cimetière du Père-Lachaise
O compositor e pianista polonês, nascido em 1810, morreu em Paris aos 39 anos. A estátua em seu túmulo mostra "o gênio da música mergulhado na tristeza".

4 Edith Piaf, Cimetière du Père-Lachaise
O "pequeno pardal" nasceu pobre no bairro parisiense de Belleville em 1915, a menos de 1.500m de onde foi enterrada em 1963, num túmulo simples, preto *(p. 63)*.

5 Marcel Proust, Cimetière du Père-Lachaise
Grande cronista de Paris, o escritor nasceu na cidade em 1871. Está enterrado no túmulo da sua família *(p. 47)*.

6 Samuel Beckett, Cimetière du Montparnasse
Ganhador do Nobel, o escritor irlandês instalou-se em Paris em 1937, depois de já ter estudado por um tempo na cidade. Morreu em 1989, e seu túmulo é uma lápide simples, que reflete bem a imagem enigmática que ele cultivou em vida *(p. 47)*.

7 Jean-Paul Sartre e Simone de Beauvoir, Cimetière du Montparnasse
Juntos na vida e na morte, embora nunca tenham chegado a morar sob o mesmo teto, têm um túmulo conjunto bastante simples. Ambos os filósofos nasceram, viveram e morreram em Paris.

8 Guy de Maupassant, Cimetière du Montparnasse
O grande romancista e contista francês morreu em Paris em 1893, e seu túmulo destaca-se pelo canteiro de arbustos com um livro aberto esculpido *(p. 46)*.

9 Charles Baudelaire, Cimetière du Montparnasse
O poeta que chocou o mundo com seus poemas na obra *As flores do mal* nasceu em Paris em 1821 e morreu na cidade em 1867.

10 Família Charles Pigeon, Cimetière du Montparnasse
Este elegante e comovente túmulo mostra Charles Pigeon e sua esposa deitados na cama, lendo à luz de uma lâmpada a gás, da qual ele foi o inventor.

Veja mais sobre os cemitérios da Grande Paris nas **pp. 152-3**

Categorias de Preço

Refeição para uma pessoa com três pratos, meia garrafa de vinho, impostos e serviço.		
	€	até €30
	€€	€30-€40
	€€€	€40-€50
	€€€€	€50-€60
	€€€€€	mais de €60

Le Dôme

TOP 10 Restaurantes

1 Le Pré Catelan
Escondido no Bois de Boulogne *(p. 152)*, este refinado restaurante fica num pavilhão, com ambiente romântico e serviço elegante. *Route de Suresnes, Bois de Boulogne, 75016 • Metrô Porte Maillot • 01 44 14 41 14 • Fechado dom, seg, 2 semanas inverno, 1 semana out • €€€€€*

2 Gordon Ramsay au Trianon
Pupilo do premiadíssimo Gordon Ramsay, Simone Zanoni é o chef deste restaurante com duas estrelas Michelin. *Blvd de la Reine 1, Versailles • RER linha C para Versailles • 01 30 84 55 56 • Fechado jantar sex e sáb, dom, seg, ago • €€€€€*

3 Le Resto du Roi
Este bistrô informal próximo ao château serve pratos clássicos, como foie gras de pato com compota de figos e salmão defumado com galhos de bétula. *Ave de Saint-Cloud 1, Versailles • 01 39 50 42 26 • Fechado qua, jantar seg, ter e dom • €*

4 La Coupole
Este marco de Paris fica perto do Cimetière du Montparnasse *(p. 152)*. O cardápio é eclético. *Blvd du Montparnasse 102, 75014 • Mapa E6 • 01 43 20 14 20 • €€€€*

5 La Closerie des Lilas
Uma instituição de Montparnasse, com piano-bar e terraço. A brasserie é mais barata e o steak tartare é recomendado. *Blvd du Montparnasse 171, 75006 • Mapa E6 • 01 40 51 34 50 • €€€€*

6 Le Dôme
Melhor restaurante de peixe em Montparnasse, era frequentado por Sartre. Comida ótima e uma decoração majestosa. *Blvd du Montparnasse 108, 75014 • Mapa E6 • 01 43 35 25 81 • Fechado dom e seg ago • €€€€€*

7 La Gare
Ao visitar o Bois de Boulogne, inclua La Gare no itinerário. Esta brasserie em uma antiga estação de trem possui um terraço de verão. *Chaussée de la Muette 19, 75016 • Metrô La Muette • 01 42 15 15 31 • €€€*

8 Le Baratin
Este bistrô, frequentado pelos moradores de Belleville, serve culinária francesa moderna com vinhos excelentes. O almoço a preço fixo faz sucesso. *Rue Jouye-Rouve 3, 75020 • 01 43 49 39 70 • Fechado dom, seg • Sem acesso para portadores de deficiência • Sem opções vegetarianas • €*

9 Le Chapeau Melon
De dia, loja de vinhos. De noite, restaurante charmoso. Há um menu a preço fixo, com ótima carta de vinhos. *Rue Rébeval 92, 75019 • 01 42 02 68 60 • Fechado seg-ter, 2 semanas ago • €€*

10 Relais d'Auteuil
Este restaurante gourmet fica na extremidade sul do Bois de Boulogne. O badejo com crosta de pimenta é apenas uma de suas especialidades deliciosas. *Blvd Murat 31, 75016 • Metrô Michel-Ange-Molitor • 01 46 51 09 54 • Fechado almoço, sáb, dom, seg, ago • €€€€€*

Todos os restaurantes aceitam cartões de crédito e servem pratos vegetarianos, exceto quando há indicação do contrário

STELLA ARTOIS
BAR
SANDWICH
TURC
SUBLIME !

DICAS DE VIAGEM

Hotel parisiense; Restaurante; Perfume francês

TOP 10 Planejamento

1 Quando Ir

Abril em Paris pode parecer um clichê, mas de fato é uma boa época para visitar a cidade. Primavera e outono são ambos bem agradáveis e há muitos parques e avenidas cheias de árvores para apreciar. Alguns restaurantes não abrem em agosto, quando a maioria dos parisienses sai de férias, mas mesmo assim há muito para fazer.

2 Escolha da Área

A Rive Gauche é uma boa escolha se você gosta do clima boêmio de cafés e estudantes. O Marais tem vários museus, lojas e restaurantes, e as áreas da Opéra e do Louvre ficam perto de tudo. Para gastar menos, é só ficar fora do centro e usar o metrô, excelente e barato.

3 Escolha do Hotel

Se o espaço para você é importante, pergunte o tamanho dos quartos: alguns são de fato bem apertados. Cheque também se o quarto fica de frente para ruas muito barulhentas e qual é a estação de metrô mais próxima do hotel. Veja se há elevador para todos os andares. Às vezes não há.

4 Escolha de um Restaurante

Se você faz questão de comer bem ou quer provar a comida de algum restaurante em particular, ligue e reserve algum antes de sair. Mas, se decidir confiar na sorte, a cidade tem muitos lugares para comer. Não esqueça que muitos restaurantes fecham nas segundas-feiras, nos fins de semana e em agosto.

5 O Que Ver

Não alimente a expectativa de ver Paris inteira numa visita de um fim de semana – não daria para ver nem todo o Louvre nesse tempo *(p. 8-11)*. Mesmo numa visita mais longa, não seja muito ambicioso: reserve tempo para simplesmente andar pelas ruas e relaxar num bar ou café, do jeito que os parisienses gostam de fazer. Tudo isso faz parte das delícias de Paris.

6 O Que Levar

Não é possível prever que tempo vai fazer, por isso pense que pode haver dias frios ou úmidos em quase qualquer época do ano e traga uma malha de lã, guarda-chuva e calçados confortáveis. Parisienses são informais, mas chiques, por isso traga alguma roupa mais elegante para jantar fora. Só os restaurantes mais caros exigem que os homens vão de gravata.

7 Quanto Dinheiro Levar

Os principais cartões de crédito (Visa, MasterCard, American Express) são aceitos em quase todos os lugares, e há muitos caixas automáticos por Paris, com os símbolos dos cartões aceitos. Mas procure ter alguns euros no bolso ao chegar, para pagar metrô ou táxi. Também há muitas agências e casas de câmbio espalhadas pela cidade.

8 Passaportes e Vistos

Não se exige visto de cidadãos brasileiros para estadas de menos de três meses, mas o passaporte deve ter validade superior a três meses em relação ao prazo final da permanência. Os cidadãos de outros países devem consultar a embaixada ou o consulado locais para obter mais informações antes de viajar.

9 Alfândega

Para cidadãos da União Europeia não há limites para mercadorias que entram ou saem da França, desde que se destinem a uso pessoal. Pessoas de fora da UE podem importar as seguintes quantidades sem pagar imposto: 200 cigarros ou uma cota equivalente de tabaco; 4 litros de vinho ou 2 litros de vinho mais 1 litro de bebida destilada; 60ml de perfume e 250ml de colônia; €350 em outros itens.

10 Crianças

Os parisienses não têm muita paciência com crianças agitadas, por isso tente garantir que as suas se comportem bem. Certos hotéis deixam as crianças dormirem no quarto dos pais sem cobrar adicional *(p. 179)*. À noite é raro vê-las em restaurantes, mas há muitas opções em que elas são bem-vindas.

Veja mais sobre hotéis em Paris nas **pp. 172-9**

Placa de saída do metrô; Preços de um restaurante

TOP 10 A Evitar

1 Segurança nas Ruas

Paris é razoavelmente segura. Os assaltos são raros, mas batedores de carteira e furtos são até comuns, por isso tome as precauções ditadas pelo bom senso. À noite, evite andar por Les Halles, Bois de Boulogne e Vincennes, e por pontos mais isolados do metrô e do RER.

2 Seguro de Saúde

Evite ter de custear eventuais tratamentos médicos e faça um seguro de saúde antes de sair do Brasil. Se tiver algum pequeno problema de saúde, vá até uma farmácia (são sinalizadas por uma cruz verde). Se estiver fechada, procure na janela o endereço da farmácia de plantão mais próxima.

3 Mendigos

Não confunda um autêntico sem-teto com pedintes organizados que atuam em pontos turísticos, os quais é melhor ignorar. Os que tocam no metrô por dinheiro em geral são "legítimos" e muitas vezes talentosos.

4 Batedores de Carteira

Costumam atuar em locais turísticos com muita gente e no transporte público, por isso fique de olho nas suas coisas. Não ande com a carteira no bolso de trás da calça e segure a bolsa ou a mochila bem firme, junto ao corpo, se possível na frente.

5 Pegar o Metrô Errado

Para evitar erros no trajeto no metrô, verifique num mapa o número da linha que você quer tomar e o nome da estação final do destino para o qual você se dirige. Todas as placas no metrô têm esse pressuposto, e o sistema é simples. Você sempre verá um painel na parede logo antes de chegar à plataforma; nele há uma lista dos destinos do trem, por isso você pode confirmar de novo *(p. 164)*. O RER às vezes é um pouco confuso. É melhor evitá-lo em trajetos no centro.

6 Multa nos Transportes

Guarde o seu bilhete de metrô, RER ou ônibus por todo o trajeto, pois algum inspetor pode solicitá-lo. Lembre-se de validar ou mostrar seu bilhete ao embarcar num ônibus.

7 Armadilhas

Em geral, é bom evitar as brasseries voltadas para turistas, com seu cardápio em várias línguas, bandeiras de vários países e fotos da comida que é oferecida. Os locais em que os parisienses costumam comer serão com certeza melhores.

8 Taxas Ocultas em Cafés ou Bares

Ao pagar uma conta, verifique se o serviço está incluso – geralmente está. Se quiser gastar menos, pegue a sua bebida ou o seu lanche no balcão. O preço cobrado é mais baixo e não se espera gorjeta.

9 Gorjetas

Restaurantes e cafés costumam cobrar de 10% a 15% de serviço, por isso basta deixar algum troco a mais se o serviço tiver sido muito bom. Em táxis, 10-15% é comum, não obrigatório. Pode-se deixar de €2-3 por mala aos carregadores e uma quantia similar por dia para as camareiras, ao final da estada no hotel.

10 Filas

As principais atrações de Paris têm feito sensíveis esforços para reduzir as grandes filas para compra de ingressos. Quase todas agora vendem ingresso com antecedência pela internet e às vezes até para horários específicos (como na Torre Eiffel). Outra opção é chegar mais cedo ou ir nos horários noturnos *(nocturnes)*.

Fila para a Notre-Dame

Trem Eurostar; Sorveteria na Gare du Nord; Trem de alta velocidade Orlyval

TOP 10 Como Chegar

1 Eurostar

Os trens Eurostar chegam à Gare du Nord, que fica logo ao norte do centro de Paris. A estação é servida por três linhas de metrô e três de RER, e tem um ponto de táxi do lado de fora, com um supervisor para atender aos visitantes recém-chegados.

2 Gare du Nord

A Gare du Nord é uma grande estação com vários locais para comer e beber e quiosques de livros, jornais e lanches. No próprio saguão há um acesso para o metrô, bem sinalizado. Há também um escritório de turismo junto à saída das Grandes Lignes.

3 Aeroporto CDG

O aeroporto Roissy-Charles-de-Gaulle, no qual chega a maioria dos voos internacionais, fica 23km a nordeste do centro de Paris. Há uma distância razoável entre os seus diversos terminais, por isso verifique qual será o seu terminal na volta. Os viajantes contam com um serviço de informações 24 horas em inglês. ✆ *Informação CDG: 39 50.*

4 Conexões com o Aeroporto CDG

Para ir do CDG ao centro de Paris há vários ônibus da Air France e da Roissy, mas a opção mais fácil é a linha B3 do trem RER. Ele vai até Gare du Nord, Les Halles e St. Michel. Um táxi leva uns 30 minutos até o centro da cidade, às vezes um pouco mais, e custa por volta de €55.

5 Aeroporto de Orly

Orly fica 14km ao sul do centro de Paris e atende a voos domésticos e alguns internacionais. Tem dois terminais: Orly-Sud é principalmente para voos internacionais; Orly-Ouest, para domésticos. Há um serviço de informações em inglês das 6h às 23h30. ✆ *Informação Orly: 39 50.*

6 Conexões do Aeroporto de Orly

Há ônibus da Air France dos metrôs Etoile, Invalides e Montparnasse e das principais estações de trem. O trem de alta velocidade Orlyval atende nos dois terminais de Orly e sai de Antony, na linha B4 do RER. Cuidado com as placas de metrô para Orly no RER C, que se referem à cidade de Orly. Um táxi leva meia hora e sai por €30.

7 Aeroporto Beauvais Tillé

Este aeroporto fica 70km ao norte de Paris e é usado por linhas aéreas de baixo custo. Há um ônibus que faz conexão com a estação de metrô Porte Maillot, num trajeto de uma hora.

8 Por Estrada

Todas as estradas, não importa de que direção venham, acabam se ligando ao Boulevard Périphérique de Paris (Anel Viário Interno). Há vários acessos *(portes)* para o centro de Paris, por isso os motoristas devem sempre checar seu destino antes e ver qual a melhor saída para o centro.

9 Estacionamento

Para estacionar na rua, você precisa ter a paciência e a perícia dos parisienses. Os parquímetros aceitam apenas cartão pré-pago, adquirido nas tabacarias *(tabacs)*. Outra opção são os muitos estacionamentos subterrâneos da cidade, limpos e seguros. Para estacionamento pré-pago, consulte o site www.parkingsdeparis.com.

10 De ônibus

A principal empresa, Eurolines, tem linhas que vêm do Reino Unido, da Irlanda, da Alemanha e de vários outros países europeus. Os ônibus chegam à Gare Routière International, um terminal rodoviário a leste do centro da cidade. A conexão com o metrô é na estação Galliéni, da Linha 3.

Ônibus da Eurolines para viagens de longa distância

Veja mais sobre como circular em Paris na **p. 164**

Placa de escritório de turismo de Paris; Revistas com programação cultural

TOP 10 Informações Práticas

1 Centro de Informação Turística
O Escritório de Turismo da França tem filiais em diversas grandes capitais.

2 Office de Tourisme de Paris
O escritório principal fica perto da estação de metrô Pyramides. Tem boa diversidade de folhetos e presta serviço de reserva de hotel e passeios. *Rue des Pyramides 25, 75001 • Mapa E3 • Aberto 10h-19h seg-sáb, 11h-19h dom (9h-19h jun-out) • Fechado 1º mai • www.parisinfo.com*

PARIS Convention and Visitors Bureau

Escritório de Turismo

3 Espace du Tourisme d'Île de France
Este serviço ao turista atende Paris e a região mais ampla de Île de France e é a melhor fonte de informações e orientação para visitar lugares fora da capital. Tem balcões em aeroportos e estações de trem e um site muito útil. *• www.nouveau-paris-ile-de-france.fr*

4 Sites
Existem dois sites oficiais: o do Paris City Hall (www.paris.fr) e o do escritório de turismo da cidade (www.parisinfo.com), com informação e links em francês e inglês. A maioria das grandes atrações, como o Musée du Louvre (www.louvre.fr), tem também seus sites.

5 Revistas
Se você lê em francês, pegue a revista gratuita semanal *A Nous Paris*, disponível em estações de metrô, e a *Sortir*, que vem dentro da revista semanal *Télérama*.

6 Officiel des Spectacles e Pariscope
Estes dois guias de eventos podem ser comprados em bancas de jornal e são ideais se você procura mais informações gerais sobre o que está acontecendo.

7 Paris Voice
Esta revista mensal é publicada pela American Church e voltada para os americanos que residem em Paris. Você a encontra nas livrarias que vendem livros em inglês, e é uma boa fonte de informação sobre o que está em cartaz na cidade. Você pode também acessá-la pelo site www.parisvoice.com.

8 Informativo Eletrônico Bonjour Paris
Este boletim por e-mail e via site, em inglês, traz artigos interessantes e informações atualizadas sobre atividades culturais e restaurantes na cidade. O informativo sai pelo menos uma vez por semana para fornecer as informações mais atualizadas. *www.bonjourparis.com.*

9 Bibliotecas
Paris é muito bem servida de bibliotecas públicas, e em todas elas a entrada é gratuita. A maioria tem jornais e revistas, além de notícias que podem ser úteis aos visitantes. Só residentes em Paris podem pegar livros emprestados.

10 Jornais
Jornais estrangeiros são encontrados no dia da publicação em muitas das bancas. O *International Herald Tribune* é publicado em Paris. Quem lê francês pode se atualizar sobre eventos do mundo todo lendo os jornais franceses, como *Le Monde* ou *Libération*, ou mesmo o jornal da cidade, *Le Parisien*.

Fontes de Informação sobre a França no Brasil

Atout France
www.franceguide.com

Consulado-Geral da França no Rio de Janeiro
Av. Presidente Antônio Carlos, 58, 20020-010 Rio de Janeiro, RJ (21) 3974-6861

Embaixada da França em Brasília
Av. das Nações, lote 4, qd 801, 70404-900 Brasília, DF (61) 3222-3999 www.ambafrance-br.org

Placa de metrô; Mapa em uma estação de metrô; Caminhada em Paris

TOP 10 Como Circular

1 Metrô
O sistema de metrô de Paris é barato e eficiente. A rede é abrangente e os trens são frequentes. O serviço opera de 5h30-0h30 (até 1h30-2h sex, sáb e na noite anterior aos feriados bancários). O horário de operação exato de cada linha é fornecido nas estações. ✆ *www.ratp.fr*

2 RER
O sistema RER de trens (5h-0h30; até 1h30 sex, sáb e na noite anterior aos feriados) tem apenas cinco linhas, mas a rede avança mais pelos subúrbios. Os bilhetes de metrô só são válidos nos trens RER na zona 1. Para ir mais longe, você precisa comprar um bilhete RER diferente.

3 Ônibus
Os ônibus trafegam a partir de 6h30 até 20h30, embora algumas linhas operem a noite inteira *(noctilien)*. Um grande mapa de Paris disponível nas estações de metrô mostra todos os itinerários de ônibus. Os bilhetes de metrô valem para as zonas 1 e 2, mas você não pode trocar de ônibus para metrô, ou vice-versa, com o mesmo bilhete. Nos pontos de ônibus está afixado o itinerário.

Ônibus parisiense

4 Táxis
Os táxis nem sempre param quando você dá sinal na rua. O melhor é ir até algum dos 470 pontos (procure a placa com o ícone do táxi sobre um fundo azul) ou pedir ao seu hotel ou restaurante para mandar chamar um. Muitos taxistas não levam mais de três pessoas, para evitar ocupar o assento dianteiro com passageiros. As tarifas não são caras, mas alguns cobram um adicional pela bagagem.

5 Arrondissements
Paris está dividida em 20 *arrondissements* (bairros), que se irradiam em espiral no sentido horário a partir do centro. O primeiro bairro é o 1er (Premier), seguido pelo 2e, 3e (Deuxième, Troisième) etc. O código postal do primeiro distrito é 75001, o do segundo é 75002, e assim por diante.

6 Pedir Orientação
A ideia de que os parisienses são rudes não se justifica. Em geral eles são prestativos, mesmo com quem não fala francês (muitos parisienses falam inglês). Bons modos e o esforço de tentar falar em francês são apreciados, por isso comece sempre com "*Excusez-moi*" ("Por favor").

7 Bicicleta
Paris é uma cidade excelente para ciclistas. Você pode alugar bicicletas na Allovelo e na Parisvelosympa, ou ainda tentar o esquema self-service do Vélib': há pontos com bicicletas a cada 300m, e o pagamento pode ser feito on-line ou através de cartão de crédito, em terminais de acesso operados em oito línguas. ✆ *www.allovelo.com; www.parisvelosympa.com; www.velib.paris.fr*

8 Patins
Os parisienses adoram andar de patins. Às sextas à noite e aos domingos à tarde é comum eles organizarem *balades* (saídas), a partir de Montparnasse. ✆ *www.pari-roller.com*

9 Barco
O Batobus funciona o ano inteiro, e seus oito pontos ligam as atrações turísticas mais importantes próximas ao rio. Os barcos saem a cada 20-25 minutos, entre 10h e 21h30 (19h no inverno). Bilhetes de um, dois ou cinco dias são boas pedidas, se você planeja fazer mais de uma viagem. ✆ *08 25 05 01 01, www.batobus.com*

10 Caminhada
O centro de Paris é bem compacto, e mesmo uma caminhada do Arc de Triomphe até a Bastille não leva mais de uma hora. Não deixe de observar os lindos edifícios antigos – e fique atento aos "vestígios" dos cães parisienses.

Passeio de barco; Sinal verde para pedestres; Passeio de ônibus

TOP 10 Passeios Guiados

1 Passeios de Barco

Os tradicionais Bateaux-Mouches operam todos os dias, em cruzeiros diurnos e noturnos. ✆ *Bateaux-Mouches: 01 42 25 96 10, www.bateaux-mouches.fr • Bateaux Parisiens: 01 76 64 14 66, www.bateauxparisiens.com • Vedettes de Paris: 01 44 18 19 50, www.vedettesdeparis.com • Les Vedettes du Pont Neuf: 01 46 33 98 38, www.vedettesdupontneuf.fr*

2 A Pé

Você pode escolher passeios a pé com uma variedade de temas e em diversas línguas. Secrets of Paris, Paris Walks e Context Travel são três das principais empresas com guias em inglês. Confira também o site www.paris-expat.com. ✆ *Context travel: www.contexttravel.com • Paris Walks: 01 48 09 21 40, www.paris-walks.com • Secrets of Paris: www.secretsofparis.com*

3 De Bicicleta

Várias empresas oferecem passeios guiados de bicicleta, com guias em diversas línguas, incluindo passeios noturnos ou pela Paris medieval. Para quem não quer pedalar, a Segway Tours aluga patinetes elétricos. ✆ *Paris à Vélo: 01 48 87 60 01, www.parisvelosympa.com • Fat Tire Bike Tours: 01 56 58 10 54, www.fattirebiketours.com • City Segway Tours: 01 56 58 10 54, www.citysegwaytours.com*

4 Nos Canais

Menos conhecidos do que os passeios pelo rio, estes passeios percorrem as águas tranquilas do fascinante sistema de canais de Paris. Na parte subterrânea do Canal de St.-Martin há um fabuloso espetáculo de luzes do artista Keiichi Tahara.

Placa de passeio em canal

✆ *Canauxrama e Navettes de la Villette: 01 42 39 15 00, www.canauxrama.com • Paris Canal: 01 42 40 96 97, www.pariscanal.com*

5 De Ônibus

Há muitas excursões de ônibus – o escritório de turismo na rue des Pyramides *(p. 163)* é o melhor lugar para começar. Os passeios duram em geral até duas horas, mas muitas das empresas deixam você subir e descer em qualquer ponto do trajeto.

6 Para Gourmets

A Promenades Gourmandes oferece passeios por mercados, lojas de alimentos e outros redutos de comida de Paris (alguns em inglês). Ou você pode tentar um itinerário personalizado e autoguiado na Edible Paris. ✆ *Edible Paris: www.edible-paris.com • Promenades Gourmandes: 01 48 04 56 84, www.promenadesgourmandes.com*

7 Vinícolas

A O-Chateau promove passeios de um dia, partindo de Paris, para várias regiões produtoras de vinhos, incluindo a Champagne. Há cruzeiros de degustação no Sena. ✆ *Rue Jean-Jacques Rousseau 68, 75001 • Mapa M1 • 01 44 73 97 80 • www.o-chateau.com*

8 Compras e Moda

Pague um guia para levá-lo às compras em passeios com temas como Made in France, Margem Esquerda e Unique Boutique, no distrito do Marais. ✆ *Chic Shopping Paris: 06 77 65 08 01, www.chicshoppingparis.com*

9 Passeios Temáticos

A empresa americana Paris Through Expatriate Eyes promove diversos passeios e revela segredos que nem os parisienses conhecem. Visite o site www.parisinfo.com e veja outras operadoras. ✆ *Paris Through Expatriate Eyes: 06 70 98 13 68, www.paris-expat.com*

10 Passeios Esportivos

Fãs de esporte podem fazer um passeio guiado de 1h30 pelo imenso e famoso Stade de France. ✆ *Stade de France: 08 92 70 09 00 • Vários horários disponíveis (exceto em dias de eventos) • www.stadefrance.com*

Ônibus de Paris; Hotel econômico; Refeição num bar

TOP 10 Paris Econômica

1 Transporte Público

São muitas as opções de passes com desconto para viagens combinadas de metrô, ônibus e trem *(p. 168)*, por isso avalie bem até achar o que mais lhe convém. Visitantes podem adquirir passes para um, dois, três e cinco dias (os chamados bilhetes Paris Visite), com opções para diferentes zonas e desconto no ingresso de algumas atrações.
www.ratp.fr

2 Albergues, Apartamentos e Campings

É perfeitamente possível encontrar hospedagem no centro de Paris a €40-50 por noite. Há até opções mais baratas nos seguintes grupos hoteleiros.
www.hostelbookers.com • FUAJ 01 44 89 87 27, www. fuaj.com • Camping du Bois de Boulogne: 01 45 24 30 00, www.camping paris.fr • Perfectly Paris Apartments: www. perfectlyparis.com

3 Bed and Breakfast

Várias empresas oferecem quartos em casas de famílias parisienses no esquema bed and breakfast. A maioria fica no centro ou perto de alguma estação de metrô e pode sair por apenas €30 por pessoa, cada noite, quando compartilhado.
Alcove & Agapes: 01 44 85 06 05, www.bed-and-breakfast-in-paris.com • Good Morning Paris: 01 47 07 28 29, www. goodmorningparis.fr

Placa de metrô de Paris

4 Refeições

Tomar um café ou um lanche sai mais barato se for em pé no balcão, em vez de sentado na mesa. Em restaurantes, os cardápios fixos *(prix-fixe)* podem ser uma boa opção, e o prato do dia *(plat du jour)* em geral é barato. Se quiser saborear boa comida, faça isso na hora do almoço, quando em geral o preço é menor.

5 Ingressos Baratos

Há ingressos para teatro e concertos pela metade do preço, para o dia do espetáculo, nos quiosques da place de la Madeleine *(p. 97)*. Os cinemas em geral dão descontos de manhã e às quartas-feiras.

6 Desconto em Atrações

Todos os museus nacionais, incluindo o Louvre, o Musée Picasso e o Musée d'Orsay, são gratuitos no primeiro domingo do mês. Sai mais barato também entrar no começo da noite nos *nocturnes* (dias em que o museu vai até mais tarde). O Paris City Passport, que você obtém nos escritórios de turismo, dá desconto para algumas atrações, lojas e passeios.

7 Passes

O Paris Museum Pass permite visitas ilimitadas a museus e monumentos. Custa €39 para adultos por dois dias. O Paris Pass oferece acesso a muitas atrações combinado com transporte gratuito em metrô, ônibus e trens RER. Um passe de dois dias custa €110 para adultos. Visite os sites para obter mais detalhes. *www.parismuseum pass.fr; www.parispass.com*

8 Café da Manhã

A maioria dos hotéis cobra o café da manhã à parte, e a oferta varia desde pão com geleia até um bufê completo. Pode-se economizar fazendo um pequeno lanche fora, num café ou numa padaria.

9 Igrejas

O acesso ao interior das igrejas é gratuito, mas algumas cobram taxa para a visitação a torres, criptas etc. Muitas promovem concertos noturnos ou na hora do almoço, gratuitos ou com ingresso barato.

10 Descontos

Os museus estatais são gratuitos para menores de 18 anos e para menores de 26 anos da UE (exige-se apresentação de documento de identidade). Outros grupos, como os idosos, também têm direito a descontos.

Veja mais sobre hotéis econômicos em Paris na **p. 175**

Táxi de Paris; Musée d'Orsay

TOP 10 Portadores de Deficiência

1 Folhetos do Escritório de Turismo

O principal escritório de informação turística de Paris *(p. 163)* distribui folhetos com informações sobre instalações para pessoas com deficiência. Seu site tem endereços úteis. ✆ *www.parisinfo.com*

2 Organizações de Ajuda

Tanto a Association des Paralysés de France (APF) como o Groupement pour l'Insertion des Personnes Handicappées Physiques (GIHP) dão informações sobre instalações para pessoas com deficiência em Paris.
✆ *APF: blvd Auguste Blanqui, 17, 75013, 01 40 78 69 00 (www.apf.asso.fr)*
• GIHP: rue du Paradis 32, 75010, 01 43 95 66 36 www.gihpnational.org

3 Passeios Guiados

A prefeitura de Paris organiza muitos passeios especializados em parques, jardins e cemitérios da cidade, para pessoas com deficiência, incluindo visitas especiais para cegos.
✆ *Prefeitura: 01 43 28 47 63*

4 Itinerários

Para quem tem cadeira de rodas motorizada e quer ir sozinho ao centro de Paris, a APF dá informações detalhadas sobre como transitar por vários bairros da cidade *(veja endereços acima)*. O *Paris comme sur des roulettes* também é um guia útil, com mapas que destacam em códigos coloridos a qualidade das calçadas em determinados trajetos, o acesso a locais públicos etc. ✆ *Editions Dakota, rue St.-Sébastien 45, 75011 (€8,99), ou na FNAC e nas bancas de jornal grandes.*

5 Agências de Viagem

Seu agente de viagens pode fornecer uma lista de operadoras de turismo especializadas. A Sage Travelling, por exemplo, oferece uma variedade de pacotes. ✆ *Sage Travelling: 1-888-645-7920, www.sagetraveling.com*

6 Metrô/RER

São poucas as estações com acesso fácil para cadeirantes, e a maioria requer alguém do pessoal da estação para operar os elevadores e evitar as escadas normais e as rolantes. A linha 14 tem acesso para cadeira de rodas. As principais estações de metrô e de RER oferecem o folheto *Handicaps et Déplacements en Région Île-de-France*.

7 Ônibus

Os ônibus de Paris estão aos poucos sendo equipados com acesso para cadeiras de rodas, e todos eles já têm assentos reservados para portadores de deficiência e para idosos, veteranos de guerra e mulheres grávidas.

8 Táxis

A lei obriga os taxistas a ajudar pessoas com deficiências a entrar e sair do veículo e a carregar cães de guia como passageiros. Mas nem todos os táxis têm condições de levar cadeiras de rodas, por isso cheque ao agendar. ✆ *A Taxi G7 atende portadores de deficiência: 01 47 39 00 91*

9 Hotéis

Muitos dos hotéis mais antigos são inadequados para quem tem problemas de mobilidade, pois não dispõem de elevadores; verifique antes de reservar. Os mais novos e as redes modernas de hotéis em geral têm acesso, mas é sempre bom confirmar.

10 Atrações

Os monumentos e museus mais antigos não têm acesso para cadeiras de rodas, mas a maioria dos outros museus e galerias, sim. Cadeirantes acessam o Louvre por um elevador aberto sob a pirâmide. A APF tem um guia para acesso de portadores de deficiência a museus, teatros e cinemas *(veja* Organizações de Ajuda*)*.

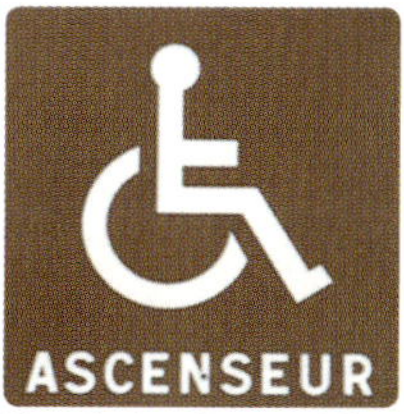

Placa de elevador especial

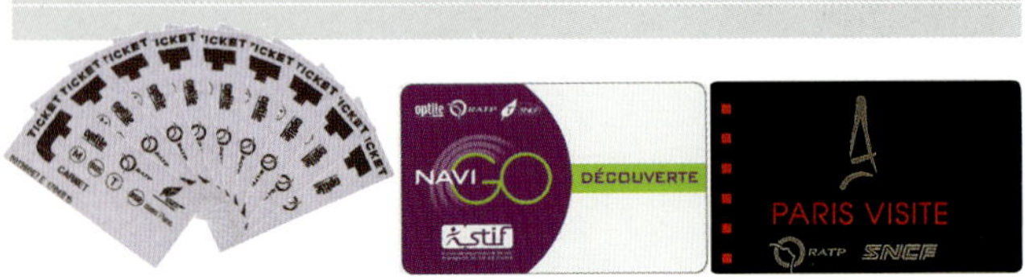

Bilhetes do metrô; Navigo Découverte; Paris Visite

TOP 10 Ingressos e Bilhetes

1 Metrô
Os bilhetes de metrô podem ser comprados em múltiplos de dez *(un carnet)*, que permitem boa economia em relação ao bilhete unitário. Cada bilhete é válido por uma viagem nas zonas centrais, não importa quantas vezes você troque de metrô. Valide o bilhete quando entrar no metrô e guarde-o até sair *(p. 161)*. Se for ficar vários dias, compensa comprar o Navigo Découverte (é preciso documento com foto) ou o cartão Paris Visite, que dá desconto em algumas atrações *(p. 166)*.

2 Ônibus
Um único tipo de bilhete serve para todos os trajetos de ônibus, de metrô e das zonas 1 e 2 da rede RER. Como no metrô, você tem que validar seu bilhete ao embarcar no ônibus e mantê-lo até o fim da viagem. Há uma multa para quem viaja sem um bilhete válido.

3 RER
Usar os bilhetes de metrô e ônibus na zona 1 da rede RER é um jeito prático de circular. Consulte nos mapas das estações os limites dessa zona.

4 Trens SNCF
Os bilhetes expedidos pela RATP (Régie Autonome des Transports Parisiens) não são válidos nas linhas da SNCF (Société Nationale des Chemins de Fer), a rede ferroviária nacional francesa. Para se informar sobre linhas para estações suburbanas, como Versailles *(p. 151)*, ligue para o número de reservas e informações gerais. *☏ Informação SNCF: 3635 (número especial)* • *www.sncf.com*

5 Teatro
Você pode comprar ingressos na bilheteria do teatro, por telefone ou em agências de ingressos (e nas lojas da FNAC). Alguns teatros oferecem ingressos com desconto para estudantes ou para assentos adicionais 15 minutos antes do início do espetáculo. Há também um quiosque que vende ingressos pela metade do preço *(p. 166)*.

6 Cinema
Os preços estão na média da Europa, mas há descontos para estudantes, idosos e famílias. Às vezes o ingresso é mais barato às quartas-feiras. Cinemas maiores fazem reserva com pagamento no cartão de crédito, por telefone ou pela internet.

7 Casas Noturnas
Os ingressos são caros em todos os clubes de Paris, mais ainda nos fins de semana ou depois da meia-noite; mulheres às vezes têm desconto ou entram de graça. O ingresso pode dar direito a um primeiro drinque, mas os demais geralmente são bastante caros.

8 Atrações
Há disponibilidade de ingressos gratuitos e com desconto *(p. 166)*. Com um passe para museus, você consegue evitar filas, se estiver planejando visitar vários *(pp. 34-5)*. Alguns museus fazem reserva pela internet, e o Louvre tem máquinas de bilhetes automáticas *(p. 8)*. Chegar bem cedo é uma boa ideia.

9 Cambistas
Como em toda parte, Paris tem cambistas, e aqui valem as regras de praxe. Eles podem lhe arrumar os ingressos para um show concorrido, mas cuidado com ingressos falsos e com preços exorbitantes. Alguns parisienses carregam um cartazinho diante dos locais de eventos, no qual se lê "*cherche une place*" ("procuro um ingresso"), e às vezes conseguem, pelo preço oficial, de alguém com ingresso sobrando.

10 Agências
Ingressos para teatro e concertos são vendidos no escritório de turismo central, rue des Pyramides 25, em agências de venda de ingressos espalhadas pela cidade, em várias lojas da rede FNAC. As agências cobram taxa adicional. *☏ FNAC, ave des Champs-Élysées 74* • *Mapa C3* • *Aberto 10h-22h45 seg-sáb, 12h-23h45 dom* • *www.fnactickets.com*

Loja de chocolates de Paris; Banca de mercado de rua; Suvenir de latas de biscoito

TOP 10 Dicas de Compras

1 Horários das Lojas

As lojas de redes e de departamentos costumam abrir de 9h30 a 19h, de segunda a sábado. Muitas lojas ficam abertas às quintas-feiras até 21h. Butiques particulares não abrem até 10h ou 11h e podem fechar nos feriados, às segundas e/ou entre 12h e 14h, mas muitas abrem aos domingos. A maioria das lojas de alimentos abre também aos domingos de manhã.

2 Impostos

O imposto sobre as vendas (TVA) incide sobre a maioria dos produtos, com alíquotas de 5% a 25%, e em geral está embutido no preço. Não há reembolso na compra de comida, vinho e tabaco. Outros produtos admitem reembolso do imposto para cidadãos de fora da UE que gastem mais de €175 numa loja. Peça o formulário adequado na própria loja.

3 Alimentos

Lojas como Maille, Hédiard, Fauchon e Ladurée fazem embalagens elaboradas para os seus produtos. Mande embalar a vácuo *(sous vide)* os aromáticos queijos franceses. Na place de la Madeleine há várias lojas finas de alimentos *(p. 98)*. Para produtos frescos, o ideal são os mercados.

4 Roupas

Paris é um dos centros mundiais da moda, mas, além dos grandes nomes *(p. 108)*, vale a pena ver os estilistas independentes e as marcas que você não encontra fora da cidade, como Antoine et Lili *(p. 88)*. Para roupas de outras décadas tente a Espace Kiliwatch (rue Tiquetonne 64) e a Didier Ludot, nas galerias do Palais-Royal *(p. 96)*.

5 Lingerie

A moda francesa não é sempre visível. Os estilistas também criam lingerie, e há empresas especializadas como Lejaby, Lise Charmel, Aubade (à venda nas boas lojas de departamentos) ou Carine Gilson (rue de Grenelle 18).

6 Perfume e Cosméticos

As redes Marionnaud e Sephora têm grande variedade de fragrâncias e marcas. Os preços são razoáveis. Para algo diferente, tente a Clara Molloy (Memo Boutique, rue des Saints-Pères 60) ou Les Parfums de Rosine (Palais-Royal).

Sapatos de grife

7 Lojas de Departamentos

Galeries Lafayettes, Au Printemps e Le Bon Marché merecem uma vista, nem que seja só para admirar seu interior belle époque *(p. 54)*. A novidade são lojas conceituais como a L'Eclaireur (Champs-Élysées 26), que vende roupas e abriga exposições de arte, e a Merci *(p. 88)*.

8 Curiosidades, Livros e Gravuras

O mercado de pulgas em Saint-Ouen *(p. 55)* é bom para objetos antigos, e a galeria do Marché Malassis tem muitos achados do século XX. Os *bouquinistes* do Sena vendem cartazes e cartões-postais antigos. A Shakespeare and Company é ideal para livros raros *(p. 122)*.

9 Música

A rede de lojas FNAC vende grande variedade de CDs, livros, DVDs e produtos de informática. A loja de departamentos BHV também oferece uma seleção de CDs franceses e internacionais, para aqueles que ainda gostam de adquiri-los.

10 Papelarias

As papelarias francesas são refinadas, e até redes como a Plein Ciel vendem agendas, diários e cadernos de qualidade. Entre as independentes estão a Magna Carta (rue du Bac 101) e a Lamartine (rue de la Pompe 118), onde se encontram os ótimos produtos da G. Lalo.

Veja mais sobre compras em Paris nas **pp. 54-5**

Casa de câmbio; Caixa de correio de Paris; Jornais à venda

TOP 10 Bancos e Comunicações

1 Moeda

O euro (€), moeda única da União Europeia, circula hoje em dezessete dos 27 países-membros da UE, incluindo a França. As notas de euro têm valores de 5, 10, 20, 50, 100, 200 e 500. Existem ainda oito valores de moedas: €1, €2 e 50, 20, 10, 5, 2 e 1 centavo (também chamadas de *centimes* pelos franceses). Tanto as notas como as moedas são válidas nos dezessete países. Ao viajar, confira qual é a taxa de câmbio do euro em relação ao real.

2 Cartões de Crédito

Os cartões de crédito são aceitos na maioria dos estabelecimentos de Paris, e você não deverá ter dificuldades em pagar a maior parte das suas despesas com eles. A exceção é o American Express, devido às altas taxas que a empresa cobra dos estabelecimentos. O mais usado de todos é o cartão Visa.

Telefone público de Paris

3 Caixas Automáticos

Há caixas automáticos espalhados por toda Paris, e cada máquina especifica os cartões que aceita. É comum os caixas terem instruções em várias línguas. É o recurso mais fácil e seguro para obter dinheiro.

4 Troca de Dinheiro

Existem muitas casas de câmbio em Paris, em especial perto dos pontos turísticos. Muitos bancos têm ou um *bureau de change* ou uma casa de câmbio. As indicações de "sem taxa" podem ser enganosas, pois às vezes implicam uma cotação desvantajosa.

5 Correios

As principais agências dos correios no coração de Paris ficam na rue de Louvre 52 (24h) e na ave des Champs-Élysées 71. Não trocam moeda ou travellers' cheques, mas trocam cheques postais internacionais e ordens de pagamento. Para mandar cartas simples e postais, você pode comprar selos num *tabac* (tabacaria), sem precisar ir até uma agência dos correios. Nem todas as tabacarias anunciam a venda de selos, mas, se venderem postais, vale a pena perguntar. Alguns hotéis e bancas de jornal também vendem selos.

6 Telefones

Em Paris, os números de telefone começam com 01 ou 09, seguido por oito dígitos, quase sempre escritos em quatro pares de dígitos. Ao ligar para Paris do exterior, elimine o zero de "01". A maioria dos telefones públicos opera com *télécarte* (cartão de telefone), vendido nos correios, em estações de metrô, tabacarias e alguns outros pontos. Os números de celulares começam com 06

7 Celulares

Verifique as taxas para roaming internacional com sua operadora antes de viajar. Você pode comprar cartões SIM para telefones desbloqueados, carregando-os em tabacarias.

8 Cibercafés

Cibercafés estão ficando menos comuns à medida que Wi-Fi está cada vez mais sendo disponibilizado de graça. Muitos cafés, por exemplo, já o fazem. A lista completa pode ser encontrada em www.cafeswifi.com.

9 Jornais e Revistas

Há uma grande variedade de jornais estrangeiros disponíveis em Paris, no próprio dia de sua publicação. Quanto mais perto você estiver da Champs-Élysées, maior a probabilidade de achá-los. O popular *International Herald Tribune* é publicado em Paris.

10 Televisão e Rádio

A maioria dos hotéis tem televisão a cabo nos quartos, além de canais por satélite, o que é uma alternativa aos programas da televisão francesa.

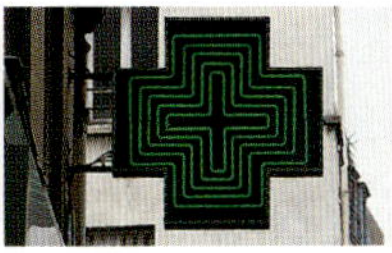

Sinal de pare para pedestre; Viatura de polícia de Paris; Placa de farmácia

TOP 10 Segurança e Saúde

1 Para Atravessar a Rua

Cuidado ao atravessar as ruas de Paris. Na França, os motoristas não são muito de respeitar pedestres, mas um sinal vermelho costuma – embora nem sempre – fazer com que eles parem. Os pedestres não têm prioridade num cruzamento, a não ser que as luzes do semáforo estejam indicando isso. Em faixas de pedestres, os motoristas geralmente têm o direito de entrar à direita, por isso sempre olhe antes de atravessar.

2 Batedores de Carteira

Trombadinhas, às vezes em bandos, operam em pontos turísticos, como a Torre Eiffel e o Arco do Triunfo, e podem também vagar por trens e estações de metrô. Alguns são amadores, e não é difícil localizá-los; outros são mais sutis, por isso fique sempre de olho nas suas coisas.

3 Assaltos

Os assaltos são bem menos comuns em Paris do que em outras grandes cidades, mas acontecem. Procure não andar sozinho tarde da noite e evite ruas mal iluminadas. O ideal é não fazer muitas baldeações entre estações de metrô: melhor se submeter a um trajeto mais longo do que a uma experiência desagradável. À noite, evite principalmente as estações de metrô de Les Halles e Gare du Nord.

4 Polícia

Há várias delegacias de polícia no centro de Paris. Elas estão na lista telefônica, mas você pode ligar também para a Préfecture Centrale e se informar. Todos os crimes devem ser comunicados, mesmo que seja só para questões do seguro contratado. *Préfecture Centrale: 01 53 71 53 71 • Aberto 24h*

5 Para Mulheres

Os homens em Paris tendem a ser gentis. Uma recusa firme costuma ser suficiente para dar conta de um assédio. Se não, procure a ajuda de outro homem, pois os franceses não gostam de ver uma mulher sendo assediada.

6 Seguro de Saúde

O tratamento médico é excelente em Paris, mas pode ser caro, por isso é bom ter plano de saúde. Visitantes de países da UE devem ter o cartão do Seguro Saúde Europeu para não pagar as taxas de emergência. Os demais devem contar com seguro particular. Comunique qualquer crime ou perda de bens e guarde cópia do boletim de ocorrência.

7 Hospitais

Veja se o seu plano de saúde cobre hospitalização em outros países. Os hospitais de Paris constam da lista telefônica, ou então acesse o site da Hôpital Assistance Publique e informe-se. *Hôpital Assistance Publique: www.aphp.fr*

8 Ambulâncias

Se precisar de uma ambulância, disque o número de emergência. Os bombeiros também têm ambulâncias e podem prestar primeiros socorros.

9 Farmácias

As farmácias são indicadas por uma cruz verde. Elas costumam ficar abertas entre 9h-19h, de segunda a sábado. Em outros horários, você pode encontrar o endereço de uma farmácia de plantão exibido na porta; senão, entre em contato com a *gendarmerie*. As farmácias também podem indicar algum médico.

10 Dentistas

Procure a lista de dentistas nas *Pages Jaunes (Páginas Amarelas)*, no tópico *Dentistes*. Numa emergência, ligue para o SOS Dentistes, que atende em domicílio, mas prepare-se, porque é caro. Há um grande consultório dentário no Centre Médical Europe. *SOS Dentistes: blvd Port Royal 87, 01 43 37 51 00 • Centre Médical Europe: rue 'Amsterdam 44, 01 42 81 93 33*

Números de Emergência

Polícia
112; 17

Ambulância (SAMU)
15

Bombeiros
18

O Westin Paris; Renaissance le Parc Trocadero; Meurice

TOP 10 Hotéis de Luxo

1 Plaza Athénée

Um dos mais respeitados hotéis do mundo, o Plaza Athénée é cercado por lojas de designers *(p. 108)*, foi modernizado e é conhecido por seu ar de luxo do Velho Mundo e pelo serviço impecável. Alain Ducasse tem um restaurante deslumbrante no hotel *(p. 109)*. *Ave Montaigne 25, 75008 • Mapa C3 • 01 53 67 66 65 • www.plaza-athenee-paris.com • €€€€€*

2 Four Seasons George V

Um dos mais luxuosos e bem equipados hotéis de Paris, o George V combina aspectos antigos com equipamento moderno. Os quartos são espaçosos, muito bem decorados, e têm banheiro de mármore. O restaurante, Le Cinq *(p. 109)*, virou um dos melhores da cidade. *Ave George V 31, 75008 • Mapa C3 • 01 49 52 70 00 • www.fourseasons.com/paris • €€€€€*

3 Westin Paris

A um mundo de distância do anonimato usual dos hotéis de redes, instalado num edifício do século XIX projetado por Charles Garnier e com vista para as Tuileries *(p. 95)*. A atmosfera original foi preservada, mas os quartos têm tudo o que se pode esperar de um hotel Westin. *Rue de Castiglione 3, 75001 • Mapa E3 • 01 44 77 11 11 • www.westin.com • €€€€€*

4 Mandarin Oriental

Com localização central em uma das ruas mais elegantes de Paris, a rue Saint-Honoré, o hotel tem interiores com influências art déco e orientais. Os quartos e suítes são amplos e luxuosos. *Rue Saint-Honoré 251, 75001 • Mapa E3 • 01 70 98 78 88 • www.mandarinoriental.com/paris • €€€€€*

5 Meurice

A decoração antiga e luxuosa do Meurice não é original, mas você nunca desconfiaria disso. O hotel decadente foi totalmente restaurado e agora tem quartos bem espaçosos e instalações moderníssimas, bem como interiores assinados por Philippe Starck. E sua localização não poderia ser melhor. *Rue de Rivoli 228, 75001 • Mapa E3 • 01 44 58 10 15 • www.lemeurice.com • €€€€€*

6 Renaissance Le Parc Trocadero

A fachada desta mansão de 1912 esconde um pátio florido belíssimo, e a sua decoração interior combina muito bem a atmosfera antiga com o novo design. Seu restaurante, Le Relais du Parc *(p. 139)*, é uma das melhores opções para jantar na região *Ave Raymond Poincaré 55-59, 75016 • Mapa B3 • 01 44 05 66 66 • www.parisrenaissance.com • €€€€€*

7 Shangri-La Paris

Situado na antiga residência do sobrinho-neto de Napoleão, este hotel fabuloso fica no chique 16º arrondissement. A maioria dos quartos tem vista para a majestosa Torre Eiffel. *Ave d'Iéna 10, 75116 • Mapa A3 • 01 80 27 19 35 • www.shangri-la.com • €€€€€*

8 Hôtel Raphaël

Um dos hotéis mais requintados da cidade. A decoração antiga se reflete nos quartos, mas eles foram modernizados em suas instalações. Os andares mais altos têm vistas magníficas de Paris. *Ave Kleber 17, 75016 • Mapa B3 • 01 53 64 32 00 • www.raphael-hotel.com • €€€€€*

9 Le Royal Monceau

Esta filial parisiense da rede de hotéis Raffles exibe interiores assinados por Philippe Starck e tem dois excelentes restaurantes. *Ave Hoche 37, 75008 • Mapa C2 • 01 42 99 88 00 • www.raffles.com/paris • €€€€€*

10 Westminster

Este hotel do século XVIII deve seu nome ao duque de Westminster, que se hospedava aqui. Os quartos combinam conforto moderno e elegância inglesa. *Rue de la Paix 13, 75002 • Mapa E3 • 01 42 61 57 46• www.warwickwestminsteropera.com • €€€€*

Todos os hotéis aceitam cartões de crédito e têm quartos com banheiro e ar-condicionado, exceto quando há indicação do contrário

Brighton; Hôtel du Panthéon

Categorias de Preço

Para quarto padrão de casal, por noite, com café da manhã (se incluído), impostos e taxas adicionais.		
	€	até €100
	€€	€100-€150
	€€€	€150-€250
	€€€€	€250-€350
	€€€€€	mais de €350

TOP 10 Hotéis em Locais Notáveis

1 Hôtel Edouard VII

Elegante hotel-butique com design eclético e muito charme. A maior parte de seus quartos tem o bônus das vistas das sacadas, impressionantes, sobre a espetacular Opéra National de Paris Garnier *(p. 97)*. *Avenue de l'Opéra 39, 75002 • Mapa E3 • 01 42 61 56 90 • www.edouard7hotel.com • info@edouard7hotel.com • €€€€€*

2 Brighton

Neste hotel você desfruta da rue de Rivoli, que fica a curta distância das principais atrações, sem pagar os preços em geral associados a essa localização privilegiada. Tradicional, o Brighton foi totalmente reformado. Peça um quarto com vista para o jardim das Tuileries *(p. 95)* ou para a Torre Eiffel *(p. 16-7)*. *Rue de Rivoli 218, 75001 • Mapa K1 • 01 47 03 61 61 • www.paris-hotel-brighton.com • €€€*

3 Bristol

Os preços refletem o padrão de luxo e a sua localização, perto do Faubourg St.-Honoré. Quartos grandes, com mobília antiga, espaçosos banheiros de mármore e todo o conforto moderno. Tem ainda dois restaurantes. *Rue du Faubourg St.-Honoré 112, 75008 • Mapa D3 • 01 53 43 43 00 • www.lebristolparis.com • resa@lebristolparis.com • €€€€€*

4 Hôtel du Jeu de Paume

Escondido na Île St.-Louis, este hotel ocupa um belo edifício antigo com vigas de madeira no teto. Alguns quartos dão para um pátio tranquilo. São pequenos, mas a atmosfera acolhedora compensa. *Rue St.-Louis-en-l'Île 54, 75004 • Mapa Q5 • 01 43 26 14 18 • www.jeudepaumehotel.com • info@jeudepaumehotel.com • €€€€*

5 Hôtel des Deux-Îles

Ficar em uma das duas ilhas do Sena é um luxo – e, se for neste hotel, o privilégio é duplo. Os quartos são pequenos, afinal o edifício é do século XVII, mas a decoração alegre, o toque intimista (apenas dezessete quartos) e o pátio com flores e uma fonte mais do que compensam. *Rue St.-Louis-en-l'Île 59, 75004 • Mapa Q5 • 01 43 26 13 35 • www.hoteldesdeuxiles.com • Sem acesso para portadores de deficiência • €€€*

6 Hôtel d'Orsay

Quem gosta de arte vai adorar este hotel, que fica junto ao magnífico Musée d'Orsay *(pp. 12-5)*. Em vários pontos, as cores vivas do hotel criam um contraste com sua mobília antiga. Dispõe também de várias suítes, bem mais caras. *Rue de Lille 93, 75007 • Mapa J2 • 01 47 05 85 54 • www.paris-hotel-orsay.com • €€€*

7 Hôtel du Panthéon

Hotel pequeno e charmoso em um edifício do século XVIII bem perto do Panthéon *(pp. 28-9)*. *Place du Panthéon 19, 75005 • Mapa N6 • 01 43 54 32 95 • www.hoteldupantheon.com • reservation@hoteldupantheon.com • €€€*

8 Pavillon de la Reine

Melhor hotel do bairro do Marais, bem na place des Vosges *(pp. 84-7)*. Quartos agradáveis, um spa e um tranquilo pátio. *Pl des Vosges 28, 75003 • Mapa R3 • 01 40 29 19 19 • www.pavillon-de-la-reine.com • contact@pavillon-de-la-reine.com • €€€€€*

9 Hôtel de la Place du Louvre

Este hotel oferece uma linda vista do Louvre *(pp. 10-3)*. Os quartos combinam muito bem o histórico e o moderno. *Rue des Prêtres-St.-Germain-l'Auxerrois 21, 75001 • Mapa M2 • 01 42 33 78 68 • www.paris-hotel-place-dulouvre.com • Sem acesso para portadores de deficiência • €€€*

10 Hôtel Castille

Este elegante hotel perto da place Vendôme fica a poucos passos da loja original da Chanel. Conta com um renomado restaurante italiano, o L'Assaggio. *Rue Cambon 33, 75001 • Mapa E3 • 01 44 58 44 58 • www.castille.com • €€€€€*

Hôtel Bellechasse; Aviatic Hôtel; Hôtel d'Aubusson

TOP 10 Hotéis Românticos

1 Hôtel d'Aubusson

Os quartos neste edifício do século XVII são espaçosos, e muitos têm vigas de madeira no teto. No inverno, há uma lareira na sala de estar. *Rue Dauphine 33, 75006 • Mapa M4 • 01 43 29 43 43 • www.hoteldaubusson.com • €€€€*

2 Hôtel Particulier Montmartre

Ocupando uma antiga residência particular, este hotel tem quartos decorados individualmente em estilo barroco. *Ave Junot 23, Pavillon D, 75018 • Mapa E1 • 01 53 41 81 40 • www.hotel-particuliermontmartre.com • Sem acesso para portadores de deficiência • €€€€€*

3 Aviatic Hôtel

Hotel com estilo e a deliciosa atmosfera da Rive Gauche. Peça à gerência para arranjar um piquenique e faça um passeio romântico pelo Jardin du Luxembourg *(p. 119)*, nas imediações. *Rue de Vaugirard 105, 75006 • Mapa D6 • 01 53 63 25 50 • www.aviatic.fr • welcome@aviatic.fr • Sem acesso para portadores de deficiência • €€€€*

4 L'Hôtel

Este hotel ganhou destaque pelo fato de Oscar Wilde ter falecido aqui, depois de pronunciar as famosas palavras, "Ou esse papel de parede horrível vai embora, ou vou eu". Agora moderno, com decoração de Jacques Garcia e um restaurante com estrela Michelin, o hotel ainda tem um charme extravagante. *Rue des Beaux-Arts 13, 75006 • Mapa E4 • 01 44 41 99 00 • www.l-hotel.com • €€€€€*

5 Hôtel Bellechasse

Os quartos luxuosos deste hotel têm design de Christian Lacroix. Pacotes especiais, como o Pour Une Nuit, incluem check-out só às 15h, champanhe e outros mimos. O hotel fica a poucos minutos a pé do Musée d'Orsay. *Rue de Bellechasse 8, 75007 • Mapa J2 • 01 45 50 22 31 • www.lebellechasse.com • Sem acesso para portadores de deficiência • €€€€€*

6 Five Hôtel

A iluminação por fibra óptica cria uma atmosfera cintilante em muitos dos 24 quartos deste hotel-butique. Os hóspedes podem escolher entre nove cores, de um repousante negro a um festivo ameixa ou cor-de-rosa, e entre cinco "ambientes olfativos" de Esteban. O Five já firmou reputação de refúgio perfeito para casais apaixonados. *Rue Flatters 3, 75005 • 01 43 31 74 21 • www.thefivehotel.com • €€*

7 Hôtel Costes

Reserve um quarto no primeiro andar, de frente para o pátio, um lugar bem romântico para ficar. A iluminação suave e a mobília escura ajudam a criar um clima, assim como a piscina em estilo oriental e o moderno restaurante. *Rue St.-Honoré 239, 75001 • Mapa E3 • 01 42 44 50 00 • www.hotelcostes.com • €€€€€*

8 Le Relais Christine

Esta mansão histórica com spa é um oásis de calma no agito de St.-Germain. Escolha um quarto com terraço de frente para o jardim isolado e tome café da manhã no salão abobadado que já foi o refeitório de uma abadia. *Rue Christine 3, 75006 • Mapa M4 • 01 40 51 60 80 • www.relais-christine.com • Sem acesso para portadores de deficiência • €€€€*

9 Hôtel Lancaster

Aqui paga-se o preço pelo conforto dos imensos quartos numa mansão do século XIX, bem perto da Champs-Élysées. *Rue de Berri 7, 75008 • Mapa C3 • 01 40 76 40 76 • www.hotel-lancaster.fr • reservations@hotel-lancaster.fr • €€€€€*

10 Hôtel Caron de Beaumarchais

Vigas de madeira no teto, candelabros, lareira, decoração autêntica e lustres de cristal evocam o clima romântico do século XVIII. Os quartos são belos e os hóspedes recebem toda a atenção. *Rue Vieille-du-Temple 12, 75004 • Mapa R2 • 01 42 72 34 12 • www.carondebeaumarchais.com • hotel@carondebeaumarchais.com • Sem acesso para portadores de deficiência • €€*

Hôtel des Grandes Écoles; Hôtel Lenox Montparnasse

Categorias de Preços

Para quarto padrão de casal, por noite, com café da manhã (se incluído), impostos e taxas adicionais.		
	€	até €100
	€€	€100-€150
	€€€	€150-€250
	€€€€	€250-€350
	€€€€€	mais de €350

TOP 10 Hotéis Econômicos

1 Hôtel des Grandes Écoles

Reduto secreto numa parte adorável de Paris, os três edifícios que formam este hotel de 51 quartos ficam em volta de um jardim. A decoração é atraente, e a localização, perfeita para explorar o Quartier Latin. *Rue du Cardinal-Lemoine 75, 75005 • Mapa P6 • 01 43 26 79 23 • www.hotel-grandes-ecoles.com • Sem ar-condicionado • €€*

2 Hôtel Lenox Montparnasse

Todo decorado com flores, o Lenox fica perto do cemitério de Montparnasse *(p. 151)*. Os quartos são limpos, com os confortos modernos. Alguns são um pouco apertados, portanto peça um maior caso se sinta espremido; tem também uma suíte no último andar. *Rue Delambre 15, 75014 • Mapa D6 • 01 43 35 34 50 • www.hotellenox.com • Sem acesso para portadores de deficiência • €€€*

3 Hôtel Saint--André-des-Arts

Hotel modesto, mas charmoso, com vigas de madeira no teto e situado na Rive Gauche. Os quartos são pequenos, mas se você quer um lugar barato e um ambiente bem parisiense, é uma opção imbatível. *Rue St.-André-des-Arts 66, 75006 • Mapa M4 • 01 43 26 96 16 • hsaintand@wanadoo.fr • Sem ar-condicionado • Sem acesso para portadores de deficiência • €*

4 Hôtel Amour

Situado logo adiante de Montmartre, este hotel e bistrô clássico oferece quartos de tamanho médio decorados com fotos e Pop Art de qualidade (traseiros à mostra e muito mais). Como está localizado numa rua residencial tranquila, os hóspedes sentem a Paris boêmia sem as habituais multidões. *Rue Navarin, 8, 75009 • Mapa F1 • 01 48 78 31 80 • www.hotelamourparis.fr • €€€*

5 Grand Hôtel Lévêque

A única coisa majestosa neste hotel é o nome, mas ele continua um favorito entre os que procuram hospedagem econômica em Paris. Quase todos os quartos têm ventilador, telefone, televisão e secador de cabelos. *Rue Cler 29, 75007 • Mapa C4 • 01 47 05 49 15 • www.hotel-leveque.com • info@hotel-leveque.com • Sem acesso para portadores de deficiência • €*

6 Hôtel du Cygne

Este lindo hotel ocupa um prédio restaurado do século XVII e tem vinte quartos. Localização central, a 5 minutos a pé do Forum Les Halles. Há Wi-Fi gratuito em todos os quartos. *Rue du Cygne 8, 75001 • Mapa N1 • 01 42 60 14 16 • Não tem banheiro em todos os quartos • Sem ar-condicionado • Sem acesso para portadores de deficiência • €€*

7 Le Caulaincourt Square Hôtel

Parte hotel econômico, parte albergue, com atmosfera acolhedora e acesso fácil às atrações de Montmartre. *Square Caulaincourt 2, 75018 • Mapa E1 • 01 46 06 46 06 • www.caulaincourt.com • Sem ar-condicionado • Sem acesso para portadores de deficiência • €*

8 Mama Shelter

Criado pelo célebre designer Phillipe Starck, este hotel tem quartos estilosos e com preço acessível. Os hóspedes apreciam o restaurante movimentado. *Rue de Bagnolet 109, 75020 • 01 43 48 48 48 • www.mamashelter.com • €€*

9 St Christopher's Inn Paris

Albergue com dormitórios mistos ou separados por sexo, quartos com duas camas de solteiro e banheiros compartilhados e quartos de casal. *Rue de Crimée 159, 75019 • Mapa H1 • 01 40 34 34 40 • www.st-christophers.co.uk/paris-hostels • Não tem banheiro em todos os quartos • €*

10 Ermitage Hôtel

Hotel em Montmartre dirigido por uma família. Alguns quartos têm vista de Paris; outros, de um jardim. Mobília antiga ou retrô. *Rue Lamarck 24, 75018 • Mapa E1 • 01 42 64 79 22 • www.ermitagesacrecoeur.fr • Não aceita cartões • Sem ar-condicionado • Sem acesso para portadores de deficiência • €*

Todos os hotéis aceitam cartões de crédito e têm quartos com banheiro e ar-condicionado, exceto quando há indicação do contrário

Hôtel de Seine; Hôtel de Banville

TOP 10 Hotéis de Preço Médio

1 La Régence Étoile Hôtel

Com preços bem razoáveis para seu padrão e localização (perto do Arco do Triunfo), este hotel tem áreas comuns luxuosas e quartos modernos com televisão, telefone, frigobar e cofre. *Ave Carnot 24, 75017 • Mapa B2 • 01 58 05 42 42 • www.laregenceetoile.com • Sem acesso para portadores de deficiência • €€€*

2 Hôtel d'Angleterre

Hemingway já se hospedou neste hotel antigo. A maioria dos quartos é de bom tamanho, com pé-direito alto, e alguns são decorados com objetos antigos. Os quartos padrão são pequenos; reserve um maior, pagando extra. *Rue Jacob 44, 75006 • Mapa N5 • 01 42 60 34 72 • www.hoteldangleterre.com • Sem ar-condicionado • Sem acesso para portadores de deficiência • €€€*

3 L'Abbaye Saint-Germain

Fica num antigo convento do século XVI, com pátio de pedra, num local calmo perto de St.-Sulpice *(p. 41)*. É perfeito para explorar a Rive Gauche, e um paraíso para voltar depois do passeio. Os 44 quartos são todos diferentes; os melhores são as suítes do último andar, com suas vistas. *Rue Cassette 10, 75006 • Mapa K5 • 01 45 44 38 11 • www.hotel-abbaye.com • hotel-abbaye@wanadoo.fr • Sem acesso para portadores de deficiência • €€€€*

4 Hôtel de Seine

Quartos com madeira aparente mostram bem a antiguidade desta mansão, situada perto do Jardin du Luxembourg. Alguns dos quartos têm sacadas. *Rue de Seine 52, 75006 • Mapa L5 • 01 46 34 22 80 • www.hoteldeseine.com • Sem acesso para portadores de deficiência • €€€*

5 Hôtel Notre-Dame Maître Albert

Em uma rua tranquila em frente à Notre-Dame, perto do Quartier Latin e do Marais, tem quartos que combina design moderno com vigas de madeira e paredes de pedra. *Rue Maitre-Albert 19, 75005 • Mapa N5 • 01 43 26 79 00 • www.hotel-charmenotredame.com • Sem acesso para portadores de deficiência • €€€*

6 Hôtel Le Clos Médicis

Construído em 1773 para a família Medici, tem detalhes antigos, como vigas de madeira no teto e obras de arte, e design moderno. Os quartos são pequenos, mas há um jardim e um bar adjacente, e o hotel fica numa rua tranquila perto do boulevard St.-Michel. *Rue Monsieur-le-Prince 56, 75006 • Mapa M5 • 01 43 29 10 80 • www.hotelclosmedicisparis.com • message@closmedicis.com • 1 quarto para portadores de deficiência • €€€*

7 Hôtel des Trois Poussins

Este hotel fica na área de Pigalle, mas bem afastado da sua parte degradada. Alguns dos quartos são pequenos, mas quanto mais alto o andar, melhor a vista que oferecem. *Rue Clauzel 15, 75009 • Mapa E1 • 01 53 32 81 81 • www.les3poussins.com • h3p@les3poussins.com • €€€*

8 Le Citizen

Hotel ecológico com decoração moderna, oferece belas vistas do Canal St-Martin. Há doze quartos confortáveis e uma grande variedade de restaurantes nos arredores do hotel. *Quai de Jenmapes 96, 75010 • Mapa H2 • 01 83 62 55 50 • www.lecitizenhotel.com • €€€*

9 Hôtel Saint-Paul

Este edifício do século XVII tem mobília antiga, vigas de madeira no teto e camas com dossel. Vários quartos oferecem bela vista de Paris e da Sorbonne *(p. 119)*. *Rue Monsieur-le-Prince 43, 75006 • Mapa M5 • 01 43 26 98 64 • www.hotelsaintpaulparis.fr • contact@hotelsaintpaulparis.com • €€€*

10 Hôtel de Banville

Esta maravilhosa mansão de 1928 pode ser um pouco afastada do centro, mas tem muita classe e é cheia de objetos antigos. Vários quartos dispõem de varanda. *Blvd Berthier 166, 75017 • Metrô Porte de Clichy • 01 42 67 70 16 • www.hotelbanville.fr • €€€*

Todos os hotéis aceitam cartões de crédito e têm quartos com banheiro e ar-condicionado, exceto quando há indicação do contrário

Categorias de Preços

Para quarto padrão de casal, por noite, com café da manhã (se incluído), impostos e taxas adicionais.		
	€	até €100
	€€	€100-€150
	€€€	€150-€250
	€€€€	€250-€350
	€€€€€	mais de €350

Hôtel Résidence Lord Byron; Hôtel Chopin

TOP 10 Hotéis com Nomes Famosos

1 Hôtel Esmeralda

A proximidade da Notre-Dame deu nome a este hotel. Peça um quarto com vista da catedral e prepare-se para encarar a atmosfera boêmia. A área é barulhenta e os quartos não foram modernizados, embora todos tenham banheiro. *Rue St.-Julien-le-Pauvre 4, 75005 • Mapa P4 • 01 43 54 19 20 • www.hotelesmeralda.fr • Sem ar-condicionado • Sem acesso para portadores de deficiência • €€*

2 Résidence Lord Byron

Muito perto da Champs-Élysées, este é um hotel barato numa área cara. Tem pátio agradável com jardim, onde se toma café da manhã no verão. Os quartos do último andar oferecem boas vistas. *Rue Chateaubriand 5, 75008 • Mapa C2 • 01 43 59 89 98 • www.hotel-lord byron.fr • lordbyron@hotel-lordbyron.fr • €€*

3 Hôtel Balzac

Muito elegante, este hotel de luxo conta com um restaurante e um bar no porão que os parisienses adoram frequentar. Os 57 quartos e os treze apartamentos do hotel têm decoração simples, mas de bom gosto, e as suítes com terraço oferecem linda vista da Torre Eiffel. *Rue Balzac 6, 75008 • Mapa C2 • 01 44 35 18 00 • www.hotelbalzac.com • reservation-balzac@jjwhotels.com • €€€€€*

4 Hôtel Chopin

Escondido numa das passagens da cidade *(p. 50)*, abriu em 1846. Pelo preço, não espere instalações muito aprimoradas, mas é um lugar agradável para ficar, com quartos confortáveis. Peça um quarto num andar mais alto para ter mais luz. *Passage Jouffroy 46, blvd Montmartre 10, 75009 • Mapa F2 • 01 47 70 58 10 • www.hotelchopin.fr • Sem ar-condicionado • Sem acesso para portadores de deficiência • €€*

5 Hôtel Langlois

Inaugurado em 1897, este singular hotel belle époque possui elevador moderno e quartos grandes, decorados individualmente e com banheiro. Fica nas cercanias do Musée Gustave-Moreau e da Opéra National de Paris Garnier. *Rue Saint-Lazare 63, 75009 • 01 48 74 78 24 • www.hotel-langlois.com • Sem acesso para portadores de deficiência • €€*

6 Hôtel Flaubert

Vale a pena, apesar de um pouco fora do centro, e fica perto do metrô. Os novos donos fizeram uma boa reforma e o jardim agora é uma delícia. O tamanho dos quartos varia. *Rue Rennequin 19, 75017 • Mapa C1 • 01 46 22 44 35 • www.hotelflaubert.com • paris@hotelflaubert.com • €€*

7 Hôtel Baudelaire Opéra

O escritor e poeta francês morou aqui em 1854, e hoje o hotel é um bom achado nesta área central. Os quartos têm decoração alegre, mas são pequenos. *Rue St.-Anne 61, 75002 • Mapa H4 • 01 42 97 50 62 • www.hotel-baudelaire.com • resa@hotel-baudelaire.com • Sem ar-condicionado • Sem acesso para portadores de deficiência • €€€*

8 The W

Em uma localização ideal, ao lado da Ópera de Paris, o W oferece 91 suítes e quartos refinados e modernos. Escolha um com vista para o edifício. *Rue Meyerbeer 4, 75009 • Mapa E2 • 01 77 48 94 94 • www.wparisopera.com • €€€€€*

9 Hôtel Galileo

Este hotel tem decoração de bom gosto e um jardim murado. Está a curta caminhada do Arco do Triunfo. *Rue Galilée 54, 75008 • Mapa B2 • 01 47 20 66 06 • www.galileo-paris-hotel.com • €€€€*

10 Grand Hôtel Jeanne d'Arc

Você poderia passar um fim de semana inteiro em Paris sem se afastar muito deste bem equipado hotel, rodeado pelas atrações do Marais. *Rue de Jarente 3, 75004 • Metrô St.-Paul • 01 48 87 62 11 • www.hoteljeannedarc.com • information@hoteljeannedarc.com • Sem ar-condicionado • €€*

Hôtel Square; Hôtel du Quai Voltaire; Le Notre-Dame St.-Michel

TOP 10 Quartos com Vista

1 Hôtel Bourgogne et Montana

Hotel elegante, perto do Musée d'Orsay *(pp. 12-5)* e dos Invalides. Os quartos têm mobília antiga com papel de parede desenhado por Kenzo. Alguns quartos no último andar oferecem vistas bonitas do Sena. *Ⓝ Rue de Bourgogne, 3, 75007 • Mapa D4 • 01 45 51 20 22 • www. bourgogne-montana. com • Sem acesso para portadores de deficiência • €€€€*

2 Artus Hôtel

Depois de aproveitar as delícias das lojas de alimentos da rue de Buci *(p. 123)*, desfrute o prazer de voltar para este hotel – ainda mais se estiver na suíte com hidromassagem, com linda vista do Quartier Latin. *Ⓝ Rue de Buci 34, 75006 • Mapa L4 • 01 43 29 07 20 • www. artushotel.com • info@artus hotel.com • Sem acesso para portadores de deficiência • €€€€*

3 Hôtel Square

Hotel-butique muito chique, com 22 quartos e vistas de Paris. O Zebra Square é um restaurante excelente *(p. 139)*. *Ⓝ Rue de Boulainvilliers 3, 75016 • Mapa A5 • 01 44 14 91 90 • www.hotelsquare.com • reservation@hotelsquare. com • €€€€€*

4 Hôtel du Quai Voltaire

O pintor impressionista Camille Pissarro (1830-1903) pintou quadros do Sena e da Notre-Dame a partir da vista oferecida pela maioria dos quartos deste hotel. São pequenos, mas a acolhida atenciosa e a localização mais do que compensam. *Ⓝ Quai Voltaire 19, 75007 • Mapa K2 • 01 42 61 50 91 • www.quaivoltaire.fr • Sem ar-condicionado • Sem acesso para portadores de deficiência • €€*

5 Hôtel des Grands Hommes

Os andares de cima deste hotel oferecem vistas magníficas do Panthéon *(pp. 28-9)*. Intimista, com 30 quartos, é um hotel numa casa do século XVIII. Os quartos têm dimensões razoáveis. *Ⓝ Pl du Panthéon 17, 75005 • Mapa N6 • 01 46 34 19 60 • www.hoteldes grandshommes.com • Sem acesso para portadores de deficiência • €€€€*

6 Terrass Hôtel

O Terrass oferece vistas fabulosas de Paris, do alto do terraço de cobertura. A maioria dos quartos deste edifício do início do século XIX tem ar-condicionado; todos são confortáveis. Bar, restaurante e outras instalações. *Ⓝ Rue Joseph--de-Maistre 12-14, 75018 • Mapa E1 • 01 44 92 34 14 • www.terrass-hotel.com • reservation@terrass-hotel. com • €€€€*

7 Le Notre-Dame St.-Michel

Ótima localização, bem junto ao Sena, com belas vistas da Notre-Dame e uma decoração alegre (de Christian Lacroix) que compensa o aperto dos quartos. Tem também três suítes. *Ⓝ Quai St. Michel 1, 75005 • Mapa N4 • 01 43 54 20 43 • www. hotelnotredameparis.com • info@ hotelnotredameparis. com • Sem acesso para portadores de deficiência • €€€€*

8 Les Rives de Notre-Dame

A vista da Notre-Dame deste hotel de dez quartos é uma das melhores de Paris. Os quartos amplos e modernos têm charmosas vigas de madeira. *Ⓝ Quai St.--Michel 15, 75005 • Mapa N4 • 01 43 54 81 16 • www. rivesdenotredame.com • hotel@rivesdenotredame. com • Sem acesso para portadores de deficiência • €€€*

9 Hôtel Régina

Situado atravessando a rue de Rivoli, vindo do Louvre *(pp. 8-11)*, com vistas das Tuileries e do museu, este é um hotel antigo e esplêndido. *Ⓝ Pl des Pyramides 2, 75001 • Mapa K1 • 01 42 60 31 10 • www. regina-hotel.com • €€€€€*

10 Radisson Blu Le Metropolitan

As cinco suítes dos andares superiores oferecem vistas magníficas da Torre Eiffel; a melhor delas tem uma imensa janela em forma de bolha. Nos quartos abaixo destes, as sacadas têm vistas menos esplêndidas. *Ⓝ Place de Mexico 10, 75016 • Mapa A3 • 01 56 90 40 04 • www. radissonblu.com • €€€€*

Todos os hotéis aceitam cartões de crédito e têm quartos com banheiro e ar-condicionado, exceto quando há indicação do contrário

Relais St.-Germain; Fleurie

Categorias de Preço

Para quarto padrão de casal, por noite, com café da manhã (se incluído), impostos e taxas adicionais.		
	€	até €100
	€€	€100-€150
	€€€	€150-€250
	€€€€	€250-€350
	€€€€€	mais de €350

TOP 10 Hotéis para Famílias

1 Hôtel Baltimore
Hotel da rede Accor situado entre o Trocadéro e o Arco do Triunfo, atende bem famílias, com boas instalações e uma atitude acolhedora. Os quartos e suítes são elegantes. *Avenue Kléber 88 bis, 75016 • Mapa B3 • 01 44 34 54 54 • www.accorhotels.com • €€€€*

2 Relais St.-Germain
Um hotel agradável numa mansão do século XVII, bem no coração da Rive Gauche. O Musée du Louvre, o Musée d'Orsay e a Catedral de Notre-Dame ficam todos nas imediações; e o Jardin du Luxembourg está perto também, para quando as crianças quiserem brincar no parque. *Carrefour de l'Odéon 9, 75006 • Mapa L4 • 01 43 29 12 05 • www.hotel-paris-relais-saint-germain.com • hotelrsg@wanadoo.fr • Sem acesso para portadores de deficiência • €€€€*

3 Relais du Louvre
Bem junto ao Louvre, este grande hotel familiar tem apartamentos com pequena cozinha, para cinco pessoas, suítes para famílias e quartos que se comunicam, além de uma série de vantagens para crianças pequenas. *Rue des Prêtres-Saint-Germain-l'Auxerrois 19, 75001 • Mapa M2 • 01 40 41 96 42 • www.relaisdulouvre.com • Sem acesso para portadores de deficiência • €€€*

4 Fleurie
Menores de 12 anos podem dormir no quarto dos pais sem custo adicional neste hotel animado de St.-Germain. Maiores de 12 pagam pequena taxa. Os quartos têm televisão por satélite, Wi-Fi e ar-condicionado. Serve um imenso bufê de café da manhã. *Rue Grégoire de Tours 32-4, 75006 • Mapa L4 • 01 53 73 70 00 • www.hotel-de-fleurie.fr • bonjour@hotel-de-fleurie.fr • Sem acesso para portadores de deficiência • €€€*

5 Pullman Paris Montparnasse
Tem como opção quartos familiares com duas camas de casal. Há entretenimento para crianças durante o brunch de domingo. *Rue du Commandant René Mouchotte 19, 75014 • Mapa D6 • 01 44 36 44 36 • www.pullmanhotels.com • €€€*

6 Hôtel de l'Université
Esta mansão do século XVII, em St.-Germain tem apartamentos com dois quartos e pequenos terraços. *Rue de l'Université 22, 75007 • Mapa K3 • 01 42 61 09 39 • www.hoteluniversite.com • hoteluniversite@wanadoo.fr • €€€*

7 Hôtel des Arts
Boa opção para famílias que querem gastar pouco, tem quartos triplos e camas de armar. Fica numa das passagens de Paris *(p. 50). Cité Bergère 7, rue du Faubourg Montmartre 6, 75009 • Mapa F2 • 01 42 46 73 30 • www.hoteldesarts.fr • contact@hoteldesarts.fr • Sem ar-condicionado • Sem acesso para portadores de deficiência • €*

8 Hôtel St.-Jacques
Muitas atrações da Rive Gauche ficam perto deste confortável hotel com quartos de três camas e camas de armar. Todos têm banheiro e televisão. *Rue des Écoles 35, 75005 • Mapa N5 • 01 44 07 45 45 • www.paris-hotel-stjacques.com • hotelsaintjacques@wanadoo.fr • €€€*

9 Hôtel Residence Romance Malesherbes
Uma série de studios com cozinha um pouco afastados do centro, mas perto do Parc Monceau e de um mercado. *Rue Cardinet 129, 75017 • Mapa D1 • 01 44 15 85 00 • www.hotel-romance.com • hotel@hotel-romance.com • Sem ar-condicionado • Sem acesso para portadores de deficiência • €€€*

10 Hôtel Ibis Bastille Opéra
No coração da Bastille, este hotel de rede tem quartos com três camas ou com cama de casal e uma de criança. As habitações são pequenas mas bem equipadas, e custam menos nos fins de semana. *Rue Breguet 15, 75011 • Mapa H5 • 01 49 29 20 20 • www.ibishotel.com • €€*

Veja mais sobre Paris para crianças nas **pp. 60-1**

Índice

Q

R

Agradecimentos

Os Autores
Donna Dailey e Mike Gerrard, jornalistas premiados, especializaram-se em viagens, comidas e vinhos e produziram mais de 30 guias. O guia de Paris, *Time for Food*, que Mike Gerrard escreveu para a Thomas Cook ganhou o prêmio Benjamin Franklin como melhor guia de 2001. O trabalho desses dois autores tem aparecido em publicações internacionais como *Times*, *Washington Post* e *Global Adventure*.

Produzido por Book Creation Services Ltd, Londres

Editor do Projeto Zoë Ross
Editor de Arte Alison Verity
Designer Anne Fisher
Pesquisa Iconográfica Monica Allende
Revisor Stewart J Wild
Índice Hilary Bird
Assistentes Editoriais e de Design
Kim Laidlaw Adrey, Claire Baranowski, Sonal Bhatt, Anna Brooke, Louise Cleghorn, Simon Davis, Nicola Erdpresser, Fay Franklin, Anna Freiberger, Rhiannon Furbear, Lydia Halliday, Kaberi Hazarika, Lily Heise, Victoria Heyworth-Dunne, Paul Hines, Laura Jones, Bharti Karakoti, Kim Laidlaw Adrey, Louise Rogers Lalaurie, Maite Lantaron, Delphine Lawrance, Carly Madden, Hayley Maher, Nicola Malone, Sam Merrell, Claire Naylor, Jane Oliver-Jedrzejak, Helen Partington, Susie Peachey, Bryan Pirolli, Quadrum Solutions, Rada Radojicic, Tamiko Rex, Philippa Richmond, Ellen Root, Laura de Selincourt, Beverly Smart, Rebecca Taylor, Graham Tearse, Conrad van Dyk, Nikhil Verma, Beatriz Waller, Sophie Warne, Dora Whitaker.
Contribuição Adicional Rosa Jackson
Fotógrafo Principal Peter Wilson
Outros Fotógrafos Kim Laidlaw Adrey, Max Alexander, Marta Bescos, Michael Crockett, Robert O'Dea, Britta Jaschinski, Oliver Knight, Neil Lukas, Eric Meacher, Rough Guides/James McConnachie, Jules Selmes, Tony Souter, Valerio Vincenzo, Steven Wooster.

Ilustrações Chris Orr & Associates

Mapas Dominic Beddow, Simonetta Giori (Draughtsman Ltd)

DORLING KINDERSLEY:
Editor-Chefe Marcus Hardy
Editor de Arte Marisa Renzullo
Coordenador de Mapas Casper Morris
DTP Designer Jason Little
Produção Joanna Bull, Marie Ingledew
Gerente de Produto Kate Poole
Gerente de Publicações Louise Bostock Lang
Diretor de Publicações Gillian Allan

Assistência Especial
Os autores gostariam de agradecer à Eurostar e à Room Service pelo apoio em seus preparativos de viagem.

Créditos das Imagens
a-alto; ac-alto, centro; ad-alto, direita; ae-alto esquerda; cea-centro, esquerda, acima; ca-centro, acima; cda-centro, direita, acima; ce-centro, esquerda; c-centro; cd-centro, direita; ceb-centro, esquerda, embaixo; cb-centro, embaixo; cdb-centro, direita, embaixo; be-embaixo, esquerda; bc-embaixo, centro; bd-embaixo, direita.

As obras de arte nas páginas indicadas foram reproduzidas com a autorização dos seguintes detentores dos direitos:

iluminação da Torre Eiffel Pierre Bideau 16-7; Escultura do pátio do Palais Royale Pol Bury @ADAGP, Paris e DACS, Londres 2011 96b; Espace Montmartre Salvador Dalí © Kingdom of Spain, Gaia – Salvador Dalí Foundation, DACS, Londres 2011 140ac; *Escultura* Salvador Dalí © Kingdom of Spain, Gaia – Salvador Dalí Foundation, DACS, Londres 2011 144ae; *Sofá-lábio* Salvador Dalí © Kingdom of Spain, Gaia

- Salvador Dalí Foundation, DACS, Londres 2011 37c; *L'ecoute* Henri de Miller ©ADAGP, Paris e DACS, Londres 2011 78ad; Fonte *Stravinsky* Niki de Saint Phalle e Jean Tinguely ©ADAGP, Paris e DACS, Londres 2011 27ad, 39d, 74ae.

Os editores gostariam de agradecer às seguintes pessoas, empresas e fontes de imagens por sua gentil permissão para reproduzir suas fotografias:

AFP, London: 56ae, 56b; AGENCE REPUBLIC: 168ac; AKG, Londres: 17ad, 20ae, 21ad, 29cd, 44ae, 44ad, 45a, 45c, 47c, 47b, 58b, 63a, 63b,128ac,135a, *Mona Lisa,* de Leonardo da Vinci 6ca, 11a, 34ae, *A balsa da Medusa*, de Theodore Gericault 9a, retrato de Leonardo da Vinci 11c, *Almoço na relva,* de Manet 12b, *Imperatriz Josefina,* de Pierre Paul Prud'hon 20ac, *Captura,* de Anton von Werner 23cd, *Tableau de guerre interprete*, de Vallotton 114b, Erich Lessing: 10a, 10b,107ae, *A rendeira*, de Vermeer 9c, *Quarto em Arles,* de Van Gogh 12-13c, 36ae, *Estátuas de bailarinas,* de Degas 13ad, *Cafe des Hauteurs,* de Toulouse-Lautrec 13cd, *Ninfeias Azuis*, de Monet 13b, © Succession H Matisse/DACS, Londres 2011 *Sorrow of the King*, de Matisse, ALAMY IMAGES: Bildarchiv Monheim GmbH/Florian Monheim 3ae, 19c; Chad Ehlers 135ad, Matthew Richardson 171ac; ALCAZA RESTAURANT: 127ae; MAX ALEXANDER: 4-5; ANTOINE ET LILI: 88ad; ART ARCHIVE: Musée Carnavalet Paris/Dagli Orti, *Interior do Pantheon de Paris,* de Boilly 28-29c, Musee d'Orsay, Paris/Dagli Orti, *Dançarinas azuis*, de Degas 14ae, *La belle Ángele,* de Gauguin 14ad, *Catedral de Rouen,* de Monet 15a, *Baile no Moulin de la Galette,* de Renoir 15b, 144b, *General Ferdinand Foch* 111b; L'ATELIER DE JOEL ROBUCHON: Gerard Bedeau 65cd; L'ATELIER MAITRE ALBERT: Eric Brissaud 127ad; AVIATIC HOTEL: 174c. HOTEL BANVILLE: 176ad; BARRIO LATINO: 92ae; BRIDGEMAN ART LIBRARY: 26-27c, 45b, 46ad, 47a, Musee d'Armee, Paris 114ad, Lauros-Giraudon 128ad, *A Sucessão de Luís XIII,* de Ianni 44b, Roger Viollet, Paris 114ae. CAVEAU DE LA HUCHETTE Gary Wiggins tocando sax 62b; CHRISTOPHE CAZARRE: 165 ad; CINEAQUA: 134ac; CORBIS: 33a. A GAZZETTA: 93; GETTY IMAGES: The Bridgeman Art Library/Giradon/Musee Marmottan *Retrato de Napoleão Bonaparte* (1769-1821) (óleo sobre tela), Jean Pierre Franque (1774-1860) 29ad; RONALD GRANT ARCHIVE: 59a, 59c, 59b. LA HALLE SAINT PIERRE: *Sem Título* Stavroula Feleggakis 145ae. HOTEL D'AUBUSSON: 174ad. LE JULES VERNE: Eric Laignel 64ac. LA MAISON DRUNIER: 139ae. MUSÉE NATIONALE DE LA MODE ET DU TEXTILE: Diego Zitelli 94ad. MUSEE DU QUAI BRANLY: 112b. PYLONES: 72ae. LE RELAIS DU PARC: 139ac; RESTAURANT LA ROSE DE FRANCE: 73ae; SAN FRANCISCO BOOK COMPANY: 122ad; LE SOUFFLÉ: 99ac; SENDERENS: Roberto Frankenburg 99ae; LE SOUS-BOCK: Tarek Nini 79ac; STARWOOD HOTELS AND RESORTS: 62ae. TOPHAM PICTUREPOINT: 21b, 46a, 56ae, 57b,144ac, 144b, 150cd, 154ae, 154ae, 162ae, J.Brinon/STR 107ad, Daniel Frasnay 63b.

Todas as outras imagens
© Dorling Kindersley.
Para mais informações:
www.dkimages.com

Frases

Em Emergências

Socorro! **Au secours!** *osscur!*
Pare! **Arrêtez!** *arretê!*
Chame um médico! **Appelez un médecin!** *apelêz ãmedçã!*
Chame uma ambulância! **Appelez une ambulance!** *apelêzin ãmbilãnce!*
Chame a polícia! **Appelez la police!** *apelêla políss!*
Chame os bombeiros! **Appelez les pompiers!** *apelêle põpier!*

Comunicação Essencial

Sim/Não **Oui/Non** *ui/nõ*
Por favor **S'il vous plaît** *sil vu plé*
Obrigado **Merci** *merci*
Com licença **Excusez-moi** *ekskizêmoá*
Bom dia **Bonjour** *bõjur*
Até Logo **Au revoir** *ô revoá*
Boa noite **Bonsoir** *bõsuá*
Qual? **Quel, quelle?** *kél, kélle?*
Quando? **Quand?** *kã?*
Por quê? **Pourquoi?** *purcuá?*
Onde? **Où?** *u?*

Frases Úteis

Como vai? **Comment allez-vous?** *kõmãntalêvu?*
Muito bem, prazer em conhecê-lo. **Très bien, enchanté de faire votre connaissance.** *trébiã, ãnchantê de fér vótre conêssãnce.*
Onde está /estão…? **Où est/sont…?** *u é/sõn?*
Qual o caminho para…? **Quelle est la direction pour…?** *kél é la direction pur?*
Você fala inglês? **Parlez-vous anglais?** *parlê vu anglé?*
Eu não entendo. **Je ne comprends pas.** *jê nê comprãn pá.*
Desculpe-me. **Excusez-moi.** *ekskizêmoá.*

Palavras Úteis

grande **grand** *grã*
pequeno **petit** *p'tí*
quente **chaud** *chô*
frio **froid** *froá*
bom **bon** *bõ*
ruim **mauvais** *môvé*
aberto **ouvert** *uvér*
fechado **fermé** *fermê*
esquerda **gauche** *gôch*
direita **droit** *droá*
entrada **l'entrée** *lãntrê*
saída **la sortie** *la sortí*
banheiro **la toilette, le WC** *la toalét, le V.C*

Compras

Quanto custa, por favor? **C'est combien s'il vous plaît?** *sé combiã sil vu plé?*
Gostaria… **je voudrais…** *je vudrê*
Você tem…? **Est-ce que vous avez...?** *és quê vuz avê*
Aceita cartão de crédito? **Est-ce que vous acceptez les cartes de crédit?** *és quê vuz axceptê le carte de crêdí?*
A que horas abre? **A quelle heure vous êtes ouvert?** *a kél êrr vuzétuvéer?*
A que horas fecha? **A quelle heure êtes-vous fermé?** *a kél érr vuzét fermê?*
este **celui-ci** *seluí ci*
aquele **celui-là** *seluí lá*
caro **cher** *chér*
barato **pas cher, bon marché,** *paschér, bõn marchê*
tamanho (roupa) **la taille** *la táiile*
tamanho (sapato) **la pointure** *la poãture*
branco **blanc** *blã*
preto **noir** *noár*
vermelho **rouge** *rruj*
amarelo **jaune** *jõn*
verde **vert** *vér*
azul **bleu** *blê*

Tipos de Lojas

loja de antiguidades **le magasin d'antiquités** *le magazãn dãntikitê*
padaria **la boulangerie** *la bulãngerrí*
banco **la banque** *la bánke*
livraria **la librairie** *la librêrrí*
doceria **la pâtisserie** *la patissêrrí*
queijaria **la fromagerie** *la fromagêrrí*
farmácia **la pharmacie** *la farmassí*
loja de departamentos **le grand magasin** *le grãn magazãn*
delicatéssen **la charcuterie** *la xarcutêrí*
loja de presentes **le magasin de cadeaux** le magazãn de cadô
mercearia **le marchand de légumes l'alimentation** *le marchãn de leguím lalimentassiôn*
mercado **le marché** *le marchê*
banca de jornal **le magasin de journaux** *le magazãn de jurnô*
agência do correio **la poste, le bureau de poste, le PTT** *la poste, le burô de póste, le petetê*
supermercado **le supermarché** *le supermarchê*
tabacaria **le tabac** *le tabá*
agência de viagens **l'agence de voyages** *lajance de voaiage*

Pontos Turísticos

abadia **l'abbaye** *labeí*
galeria de arte **la galerie d'art** *la galerrí dar*
terminal rodoviário **la gare routière** *la gar rutiérr*
catedral **la cathédrale** *la catêdrall*
igreja **l'église** *legliz*
jardim **le jardin** *le jardãn*
biblioteca **la bibliothèque** *la biblioték*
museu **le musée** *le muzê*
estação de trem **la gare** *la gar*
escritório de informação turística **renseignements touristiques, le syndicat d'initiative** *ranssenheman turistikes, le sandiká diniciativ*
prefeitura **l'hôtel de ville** *lotél de vill*

No Hotel

Tem quarto vago? **Est-ce que vous avez une chambre?** *és ke vuz avê ine chãmbre?*
quarto de casal **la chambre à deux** *la chãmbre a dêu*

com cama de casal	**personnes, avec un grand lit**	*persone avék an grãn lí*
com duas camas	**la chambre à deux lits**	*la chãmbre a dêu lí*
com uma cama	**la chambre à une personne**	*la chãmbre a ine perrsónne*
quarto com banheiro/ chuveiro	**la chambre avec salle de bains, une douche**	*la chãmbre avék sal de bãn, ine dúche*
Fiz uma reserva.	**J'ai fait une réservation.**	*jé fé ine rezervacïõn.*

No Restaurante

Tem mesa livre?	**Avez-vous une table libre?**	*avêvu ine table libre?*
Quero fazer reserva de uma mesa.	**Je voudrais réserver une table.**	*je vudré rezervê ine table.*
A conta, por favor.	**L'addition s'il vous plaît.**	*ladicïõn sil vu plé.*
Senhora/ mocinha	**Madame/ Mademoiselle**	*madám/ madmoazél*
garçom	**Monsieur**	*messiê*
cardápio	**le menu, la carte**	*le mení, la carte*
cardápio de preço fixo	**le menu à prix fixe**	*le mení a pri fix*
couvert	**le couvert**	*le cuvér*
carta de vinhos	**la carte des vins**	*la carte de vãn*
copo	**le verre**	*le verr*
garrafa	**la bouteille**	*la butéiile*
faca	**le couteau**	*le cutô*
garfo	**la fourchette**	*la furchéte*
colher	**la cuillère**	*la cuiiér*
café da manhã	**le petit déjeuner**	*le p'tí dejenê*
almoço	**le déjeuner**	*le dejenê*
jantar	**le dîner**	*le dinê*
prato principal	**le plat principal**	*le pla prancipal*
entrada	**l'entrée, le hors d'oeuvre**	*lontrê, le ors dêuvre*
prato do dia	**le plat du jour**	*le pla du jurr*
vinheria	**le bar à vin**	*le bar a vãn*
café	**le café**	*le cafê*

Interpretando o Cardápio

assado	**cuit au four**	*cuí o fur*
carne de vaca	**le boeuf**	*le bêuf*
cerveja	**la bière**	*la biér*
cozido	**bouilli**	*buií*
pão	**le pain**	*le pãn*
manteiga	**le beurre**	*le béurr*
bolo	**le gâteau**	*le gatô*
queijo	**le fromage**	*le fromaj*
frango	**le poulet**	*le pulé*
batata frita	**les frites**	*le frite*
chocolate	**le chocolat**	*le chokolá*
café	**le café**	*le café*
sobremesa	**le dessert**	*le dessér*
pato	**le canard**	*le canar*
ovo	**l'oeuf**	*léuf*
peixe	**le poisson**	*le poassõn*
fruta fresca	**le fruit frais**	*le fruí fré*
alho	**l'ail**	*láii*
grelhado	**grillé**	*griié*
presunto	**le jambon**	*le jãmbom*
gelo, sorvete	**la glace**	*la glace*
cordeiro	**l'agneau**	*lanhô*
limão	**le citron**	*le citrôn*
carne	**la viande**	*la viand*
leite	**le lait**	*le lé*
água mineral	**l'eau minérale**	*lô minerall*
óleo	**l'huile**	*luíll*
cebolas	**les oignons**	*lezonhôn*
suco de laranja	**l'orange pressée**	*lorãnj pressê*
suco de limão	**le citron pressé**	*le citrôn pressê*
pimenta	**le poivre**	*le poavre*
carne de porco	**le porc**	*le pór*
batatas	**les pommes de terre**	*le póm de térr*
arroz	**le riz**	*le rí*
assado	**rôti**	*rotí*
sal	**le sel**	*le sél*
linguiça fresca	**la saucisse**	*la sociss*
frutos do mar	**les fruits de mer**	*le fruí de mérr*
caracóis	**les escargots**	*lezeskargô*
sopa	**la soupe, le potage**	*la sup, le potage*
filé	**le bifteck, le steack**	*le bifték, lesték*
açúcar	**le sucre**	*le sicre*
chá	**le thé**	*le tê*
legumes	**les légumes**	*le legume*
vinagre	**le vinaigre**	*le vinégre*
água	**l'eau**	*lô*
vinho tinto	**le vin rouge**	*le vãn ruj*
vinho branco	**le vin blanc**	*le vãn blãn*

Números

0	**zéro**	*zêrrô*
1	**un, une**	*ãn, ine*
2	**deux**	*dêu*
3	**trois**	*troá*
4	**quatre**	*katre*
5	**cinq**	*sãnk*
6	**six**	*sis*
7	**sept**	*sét*
8	**huit**	*uít*
9	**neuf**	*nêuf*
10	**dix**	*diz*
11	**onze**	*õnze*
12	**douze**	*duze*
13	**treize**	*tréze*
14	**quatorze**	*katórze*
15	**quinze**	*kãnze*
16	**seize**	*séze*
17	**dix-sept**	*dissete*
18	**dix-huit**	*dizuít*
19	**dix-neuf**	*diznêuf*
20	**vingt**	*vãn*
30	**trente**	*trãnte*
40	**quarante**	*karãnt*
50	**cinquante**	*sãnkante*
60	**soixante**	*soassãnte*
70	**soixante-dix**	*soassõnte diz*
80	**quatre-vingts**	*katre vãn*
90	**quatre-vingt-dix**	*katre vãn diz*
100	**cent**	*sãn*
1.000	**mille**	*mill*

Tempo

um minuto	**une minute**	*ine minute*
uma hora	**une heure**	*ine êur*
meia hora	**une demi-heure**	*ine demi êur*
um dia	**un jour**	*ãn jurr*
segunda	**lundi**	*lãndí*
terça	**mardi**	*mardí*
quarta	**mercredi**	*mercredí*
quinta	**jeudi**	*jeudí*
sexta	**vendredi**	*vãndredí*
sábado	**samedi**	*sãm'dí*
domingo	**dimanche**	*dimãnche*

Índice de Ruas